Friedrich Orter
VERRÜCKTE WELT

Friedrich Orter

VERRÜCKTE WELT

Augenzeuge der Weltpolitik

Friedrich Orter
Verrückte Welt. Augenzeuge der Weltpolitik
Salzburg: ecowin Verlag der TopAkademie GmbH, 2005
ISBN 3-902404-15-9

Unsere Web-Adressen:
http://www.ecowin.at
http://www.topakademie.com

2. Auflage

Alle Rechte vorbehalten
Umschlag: www.adwerba.at
Umschlagfoto von Friedrich Orter: © Peter Rigaud, www.peterrigaud.com
Copyright © 2005 by ecowin Verlag der TopAkademie GmbH, Salzburg
Gesamtherstellung: Druckerei Theiss GmbH, A-9431 St. Stefan, www.theiss.at
Printed in Austria

Inhaltsverzeichnis

Widmung	7
Vorwort	9
Guten Morgen, Bagdad!	15
Stunde Null am Tigris	33
Aufstand in Falludscha	57
Opfer und Täter	77
Ein glücklicher Tag	89
Verloren am Hindukusch	101
Verfluchte Berge	123
Freiheit oder Tod	147
Welcome to Sarajewo	167
Zwischen den Fronten	193
Epilog	211
Danksagung	217
Literaturnachweis	219

*Walid Chaled zum Gedenken,
meinem irakischen Kameramann,
erschossen von US-Truppen am 28. August 2005 in Bagdad*

*„Sometimes mistakes are made."
Kommentar von Zalmay Khalizad,
US-Botschafter in Bagdad, zum Tod Walids*

Vorwort

„… Geschichte, die in der Tat nicht viel mehr ist als ein Register der Verbrechen, der Verrücktheiten und des Unglücks der Menschheit."
(Edward Gibbon: *Verfall und Untergang des Römischen Reiches*, Kapitel 3, London 1776)

Der vorliegende Band ist eine kurze Sammlung verstreuter Skizzen, Reisenotizen und Fotos aus den Jahren meiner bisherigen Arbeit als ORF-Radio- und Fernsehreporter in Krisen- und Kriegsgebieten.

Reporter werden Augenzeugen von Ereignissen, die Historiker später in größeren Zusammenhängen zu verstehen und zu erklären bemüht sind. Reporter gehen an die Front, Historiker ins Archiv. Unvollkommen bleibt jede menschliche Erkenntnis.

Der griechische Historiker Herodot, der „Vater der Geschichtsschreibung" und der Reportage, schreibt im ersten Buch seiner *Histories apodexis*: *„Niemand ist so töricht, Krieg dem Frieden vorzuziehen. Denn im Frieden begraben die Söhne die Väter, im Krieg aber die Väter die Söhne."*

Zweieinhalb Jahrtausende und hunderte Kriege später sind wir Toren nicht weiser geworden, vielleicht aufgeklärter und abgeklärter. Die globalisierten Krisen- und Kriegsschauplätze sind überschaubarer, durchschaubarer sind sie für die meisten Beobachter nicht.

Reportern, die aus Krisen- und Kriegsgebieten informieren, wird oft unbesonnen das Etikett „Kriegsberichterstatter" zugeordnet. In unseren Breiten ein unseliger Terminus aus den schrecklichen Zeiten der Ersten-Weltkriegspropaganda und Goebbels infamer Propagandakompanie-Prosa.

Ich habe meine Arbeit in Kriegsgebieten stets als Friedensberichterstattung verstanden. Mit dem Bemühen, jenen eine Stimme zu geben, die in ihrem Leid meist keine haben: den Opfern.

Seit William Howard Russel, jenem leicht spleenigen Briten, der ab 1854 für die Londoner *Times* vom Krim-Krieg berichtete und seither als

Erfinder des modernen „Kriegsberichterstatters" gilt, schwankt dessen Berufsauffassung zwischen Auftrag und Resignation, zwischen Abenteuer und Herausforderung, zwischen Aufklärung und Verklärung.

Russels Berichte brauchten drei Wochen, bis sie die Redaktion erreichten. Diese Zeiten sind vorbei. Heute ist der Reporter *live* auf Sendung. Jederzeit und überall.

Das mitunter romantisch verklärte Zerrbild des abgebrühten Haudegen mit kugelsicherer Weste, der an der Hotelbar seine Informationen einholt, mag in Einzelfällen zutreffen, dem journalistischen Vorbild jener, die ihren Beruf ernst nehmen, entspricht es nicht.

In aller Bescheidenheit, in Kriegen kommen auch Journalisten ums Leben. Allein im Irakkrieg, um ein Beispiel zu nennen, mit bisher mehr als sechzig getöteten Kolleginnen und Kollegen, viel zu viele.

Kriege sind Medienereignisse. Eine Binsenweisheit. Das Problem ist nicht, dass wir von Kriegen nichts erfahren. Das Problem ist, dass Kriege heute zum Pseudoereignis werden können, zur Inszenierung, während hinter den Informationskulissen ein ganz anderer Krieg geführt wird. Der Krieg, wie er immer war: brutal, dreckig, unmenschlich.

Die Gefahr der Instrumentalisierung des Journalismus besteht nach wie vor. Die Verfälschung von Nachrichten und die Unterdrückung missliebiger Informationen durch Kommandierende an allen Fronten ist ein Teil der militärischen Öffentlichkeitsarbeit. Regierungen entscheiden, wer wann und wo als Journalist arbeiten darf und wer nicht. Manipulationsgefahr ist die ständige Begleiterin in Kriegszonen. Der Zusammenschluss von Journalisten in „reporter pools" oder die Erfindung der „embedded journalists" im Golfkrieg 2003 ist direkte oder indirekte Zensur.

> *„Nichts Besseres weiß ich mir an Sonn- und Feiertagen*
> *Als ein Gespräch von Krieg und Kriegsgeschrei,*
> *Wenn hinten, weit, in der Türkei,*
> *Die Völker aufeinander schlagen.*
> *Man steht am Fenster, trinkt sein Gläschen aus*
> *Und sieht den Fluss hinab die bunten Schiffe gleiten;*
> *Dann kehrt man abends froh nach Haus*
> *Und segnet Fried und Friedenszeiten."*

Das pharisäerhafte Glücksgefühl des Spießers aus Goethes *Faust* ist in der Nach-Gutenberg-Ära, wo wir vielleicht weniger belesen, aber immer mehr bebildert sind, nicht mehr möglich. Stell dir vor, es ist Krieg, und der Fernseher ist kaputt. Auch solch ein Missgeschick ändert nicht die visuelle Wirklichkeit.

„*The first casualty when war comes, is truth.*" Die Wahrheit stirbt im Krieg zuerst. Dieser Satz des Senators Hiram Johnson aus dem Jahr 1917 ist heute auch auf einer Gedenktafel im Stadtzentrum Sarajewos zu lesen. Auf einer Hauswand gegenüber der Ewigen Flamme des Heldendenkmals der jugoslawischen Weltkriegsopfer.

Dieser Satz wird gerne und oft zitiert. Mit Vorliebe von politischen Sonntagsrednern und Leitartiklern, die Kriege nur vom Hörensagen kennen, auch wenn sie an deren Entstehung mitbeteiligt sind.

„Das erste Opfer im Krieg ist die leer gesoffene Bar in dem der Front nächstgelegenen Hotel", klärte mich im Bosnienkrieg zu fortgeschrittener Stunde ein hart gesottener Zunftbruder auf. So zynisch darf man nicht sein. Realistisch schon.

Die Wahrheit ist oft das erste Opfer im Frieden, was dazu führt, dass Lügen Kriege möglich machen. Dieser Mangel an Wahrheit in einer Welt virtueller Nachrichten ist erschreckend, gefährlich, alarmierend.

Wahr ist, was uns der große Reporter, Gelehrte und Forschungsreisende Alexander von Humboldt lehrt: Bevor man eine Weltanschauung hat, muss man sich die Welt anschauen. Auch wenn sie noch so verrückt ist.

VERRÜCKTE WELT

Guten Morgen, Bagdad!

Guten Morgen, Bagdad!

Bagdad ist keine schöne Stadt, aber eine sehr menschliche.
„Bribe!" Der Zöllner erwartet Schmiergeld.
Bakschisch hätte ich auch verstanden. Die Aufforderung auf dem *International Saddam Airport* ist unmissverständlich. Die Maschine der *Royal Jordanian* aus Amman war mit Stunden Verspätung auf dem Bagdader Flughafen gelandet. Die Zollabfertigung entspricht dem Standard eines Polizeistaates, wie er mir aus Ostblockzeiten in Erinnerung ist. Der Koffer mit Privatgepäck war in der Ankunftshalle unauffindbar – und wurde auch nie wieder gefunden. An dieser misslichen Lage konnten auch bündelweise verteilte Ein-Dollar-Scheine nichts ändern. Der Koffer war abhanden gekommen, vielleicht auch schon in Amman. Dieser Verlust ist nicht meine größte Sorge. Viel wichtiger ist die Einfuhr eines Satellitentelefons in ein diktatorisch regiertes Land, in dem Auslandstelefonate selten funktionieren, und wenn, abgehört werden. Dank „bribe" ist die Einfuhr kein Problem, die Ausfuhr Wochen später allerdings schon.

Das Kürzel IBM ist mir seit Aufenthalten in mehreren arabischen Ländern vertraut, es scheint auch im Irak bekannt zu sein

I – wie inschallah – so Gott will!
B – wie bukra – morgen
M – wie malesch – macht nichts!

Im Jänner 2003 bin ich nicht der einzige Journalist, der nach monatelangem Warten auf ein Visum in Saddams Polizeistaat eingelassen wird. Jedem von uns ist klar, dass der erwartete Angriff der Amerikaner nur noch eine Frage von Wochen sein kann. Das Baath-Regime erlaubt uns einen kontrollierten Blick auf Saddams Paralleluniversum.

Seit zwei Wochen sind die UNO-Waffeninspekteure wieder im Land unterwegs, mit der vagen Hoffnung, dass Saddam mit ihnen kooperieren möge, während für Bush, beseelt von seinem Antiterrorkampf, der Beginn des Irakkrieges eine längst beschlossene Entscheidung ist. Bush und Blair wollen den Machtwechsel, in Washington und London üben Exil-Iraker die Regierungsübernahme. Pläne, die US-Vizepräsident Cheney schon Anfang der 90er Jahre entwickelt hatte. Eine neue Pax americana, der Brüssel-Europa mit keiner *balance of power* Paroli bieten kann.

Washingtons *National Securitiy Strategy* vom September 2002 ist kein Übungsprogramm für Politologie-Seminaristen, sondern ideologisches Rüstzeug für einen Präventivschlag, wenn es heißt: *„In der Ausübung unserer Führerschaft werden wir die Werte, Entscheidungen und Interessen unserer Freunde und Partner respektieren. Aber wir sind bereit, allein zu handeln, wenn es unsere eigenen Interessen und unsere einzigartige Verantwortung erfordern."*

Klare Worte, die auch im Zweistromland verstanden werden.

Es herrscht Endzeitstimmung in Bagdad.

Die Zimmerreservierung im Hotel *Raschid* hat geklappt. Jeder Gast, der Gelegenheit hat, seinen Fuß über die Schwelle von Bagdads bestem Hotel zu setzen, muss über ein Mosaik-Porträt von Bush senior stapfen, dem Vater des Zweiten Golfkrieges von 1991. Der Symbolgehalt dieses Fußtrittes ist unmissverständlich, wenn man berücksichtigt, dass die Höflichkeit dem Gast gebietet, eine irakische Wohnung ohne Schuhe zu betreten.

Die Herren an der Rezeption in ihren braunen, uniformähnlichen Anzügen sind höflich, aber nicht immer hilfsbereit. Gut geschulte Geheimdienstler, die ihren Chefs über die Hotelgäste berichten müssen. Besonders freundlich ist ein älterer Herr, der den Liftboy mimt und vermutlich jedem Besucher vom tragischen Schicksal seines kranken Sohnes erzählt, was die Spendierfreudigkeit der Aufzuggäste erhöht. Eine Bar dient als Internetcafé, in dem unauffällige Auffällige surfen, gemeinsam mit einigen amerikanischen Friedensaktivistinnen, die, wie mir eine ihrer Sprecherinnen erklärt, „dagegen sind, dass die amerikanische Regierung Unschuldige nur wegen des Öls umbringt."

Über die Zimmer im *Raschid* kursieren die verrücktesten Gerüchte. Angeblich sind in den Fernsehapparaten Videokameras eingebaut. Videos von Hochzeitsnächten im *Raschid* sollen ein Renner auf dem Schwarzmarkt sein. Ich beruhige mich mit der Vermutung, dass, wie so vieles in Saddams Irak, auch diese Kameras inzwischen kaputt sind. Selbst beobachtete paranoide Schübe lassen sich allerdings nicht vermeiden: Man beginnt,

Internationale Unterstützung für das irakische Volk: Bagdad im Jänner 2003

Vorbereitung zum Interview mit dem deutschen Liedermacher Konstantin Wecker im Hotel *Andalus* in Bagdad, Jänner 2003. Wecker war einer der prominentesten erfolglosen „Friedensaktivisten", die durch ihre Irak-Präsenz den Krieg verhindern wollten

Das Mosaik-Porträt von US-Präsident Bush im Boden zum Eingang des Hotels *Raschid* in Bagdad

Die stets präsenten Herren: Saddams Geheimdienst überprüft die Lage vor dem Hotel *Raschid* in Bagdad, Jänner 2003

Organisierte Freude: Saddam-Porträts am Tigris-Ufer in Bagdad, Jänner 2003

Saddams letztes Aufgebot: Anti-USA-Demonstranten in Bagdad vor Kriegsbeginn,
Februar 2003

Bagdads Kunstszene unter Saddam – ein Freiraum gegen die Diktatur

Die UNMOVIC-Inspekteure auf der erfolglosen Suche nach Massenvernichtungswaffen in der Nähe von Al Kut, Februar 2003

das Telefon und die Nachttischlampe zu durchsuchen. Kollegen erzählen von unangenehmen Begegnungen in frühen Morgenstunden, als Putzbrigaden mit dem seltsamen Begehren an die Zimmertür klopften, nach einem angeblich unter dem Bett versteckten illegalen Hotelgast suchen zu müssen.

Nichts von all dem fällt mir auf. Das unfreiwillig Aufregendste sind die Programme des staatlich irakischen Fernsehens. Ähnlich Erbauendes sah ich nur in Ceauşescus Rumänien: Der omnipräsente, allseits geliebte Führer gibt den geknechteten Untertanen Ratschläge, beklatscht von einer untertänigst schleimenden Kamarilla.

Der Film zeigt den Sportsmann Karl Heinz. So nennen Iraker ihren gefürchteten Präsidenten, ohne ihn zu nennen. Im Mao-Stil schwimmt er bei Tikrit in den Fluten des Tigris. Saddam, der Star eines Schwimmturniers, verhöhnt im Film die USA: „Das letzte Mal, als wir diesen Fluss durchqueren, haben die Amerikaner gesagt, dass ist wieder der Doppelgänger. Aber der schafft nicht drei Flussdurchquerungen. Das schaffe nur ich. Wir sollten mein Double mehr trainieren lassen."

Ein anderer TV-Auftritt zeigt Saddam mit Zigarre, inmitten seiner Entourage: eine Sitzung mit seinen militärischen und politischen Führern, schnauzbärtige Saddam-Klone mit versteinerten Minen, die Bericht erstatten über die Einsatzbereitschaft von Armee, Polizei und Spezialtruppen. Die Bilder müssen auch dem irakischen Zuschauer ungewollt das Gegenteil der Propagandabotschaft vermitteln: Die Götterdämmerung des Saddam-Regimes hat begonnen. Auch wenn Saddam das Schauspiel zu genießen scheint, dass sein innerster Kreis den irakischen Präsidenten offenbar mehr fürchtet als den amerikanischen.

„Öffnet das Fenster. Im Saal ist es heiß. Vielleicht deshalb, weil wir so begeistert sind."

Beflissen lacht die Gefolgschaft wie auf Befehl. Mit Scherzen eines Tyrannen ist nicht zu spaßen.

Auch Saddams Getreue erkennen die Zeichen an der Wand, müssen aber blinden Gehorsam bekunden:

„Irak will keinen Krieg. Aber wenn es dazu kommt, wird das Volk geschlossen hinter dem Präsidenten stehen." Parlamentspräsident Sadun Hasmadi glaubt offenbar, was er im Interview sagt, auch wenn sein Gesichtsausdruck verrät, dass er zu ahnen scheint: Der Interviewer glaubt mir nicht.

Um in Bagdad weiterarbeiten zu können, fehlt mir das Wichtigste für die journalistische Arbeit in einem Staat mit Orwellschen Ordnungsprinzipien: die befristete Akkreditierung und die Bestätigung eines Aidstestes. Beides zu bekommen, kostet Zeit, Nerven und Geld.

Im Informationsministerium, wo die erforderlichen Papiere ausgestellt werden, arbeitet das Personal im Stil einer Mafiafamilie. Don Corleone ist ein Herr Mohsen. Er entscheidet, wer wie lange auf die Presseausweise wartet und wie viel dafür bezahlt.

Hunderte ausländische Reporter, Kameraleute und Techniker sind in der Stadt, werden auf Schritt und Tritt vom Staatssicherheitsdienst überwacht. Jeder ausländische Journalist bekommt einen so genannten „minder" zugeteilt. Diese Bezeichnung klingt besser als Bewacher oder Aufpasser.

Offiziell werden uns diese Nothelfer zugeteilt, um für unsere Sicherheit zu sorgen, tatsächlich, um unsere Arbeit zu behindern. Saddams Überwachungssystem ist eine Kopie der Methoden, die KGB, *Securitate* und *Stasi* vor dem Fall der Mauer 1989 in Osteuropa praktizierten. Aber wie schon seinerzeit bei den Dreharbeiten im Ostblock gelingt die Überwachung nicht immer. Journalisten nützen das Organisationschaos überforderter Aufpasser und Spitzel.

Mir wird Herr Alaa als „minder" zugewiesen. „Ich bin Reiseführer", stellt er sich vor. „Weil zu viele Journalisten im Land sind, sucht das Informationsministerium neue Mitarbeiter. Ich bin einer von diesen."

Wie sich bei einem ersten Erfahrungsaustausch rasch herausstellt, ist meinem „minder" Alaa die große Vergangenheit irakischer Geschichte mit Assyrern und Sumerern vertrauter als der Gedanke an eine Zukunft ohne Saddam Hussein. Für seine Dienste muss der ausländische Journalist dem Informationsministerium täglich hundert Dollar bezahlen. Davon hat Herr Alaa nichts und erwartet sich ein tägliches Zubrot von 50 Dollar für die eigene Tasche.

Nach vier Wochen sind wir fast ein Team: Er beobachtet mich, ich ihn und uns beide der Geheimdienst *muchabarat*.

Das System, für das Alaa arbeitet, jagt ihm selbst Angst ein. Der mediale Handlanger des Regimes braucht Erfolgserlebnisse. Als gelernter Fremdenführer schlägt mein Aufpasser zum Auftakt eine Sightseeing-Tour vor.

Ninive bei Mosul bietet sich an.

Das vierhundert Kilometer nordwestlich von Bagdad am rechten Ufer des Tigris gelegene Mosul ist der wichtigste Verkehrsknotenpunkt im Norden des Landes. Außer dass der Kleiderstoff Musselin nach der Stadt benannt ist, liegt uns Mosuls Geschichte doch sehr ferne. Nahe Mosuls bewundern wir die historischen Ruinen von Ninive, der Hauptstadt der Assyrer in der Zeit von 704 bis 681 v. Chr. Archäologen haben seit den 1960er Jahren zwei Stadttore freigelegt. Mein irakischer Begleiter ist stolz auf diese Leistung. „Aber seit dem letzten Krieg plündern Diebe die Anlage und verkaufen die Kunstwerke ins Ausland", trauert Alaa den verlorenen antiken Kunstschätzen nach. Zu Recht.

Eine im Hotel *Ninive* einquartierte Gruppe von UNMOVIC-Mitarbeitern holt uns rasch in die Gegenwart zurück und erinnert uns daran, dass auch hier im Norden des Irak nach Saddams Waffenverstecken gesucht wird. Wo sie suchen, wollen uns die UNO-Experten nicht verraten. Wir vermuten, dass Saddams Palastanlage das Interesse der UNO-Abrüstungskommission erweckt hat. Um Mosul sind Soldaten des fünften irakischen Armeekorps' stationiert. Die Stadt ist eine arabische Enklave inmitten des Kurdengebietes.

„Die Kurden schleusen hier Spione ein", warnt mich mein Begleiter Alaa aus Bagdad und zeigt auf eine Gruppe kurdischer Männer, die am Straßenrand auf Arbeit wartet. Den Vorschlag, mit ihm in die Kurdengebiete zu fahren, lehnt Alaa erschrocken ab: „Wenn Sie dorthin fahren, dürfen Sie nie mehr nach Bagdad zurück!" Wir entscheiden uns für die Rückkehr nach Bagdad.

Der oberste Boss des Informationsministeriums ist Saddams Sohn Udai. In seinem eigenen Fernsehsender verspottet er die UNO-Inspekteure: „Was die sagen, ist bedeutungslos. Sie verhalten sich wie die Zionisten. Ihre Denkweise ist dieselbe. Einmal fordern sie dieses, dann jenes. Wie schon mein Vater gesagt hat. Wir lügen nicht, wir sagen die Wahrheit."

Udai ist auch Zeitungsherausgeber. *Babil* – Babylon – heißt sein Blatt. Eine Ausgabe ist innerhalb einer Stunde ausverkauft. In dieser Nummer druckt Udai eine Internetseite ab, auf der die irakische Exil-Opposition die Namen jener Saddam-Getreuen veröffentlicht, die sie vor ein Gericht bringen will. „Unsere Ehrenliste", titelt *Babil*.

Unter Saddam sind die meisten Iraker auf die Regierungsmedien angewiesen. Internationale Presse gibt es in Bagdad nicht, Satellitenschüsseln sind verboten, Kabelfernsehen können sich nur wenige leisten.

Wir brauchen für unsere Beiträge eigene Bilder.

Vor den Toren Bagdads soll ein wuchtiges Denkmal an ewige Heldentaten erinnern: die Moschee „Mutter aller Schlachten". Vier große Minarette, nachgebaut der Form von Scud-Raketen. Jedes irakische Kind weiß, was die Zahlenkombination 37-4-28 bedeutet. Am 28. April 1937 kam nach offizieller Darstellung im Dorf Oudscha Saddam Hussein zur Welt.

„Ich habe ein Buch gelesen, in dem geschildert wird, dass zu jener Zeit in der Gegend von Oudscha kein einziges männliches Familienmitglied eines natürlichen Todes gestorben ist", erzählt Faisal al Yasiri im schönsten Wiener Deutsch. Der am Reinhardt-Seminar ausgebildete Schauspieler und Regisseur machte als Filmproduzent im arabischen Raum Karriere und ein Vermögen. Wir sind in seinem Bagdader Büro Untermieter. Faisal stellt uns seine Infrastruktur zur Verfügung und hilft uns mit seinem Wissen und seinen Kontakten weiter. Eine unbezahlbare Unterstützung in diesen Tagen, in denen hier in Bagdad jeder auf den Kriegsausbruch wartet.

„Auf dem Dach kannst Du noch die Sandsäcke sehen, die uns 1998 vor den amerikanischen Bomben schützen sollten. Wenn sie wieder bombardieren, wird es nicht viel nützen."

Inzwischen dürfen wir die „Mutter-aller-Schlachten"-Moschee filmen. Herr Alaa ist in seinem Element, als er uns im prachtvoll dekorierten Gotteshaus auf eine 600 Seiten starke Koranschrift hinweist.

„Dieser Koran ist mit dem Blut des *rais*, des Führers, geschrieben. 28 Liter Blut hat er dafür geopfert. Drei Jahre lang haben Saddam die Ärzte dafür zur Ader gelassen."

„Ich weiß nicht, ob diese Erzählungen alle stimmen", meint Faisal.

Am liebsten sehen uns die Herren vom Informationsministerium bei Dreharbeiten mit den UNO-Fahndern auf deren erfolglosen Missionen bei der Suche nach Massenvernichtungswaffen.

In der Resolution 1441 vom 8. November 2002 wurde festgelegt, dass die UNMOVIC ohne jede Einschränkung und ohne jede Vorankündigung alle von ihr ausgesuchten zivilen und militärischen Anlagen im Irak untersuchen kann. Sie darf auch irakische Wissenschaftler und ehemalige Mitarbeiter von Rüstungsprogrammen im Ausland befragen.

Das Drehszenario folgt einem grotesk eingespielten Ritual. In aller Früh warten wir Journalisten vor dem Hotel *Canal*, dem Sitz der UNO-Inspekteure, bis sich der erste Konvoi der IAEO-Pfadfinder auf den Weg macht. Wohin, wissen wir nicht. In affenartiger Geschwindigkeit rasen unter Polizeischutz Inspekteure, Saddams Geheimdienstleute und Journalisten durch Bagdad zu angeblich geheimen ABC-Produktionsstätten auf Bauernhöfen, in Fabrikanlagen, in Laboratorien.

Eine Gruppe nimmt Messungen in Bagdader Fußballstadien vor, eine andere untersucht einen Betrieb, in dem alkoholische Getränke hergestellt werden. Auf einer Hühnerfarm in der Nähe von Al Kut filmen wir Inspekteure, die mit Spezialsonden in Haufen von Futtermitteln stochern. Sie finden nichts. Auch nicht in Saddams Palästen. Saddams Aufenthaltsort bleibt ein Geheimnis. Es gibt von Geheimdiensten lancierte Gerüchte, dass Saddam aus Angst vor Attentaten sich nur noch selten in seinen Palastanlagen aufhalte und in Privathäusern übernachte.

„Filmen strengstens verboten!" ruft Alaa.

Wir stehen mit der Kamera auf dem Ausgrabungsgelände von Babylon. Auf einem Hügel im Hintergrund protzt einer von Saddams Palästen, umgeben von der Kulisse eines mesopotamischen Disneylands. Der Diktator ließ Palastanlagen des antiken Babylon wieder aufbauen und lässt sich nun als Erbe Nebukadnezars feiern, als Vollender der mesopotamischen Zivilisation. Der Wohnsitz des Königs vor 2.600 Jahren wurde rekonstruiert, mit Bausteinen, die Saddams Siegel tragen. Mit Reliefs, auf denen Saddams Gesichtszüge jenen Nebukadnezars gleichen. Ein Labyrinth von Gängen und Hallen mit meterhohen Wänden aus gelben Ziegeln. Ich möchte Aufnahmen von Saddams Palazzo in Babylon. Unmöglich, auch wenn der Kameramann mit allen Tricks versucht, die Aufpasser abzuschütteln.

„Hier dürfen wir filmen." Herr Alaa ist erleichtert. Am zwölften Jahrestag der „Operation Wüstensturm", dem Beginn des Zweiten Golfkrieges, mit dem die irakische Armee aus dem von ihr besetzten Emirat Kuwait vertrieben wurde, trommelt das Regime tausende Demonstranten auf den Straßen Bagdads zusammen.

„Saddam, Saddam! Für dich geben wir unser Blut und unsere Seele!" brüllen sie. Männer, Frauen, Kinder.

„Ich werde die Amerikaner mit meinen eigenen Händen vertreiben!" droht Ahmed, ein Student und Jungfunktionär der Baath-Partei. Die eingetrichterten Parolen sind leere Phrasen. „Wir fürchten den Krieg und die Amerikaner nicht. Wir sind das Land, in dem die Zivilisation geboren wurde", sagt Saleh, ein Germanistikstudent. Und klagt, dass sein Institut infolge des Wirtschaftsembargos kaum noch Lehrbücher hat.

Die Demonstranten verbrennen amerikanische Fahnen und nennen Bush einen „Mörder".

In Mosul filmen wir die Al-Quds-Armee, die Jerusalem-Armee, die Volksmiliz: zum Widerstand entschlossene Mitglieder der Baath-Partei, aber auch Zivilisten, die den Eindruck erwecken, dass sie nicht alle freiwillig zu Fanfarenklang und Marschmusik marschieren. Eine Gruppe Vermummter in weißen Gewändern kündigt Selbstmordattentate an.

Unterstützt werden diese Aufmärsche von Friedensbewegten aus dem Westen, die freiwillig nach Bagdad kommen, im guten Glauben, als „menschliche Schutzschilde" die Bombardierung Bagdads verhindern zu können. Sie geraten in ein propagandistisches Minenfeld. Unter den Friedensaktivisten ist auch der deutsche Liedermacher Konstantin Wecker. Vor seinem Konzert erklärt er mir im Hotel *Andalus* die Beweggründe seines Bagdader Auftritts:

„Ich habe gesehen, dass das Wirtschaftsembargo kontraproduktiv ist. Zweifellos ist hier eine Diktatur. Das habe ich auch nie in Abrede gestellt. Zweifellos ist es gefährlich, von einer Diktatur vereinnahmt zu werden. Die irakische ist nicht die einzige im Mittleren Osten. Aber es gilt, einen unglaublich brutalen Krieg zu verhindern, der meines Erachtens unsere ganze Zivilisation in eine Zeit vor der Aufklärung zurückbomben würde. Es würde nicht das Recht gestärkt werden, es würde das Recht der Stärkeren herrschen."

Weckers Konzert ist für die Professoren und Germanistikstudenten der Bagdader Universität eine willkommene Abwechslung.

„Ich glaube, solche Konzerte und Solidaritätskundgebungen helfen uns", sagt Professor Ibrahim Fuad, der Leiter des Germanistikinstituts.

„Und wenn die Amerikaner und Briten trotzdem angreifen?"

„Dann müssen wir kämpfen und uns verteidigen."

In den Nachkriegswirren wird Professor Ibrahim Fuad erschossen. Ein Opfer des Terrors.

Mit den zweitgrößten Ölreserven der Welt ist der Irak kein armes Land. Und dennoch ist die Armut unübersehbar. In den Straßen Bagdads, einer Stadt mit fünf Millionen Einwohnern, ist das Elend Dauergast. Auf Marktplätzen bieten unterernährte Kinder Lebensmittel und Kleidungsstücke zum Verkauf an. Arbeitslose Professoren verhökern auf dem Bücherbasar ihre letzten bibliophilen Kostbarkeiten.

Zwölf Jahre nach dem Ende des Golfkriegs 1991 verschlimmern die Kriegs- und Embargofolgen den Überlebenskampf der verarmten Bevölkerung, während sich die Oberschicht alles leisten kann. Die Reichen kümmern sich nicht um die Armen, das Regime nützt das Leid der Mittellosen zynisch für Propagandazwecke.

„Wir haben die Dreherlaubnis", frohlockt Herr Alaa.

Wir dürfen im Al-Mansur-Kinderspital drehen. Das Krankenhaus zählt zum Pflichtprogramm für alle Friedensaktivisten, internationalen Helfer und Reporter, die sich in diesen Vorkriegstagen in Bagdad aufhalten. Im Al-Mansur-Kinderspital sterben Säuglinge an Durchfallerkrankungen, stöhnen leukämiekranke Babies, sehen wir missgebildete Neugeborene, ein furchtbarer und herzzerreißender Anblick.

„Das sind die Folgen von 50 Tonnen uranhaltiger Munition, die seit dem letzten Krieg noch immer in unseren Böden liegen", sagt Doktor Selma Haddad. „Aufgrund des UNO-Embargos fehlen uns die lebensnotwendigen Medikamente und Ersatzteile für medizinische Geräte. Wir haben zu wenig Antibiotika. Wir können den Patienten nur die halbe Dosis geben und müssen die Behandlung immer wieder abbrechen."

Kleinkinder leiden unter der Tropenerkrankung Kala Azar. Sie wird durch Parasiten und Fliegen übertragen, eine Plage, die den Irak wieder heimsucht, seit Insektizide wegen der Sanktionsbestimmungen nicht mehr importiert werden dürfen. Sie könnten militärisch genützt werden, lautet die Erklärung für das Einfuhrverbot.

Das Gesundheitssystem ist zusammengebrochen. Noch sind internationale Hilfsorganisationen in Bagdad, doch es ist ungewiss, ob sie nach Kriegsbeginn bleiben oder weiterarbeiten können. Der Rote Halbmond, der Partner des Roten Kreuzes, sorgt sich in 23 Kliniken und 19 Orthopädiezentren um die Kranken, kümmert sich auch um 38 Wasserwerke und 16 Abwasserstationen. Doch täglich wächst die Angst, dass die für vier Wochen auf Vorrat gelagerten Medikamente im Kriegsfall rasch aufgebraucht sind.

Seit Jahren kämpfen die Menschen ums Überleben. Jedes vierte irakische Kind ist chronisch unterernährt. Tausende sterben, weil sich mittellose

Familien die Medikamente auf dem Schwarzmarkt nicht leisten können. Ein Teil der Bevölkerung hungert, 60 Prozent der Bevölkerung sind jeden Monat auf staatliche Hilfe angewiesen. Sie soll den Tagesbedarf von 2.230 Kalorien sicherstellen. 400.000 Tonnen Nahrungsmittel müssen pro Monat landesweit verteilt werden. Finanziert wird die Verteilung durch das UNO-Programm „Öl für Lebensmittel". Der Despot und seine Bürokratenclique verdienen daran.

Den Hoffnungsschimmer, dass ein Krieg und der folgende Machtwechsel die Bevölkerung aus ihrer Lethargie und Hoffnungslosigkeit reißen werden, kann ich nirgends sehen.

„Nach dem Krieg werden wir uns gegenseitig umbringen", befürchtet Abdul, mein Kameramann, ein Schiit. Ihn plagen Alpträume. Jahrelang war er einer der besten Kameraleute des staatlich irakischen Fernsehens. Jetzt, als Pensionist, kann er von seiner Fünf-Dollar-Monatsrente nicht leben und versucht, bei westlichen Korrespondenten Arbeit zu finden.

Mit Abdul fahren wir zu Dreharbeiten nach Kerbala, 100 Kilometer südlich von Bagdad.

Für die Schiiten ist Kerbala eine der heiligsten Stätten. Die Abbas- und Hussein-Moschee leuchten mit ihren goldenen Kuppeln aus der Ferne. Die beiden Moscheen im Stadtzentrum erinnern an die Schlacht von Kerbala im Jahr 680, jenes Jahr, in dem sich der Islam in eine sunnitische und schiitische Richtung abspaltete. Es ging damals um die Entscheidung, wer der rechtmäßige Nachfolger Mohammeds ist und wer die Führung im rasch expandierenden islamischen Weltreich übernehmen soll. In Damaskus hatte sich die Dynastie der Omaijaden durchgesetzt, eine der führenden Familien in Mekka zu Mohammeds Zeiten.

Sein Sohn Hussein stellt sich in Kerbala einem Heer der Omaijaden-Kalifen. Er wird niedergemetzelt.

Der Verwalter der Hussein-Moschee, Abdul Sahib Naser Nasrallah, weist uns im Empfangssaal seiner Residenz auf die Bedeutung der auch hier unvermeidbaren Saddam-Porträts hin und erklärt, sichtlich wider besseres Wissen, einen Lebensbaum Saddam Husseins, der eine Wand des Gebäudes schmückt.

„Saddam ist in der 36. Generation ein Nachfolger des Imam Hussein", muss der Moscheenverwalter lügen und für Saddam Hussein, den Schiitenschlächter, schwärmen: „23 Kilogramm Gold und 233 Kilogramm Silber hat unser Präsident für den Hussein-Schrein gespendet." Was Abdul Sahib aus Angst verschweigt, ist die Vorgeschichte dieser Spende.

Als 1991 Saddams Armee aus Kuwait verjagt worden war, revoltierten die Schiiten in Kerbala, Nadschaf und Basra gegen die vermeintliche Schwäche des Regimes, lynchten Funktionäre der Baath-Partei und der Geheimdienste. Ein Aufstand, den die USA nicht wollten und deshalb auch nicht unterstützten. Sie überließen das Schicksal der Schiiten Saddams Schergen. Mit Hubschraubern mähten die im Krieg ungeschoren davongekommenen Elitedivisionen der Republikanischen Garden zehntausende schiitische Gegner nieder und bombardierten die Heiligen Stätten.

Spuren dieser Vernichtungsaktion sind noch während unserer Dreharbeiten zu sehen.

„Die Revolte war eine vom Iran gesteuerte Provokation. Die Menschen haben begriffen, dass solch ein Verhalten gegen die Gesetze war." Abdul Sahib wiederholt die von offizieller Seite vorgegebene Interpretation des erfolglosen Schiitenaufstandes von 1991. Herr Alaa, mein „minder", ist mit dieser Erklärung zufrieden.

Zurück in Bagdad, registrieren wir im Hof des Informationsministeriums eine seltsam beflissene Hektik. Bauarbeiter beginnen Gräben auszuheben, offenbar für Fundamente neuer Büroräume. Dass bei diesen Vorkehrungen ein Arbeiter das Kabel eines Satellitentelefons durchschneidet, macht nervöse Journalisten noch nervöser.

„Ich glaube nicht, dass wir die neuen Büros noch brauchen werden", sage ich zu Herrn Alaa. Er findet diese Bemerkung nicht besonders witzig.

In einem Saal des Informationsministeriums lauschen wir Colin Powells Auftritt vor dem UNO-Sicherheitsrat in New York. Die CNN-Live-Übertragung wird dem Bagdader Pressekorps zugeschaltet. Der USA-Außenminister legt Tonband- und Satellitenaufnahmen vor, die beweisen sollen, dass der Irak geheime Rüstungsprogramme entwickelt. Powell präsentiert unter anderem Abhörprotokolle, denen zu entnehmen ist, wie sich irakische Militärs und Regierungssprecher über Verstecke von verdächtigem Material unterhalten.

„Schaffen Sie es weg, wo immer etwas auftaucht!" sagt laut Powell ein Offizier.

„Das hätten unsere Geheimdienstleute besser gefälscht!" sagt Herr Alaa.

Ich beginne, ihm zu glauben.

Die Iraker, die das Regime nicht lieben, fürchten nur eines noch mehr: dass es wieder Krieg geben wird. Und die meisten wissen, dass die Botschaften, die das Regime verkündet, Lügen sind.

Zum islamischen Neujahrsfest lässt Saddam Hussein im Fernsehen einen Brief verlesen, der vor Selbstbewusstsein strotzt: „Die USA werden bei einem Angriff eine schwere Niederlage erleiden."

Bagdads Bevölkerung bereitet sich indes auf den Krieg vor. Wer es sich leisten kann, gräbt einen eigenen Brunnen. Die Behörden öffnen die Luftschutzbunker, die Wohlhabenden wollen sich noch einmal amüsieren.

Bagdads Kunstszene boomt.

„Gemessen an den Sanktionsfolgen haben wir uns ganz gut gehalten", meint eine junge Malerin.

Die Menschen strömen in die Theater, Dichter lesen aus ihren neuesten Werken. Das Nationalmuseum beruhigt mit einer Konferenz über die Renovierung der 10.000 archäologischen Stätten eigene Ängste. Donny George, wie seine Kollegen in eine militärische Phantasieuniform gezwängt, weiß, dass die Veranstaltung mehr der Stärkung der Moral seiner Mitarbeiter als der Abwehr realer Gefahren nützt.

Wer kann, verlässt Bagdad und fährt zu Verwandten auf das Land oder nimmt an der jährlichen Pilgerreise nach Damaskus zum schiitischen Zeinab-Schrein teil. Die Pilgerreise kostet 30 Euro, das Einkommen eines Beamten in vier Monaten.

Verarmte Mittelstandsfamilien verkaufen ihre Häuser, um Geldreserven anzulegen. Neureiche Krisenprofiteure gehen auf Schnäppchenjagd, eröffnen teure Restaurants und Modegeschäfte. Aber das Geschäft lässt zu wünschen übrig. In der noblen Arasat-Straße klagt der Boutiquenbesitzer Amar al Ghilany über Umsatzeinbußen. „Die Zeit ist nicht gut für das Geschäft. Die Menschen horten ihre Ersparnisse für den Krieg." Sein Geschäft, früher ein Tummelplatz der Reichen und Schönen, ist gähnend leer. In der Al-Mutanabi-Straße, auf dem traditionellen Bücherbasar, hat der Buchhändler Mohammed Fahri auch schon bessere Zeiten erlebt. „Die meisten haben kein Geld. Sie kommen nur, um ihre Bücher zu verkaufen oder umzutauschen. Nicht zum Kaufen."

Die Mehrheit der Bagdader Bevölkerung hat auch nicht das Geld, die Stadt zu verlassen. Ihr bleibt die zunehmende Ungewissheit und Angst vor einem drohenden Machtvakuum. Es ist die Angst und das Wissen, dass in den drohenden unruhigen Zeiten ein falsches Wort oder ein falscher Name lebensgefährlich werden kann.

Noch ist das Regime in der Lage, die Massen zu mobilisieren. „Ich werde meine Gruppe bewaffnen, sollte es zum Krieg kommen", schwört Bilal Sahib, ein Jungfunktionär der Baath-Partei.

„Wir haben mit den Kriegsopfern von 1991 noch genug zu tun", erklärt mir auf einer Anti-USA-Demonstration der Psychiater Tarek al Kubaisy. „Wir brauchen keine zusätzliche Arbeit."

Seit 1991 war es dem Irak aufgrund des verhängten Embargos nicht möglich, durch Rüstungsimporte seine im Zweiten Golfkrieg stark angeschlagene Armee zu modernisieren. Waffenschmuggel und illegale Importe verhindern den völligen Kollaps. Eine irakische Marine existiert nicht mehr, die Luftwaffe wurde 1991 ebenfalls größtenteils zerstört.

Gegen dieses in zwanzig Jahren durch zwei Kriege und 35 Jahre Diktatur geknechtete Land rüstet die Bush-Propaganda zum Vernichtungsschlag. Das Schlachtfeld Irak soll zur Probebühne für das High-Tech-Arsenal der US-Streitkräfte in der Golfregion werden. Der Operationsplan sieht den Einsatz so genannter „smart bombs" vor. Deren Sprengkopf wird mit Hilfe des GPS-Navigationssystems satellitengesteuert in das Ziel geschossen. Der Star der US-Bomberflotte ist der bizarre, dreizackige B 2-Tarnkappenbomber mit einer dunklen Spezialbeschichtung gegen Radarsignale und 80 100-Kilogramm-Bomben im Bombenschacht. Die „Mutter aller Bomben", die MOAB, wird werbewirksam auf einem Luftwaffengelände in Florida getestet. Mit 8.000 Kilogramm Sprengstoff ist ihre Zerstörungskraft noch verheerender als die im Afghanistankrieg eingesetzte Streubombe mit dem Spitznamen „Daisy cutter".

Die US-Militärs präsentieren auch die neu entwickelte elektronische Bombe: Die Mikrowellenkanone erzeugt in einem Zeitraum von einer Millisekunde Spannungen von mehreren Millionen Volt. Dieser extrem starke Mikrowellenimpuls vernichtet in einem von der Leistung der Waffen abhängigen Radius sämtliche Computerprogramme.

Im Visier dieses Waffensystems ist die militärische und zivile Infrastruktur des Irak. Der Einsatz unbemannter Drohnen ist ebenfalls geplant. Der „Predator" übermittelt TV-Bilder in Echtzeit in ein Lagezentrum in Washington. Dort werden die aufgeklärten Ziele an Luftwaffeneinheiten übermittelt. Der Einsatzbefehl erfolgt mit Joystick. Mit Hellfire-Flugkörpern bekämpft der „Predator" die Ziele selbst. Das nicht konkurrenzfähige Gegenstück zeigen uns Saddams Militärs: die irakische Drohne. Wie viele Drohnen der Irak besitzt, wird nicht bekannt gegeben. Bekannt ist, dass Saddam im Golfkrieg 1991 fast die Hälfte seines Waffenarsenals verloren hat. Seit 1998 fliegen die Alliierten Einsätze über den Flugverbotszonen im Nord- und Südirak. Trotz Flugsverbotszonen fliegen *Iraqi Airways* zweimal täglich nach Basra.

Wir fliegen mit, dürfen in der ausgebuchten Maschine aber nicht filmen, obwohl es Bemerkenswertes zum Filmen gäbe: den Funkverkehr zwischen irakischen Linienpiloten und den Piloten des alliierten Kampfjets. Ein Ausflug in eine verrückte Welt.

Der *Basra International Airport* wirkt überdimensioniert und verlassen, die einstige Handelsmetropole Basra wie ausgestorben. Die Elendsquartiere entlang der Flughafenstraße drücken aufs Gemüt. Wir sind auf dem Weg zur Familie von Ahmed Daud. Zu ihm wird vermutlich jeder ausländische Journalist geführt, der in diesen Vorkriegstagen nach Basra kommt. Sein kleiner Sohn wurde bei einem Bombenangriff schwer verletzt. Ein „Kollateralschaden", der in keiner Statistik der alliierten Kampfverbände aufscheint. Dass sein Kind für Propagandazwecke missbraucht wird, weiß vermutlich auch Ahmed Daud, der Vater, der uns zum Abschied in seiner Werkstätte sagt: „Eigentlich will ich nichts anderes als ihr im Westen. Arbeiten und Überleben."

Wie schwierig das Überleben in Basra ist, sehen wir im Kirchhof vor der Armenapotheke des chaldäischen Erzbischofs.

„Zu uns kommen die Menschen, die sich die Medikamente nicht leisten können, die ihnen die Ärzte verschrieben haben", sagt Pater Imad Abana.

Zurück in Bagdad, frage ich einen Tag vor Ablaufen der Aufenthaltsgenehmigung meinen „minder": „Kann ich einmal etwas anderes drehen? Ich habe gehört, dass vor Monaten aus dem Gefängnis Abu Ghraib tausende Häftlinge freigelassen wurden."

Alaa beginnt an seinem Schnurrbart zu zupfen. Eine Drehgenehmigung für Abu Ghraib scheint ihm das Ansuchen eines arg Ahnungslosen. „Ich werde das Ansuchen beim Informationsministerium einreichen." Es wurde nie eingereicht.

Nach Abschluss der Dreharbeiten beginnen die Ausreiseformalitäten. Kassier im Informationsministerium ist ein kleiner Mann, an dem auffällt, dass er die Dollarscheine der abreisenden Journalisten mit Fingern ohne Nägel zählt. Warum ihm die Fingernägel fehlen, bleibt ein Rätsel.

Doch vor der Abreise muss ich noch zum Aidstest. Dem aus Wien mitgebrachten Attest fehlt nach Ansicht der irakischen Begutachter ein wichtiger Stempel. Welcher, weiß ich nicht mehr. Ich weiß nur, dass die Laboranten im Bagdader Gesundheitszentrum die Ampulle mit dem mir abgezapften Blut nie ausgewertet haben. Als Gegenleistung hatte ich den für die Ausreise nötigen Gesundheitsstempel im Pass und wieder 50 Dollar weniger in der Tasche. Auf dem *International Saddam Airport* verabschiede ich mich von Herrn Alaa: in der Ungewissheit, ihn noch einmal, und in der Hoffnung, Bagdad bald wieder zu sehen. *Guten Morgen, Bagdad!*

VERRÜCKTE WELT

Stunde Null am Tigris

Stunde Null am Tigris

„Salam aleikum!" grüßt der amerikanische Soldat mit Südstaatenakzent am Grenzübergang zwischen Jordanien und dem Irak. Abdul Mohammed, unser irakischer Fahrer, muss sich an die bekannte Grußformel des unbekannten Grenzpostens aus der Neuen Welt erst gewöhnen. Auch an das neu gestaltete Entree. Dem Saddam-Denkmal am Grenzübergang fehlt das Charakteristikum: das Saddam-Porträt. Es wurde zerstört.

Eine Woche nach dem Einmarsch der Amerikaner in Bagdad fährt Abdul wieder die Route, die ihm aus Embargozeiten bestens vertraut ist. Die achthundert Kilometer lange Autobahn durch die Wüste von Amman nach Bagdad, Iraks Lebensader während der UN-Sanktionen. Bis zur jordanischen Grenze ist die Straße, von wenigen Teilabschnitten abgesehen, zweispurig. Zwanzig Kilometer nach dem irakischen Grenzübergang Trebil sechsspurig, bis wir uns zwei gewaltigen Kratern nähern, die Raketentreffer in das eintönige Asphaltband gerissen haben. Aus Sicherheitsgründen sind wir in einem CBS-Konvoi unterwegs. Der US-Sender hat für sein Bagdad-Team private Leibwächter engagiert.

„Auf meiner letzten Fahrt wurden wir überfallen", erzählt Abdul vor unserer Abfahrt um zwei Uhr früh im mondscheinhellen Amman. Für ihn kein Grund, mit seinem alten Geländewagen einen neuen Transport abzusagen. Noch fühlen sich irakische Chauffeure einigermaßen sicher, ist der Streckenabschnitt zwischen den Städten Ramadi und Falludscha zwar auch schon „Ali-Baba-Country", doch begnügen sich die Wegelagerer in dieser Region noch mit ein paar hundert Dollar Raubgut. Ein berechenbares Risiko.

Für den Fall des Falles halten erfahrene Globetrotter in der Provinz Al Anbar ein paar grüne Scheine bereit und verstecken den Rest des Reisegeldes. Unter Fahrern und Fahrgästen spricht sich rasch herum, auf welche Art und Weise die irakischen Robin Hoods ihre Überfälle zu organisieren beginnen. Fahrzeuge der Bagdad-Bummler werden auf den Pannenstreifen gedrängt und zum Anhalten gezwungen. Für Betroffene eine lebensgefährliche Abwechslung zwischen Dünen, Palmen und Schafherden in der ermüdenden Wüstenmonotonie. Auf den letzten Kilometern vor Bagdad liegen ausgebrannte Panzer und zerschossene Armeefahrzeuge.

„Ein Amerikaner, ein Iraker", zählt Abdul.

Zwischen Häusern versteckt verrotten in den Vororten der Hauptstadt Artilleriegeschütze, darunter ein österreichisches Produkt aus der ehemaligen Voest-Waffenschmiede NORICUM: eine Lafette mit einem Kanonenrohr, das in die falsche Richtung zielt. Richtung Bagdad, von Saddams Soldaten offenbar zurückgelassen, ohne einen einzigen Schuss abgefeuert zu haben.

In der Nähe der zerstörten Hallen des Internationalen Messegeländes steigen Rauchsäulen auf. Plünderer schleppen die letzten Lagerbestände weg. Zuckersäcke und Ventilatoren, die sie auf ihre Pick up's schmeißen. Kein Besatzungssoldat hindert sie daran, irakische Polizisten sind nirgendwo zu sehen. Zu sehen sind junge Männer, die mit schwarzen Fahnen die Straßen entlangziehen. Die Fahnen tragen die Aufschrift „Hussein". Nicht Saddam Hussein ist damit gemeint, sondern der von den Schiiten verehrte Imam Hussein. Zeitenwende im Irak.

Auf dem Ferdaus-Platz, dem „Paradies-Platz", liegt Saddams Rumpf im Dreck. Vom Sockel baumeln die zwei Rohre, die das Denkmal des Diktators stützten. Gegenüber, vor dem Journalisten-Hotel *Palestine*, wo sich die meisten ausländischen Reporter seit Kriegsbeginn einquartiert haben, demonstrieren Hunderte Iraker, was sie unter der neuen Freiheit verstehen: „Amerikaner, haut bitte ab!" steht auf einem Plakat geschrieben. „Nein, nein, Amerika! Ja, ja, Islam! Blut und Salz für den Islam, Blut und Salz für den Irak!" schreien die Demonstranten.

Die amerikanischen Soldaten, hinter Stacheldraht geschützt und abgeschirmt, verstehen nicht, was gerufen wird. Und beobachten gelangweilt, was die Volksscharen in Aufregung versetzt: die Forderung nach der Freilassung eines inhaftierten Mullahs namens Scheich Mohammed Fartusi.

Seine Gefolgschaft beginnt den Traum von einer islamischen Regierung zu träumen. Fartusi hatte im Bagdader Slum-Viertel Sadr-City, dem früheren Saddam-City, beim Freitagsgebet gegen die Amerikaner gepredigt. Seine Botschaft provoziert die Besatzer: „Wir werden keine Demokratie dulden, in der wir nicht über unser Schicksal selbst bestimmen können."

Plötzlich brandet in der Menge Jubel auf. Der vermeintlich inhaftierte Mullah braust in einem Auto vorbei.

Im verdreckten Wasserbecken des Springbrunnens zu beiden Seiten der gestürzten Saddam-Statue plantschen Straßenkinder. Für den zwölfjährigen Ahmed und seine Clique ist dieser Platz tatsächlich ein Paradies. In seinem Alter bereits Kettenraucher und ein Mörder, ist der verwahrloste Bub aus einem Waisenhaus geflohen. Jetzt bettelt er Journalisten und US-Soldaten um Zigaretten an und fuchtelt drohend mit einer täuschend echt aussehenden Spielzeugpistole: „Dollar! Mister!".

Auf dem Ferdaus-Platz wurde der Diktator gestürzt. Zumindest symbolisch. Am 9. April 2003. Ein US-Panzer hatte die Statue mit einem Seil zu Boden gerissen. Doch bevor er fiel, blieb der übergroße Saddam noch kurz auf seinem Sockel hängen. Zuvor hatte ein Marineinfanterist die Statue erklommen und das bronzene Diktatorenhaupt mit dem US-Sternenbanner verhängt. Ein törichter Regieeinfall, der rasch korrigiert wurde. Minuten später banden Marines um den Hals der Statue, einer Krawatte gleich, die irakische Flagge. Die Menschen auf dem Ferdaus-Platz jubeln.

Die US-Panzer hatten um 16 Uhr 40 Ortszeit aus Richtung Südosten ohne Widerstand die Innenstadt Bagdads erreicht. Vor den Bildschirmen konnte die ganze Welt ihre Ankunft auf dem Kreisverkehr vor dem *Palestine* sehen und den Sturz einer Diktatur mitverfolgen. Die Fernsehwelt sah unter anderem *live* den *Sky-News*-Reporter, der, des Arabischen nicht mächtig, Iraker interviewte, die des Englischen nicht mächtig waren. Trotzdem eine beeindruckend beneidenswerte journalistische Leistung des britischen Reporters. Es hätte schlimmer kommen können. Etwa, wenn auf ihn geschossen worden wäre. Wurde zum Glück nicht.

Aber die Fernsehwelt sah nicht alles. Sie sah nicht, wie verhältnismäßig klein der Ferdaus-Platz im riesigen Bagdad ist. Sie sah nicht, dass an diesem 9. April in Bagdad viele nicht gejubelt haben. Und sie wusste nicht, ob die, die in dieser historischen Stunde jubelten, nicht gestern noch Saddam zugejubelt hätten. Nicht jeder Befreite erlebt die Besatzung als Befreiung.

Wenige Tage später begrüßt mich ein Kärtchen auf dem Schubladenkasten meines Zimmers im Hotel *Palestine* mit der Aufschrift „Welcome home". Was wie frivoler Zynismus klingt, ist ein Nachklang ferner Zeiten, als im Hotel Kaufleute und Waffenhändler abstiegen, um mit dem Saddam-

Regime ins Geschäft zu kommen. Ein im Zimmer aufliegender Prospekt preist die Vorzüge des Quartiers:

„Das Hotel Palestine-Meredien liegt direkt im Stadtzentrum zwischen Sadun- und Abu-Nawas-Straße, mit Blick über den Tigris. 25 Kilometer vom Internationalen Flughafen entfernt, 417 Zimmer, inklusive 50 Luxus-Suiten, Aircondition, Minibar, 4 Restaurants, Swimming-Pool, Snackbar, Nightclub, Sauna, Gesundheitsclub, 4 Konferenzräume, 1 Ballsaal."

Wunderbar. Das war einmal. Heute müht sich der Haustischler mit dem kaputten Schloss an der Zimmertür ab, kriegsbedingt ist die Wasserleitung noch nicht in Betrieb, die Bettwäsche ist löchrig, die Matratze weist eingetrocknete Blutspuren auf. Nicht vom Krieg.

Der Chef an der Rezeption hat seinen Saddam-Schnauzbart abrasiert. *For the times they are a-changin'.*

„Hallo Mister, nice to see you again!"

Ein Wiedersehen mit orientalischem Überschwang. Bagdad und das *Palestine* haben sich verändert. Manches blieb beim vertrauten Alten. Einer der beiden Hotelaufzüge funktioniert auch diesmal nicht. Neben einer Lifttür klebt ein Zettel.

„Wer kann Auskunft geben über das Schicksal von Fred Nerac und Hussein Osman?"

Der französische Kameramann und sein libanesischer Übersetzer werden seit 22. März vermisst. Seither fehlt von ihnen jede Spur. In den ersten drei Wochen des Irakkrieges kommen zehn Journalisten ums Leben. Hunderte bleiben und berichten weiter.

Im Garten und auf einem Vordach des *Palestine*, auf der dem Regierungsviertel gegenüberliegenden Seite des Tigris, haben Fernsehsender und Nachrichtenagenturen ihre Satellitenanlagen aufgebaut. Zelte und Holzverschläge sollen die teuren Geräte vor Sandstürmen und Hitze schützen. Im 15. Stockwerk des *Palestine* wird das Appartement des Büros renoviert, wo am 8. April ein *Reuters*-Kameramann, der gebürtige 38-jährige Ukrainer Taras Protsyuk, durch eine von US-Panzern abgefeuerte Salve getötet wurde.

Im Foyer des *Palestine*, zwischen geschlossenem Restaurant, Antiquitätenshop und CNN-Bunker, sitzen schwitzende Polizisten, noch unsicher, ob tatsächlich eine neue Ära begonnen hat. US-Generäle gehen ein und aus.

Maskierte US-Marineinfanteristen drehen durch und beginnen die Hotelzimmer nach Waffen zu durchsuchen.

„Wir sorgen uns um die Sicherheit der Journalisten, der irakischen Hotelbediensteten und der im Hotel untergebrachten Soldaten", rechtfertigt US-Armeesprecher John Hollewarth die Aktion. Dass sich im Hotel US-Militär einquartiert hat, ist kein Schutz für die zivilen Hotelgäste.

Vor dem *Palestine* und dem *Sheraton* vis-a-vis sind zum Schutz der Hotelanlagen zwei Abrams-Panzer aufgefahren. Blutjunge Soldaten der 3. Infanteriedivision schieben Wache. Auch private Security-Dienste sichern den Hoteleingang und die Hotelkorridore, unter ihnen auffallend viele *Gurkhas*, die für ihre Gefühlskälte berüchtigten nepalesischen Elitesoldaten, die nach dem Ausscheiden aus dem aktiven Dienst in der britischen Armee bei der Firma *Global Risk-Strategies* anheuern. Originell wirkt ein blau uniformierter Iraker mit Stetson und Kalaschnikow. Das *Palestine* scheint ein relativ sicherer Ort, verglichen mit dem *Raschid* und *Mansur*, die wenige Tage zuvor angezündet und ausgeraubt worden waren. Die Diebe schleppten Teppiche, Fernsehgeräte und Möbel ab. Auf dem Parkplatz warteten 15 Autos auf das Diebsgut.

Am Eingang des *Palestine* warten irakische Polizisten in Zivil, die sich den Amerikanern andienen. Sie bieten ihre Hilfe im Kampf gegen die Plünderer an. Die Amerikaner bleiben misstrauisch. Sie argwöhnen, von ehemaligen Mitarbeitern des alten, Saddam loyalen Sicherheitsapparats ausspioniert zu werden.

Wo eine Rauchsäule aufsteigt, kann man sicher sein, dass Kriminelle ihrem Tagesgeschäft nachgehen. In Bagdad herrscht das Gesetz der Gesetzlosen. Und es schlägt die Stunde der Denunzianten.

In diesem Anarcho-Chaos läuft mir ein österreichischer Ex-Fremdenlegionär über den Weg. „In einem halben Jahr werde ich so viel verdient haben, dass ich mein Haus fertig bauen und mir einen Sportwagen leisten kann", meint der Schulabbrecher aus dem Burgenland, der sein Glück im Kriegshandwerk sucht und sich im Hotel *Sheraton* einquartiert. Hier findet er seinen neuen Arbeitgeber, eine internationale Söldnerfirma. Gerüchteweise streichen Rambos wie er pro Tag zwischen 600 und 1.500 Dollar ein. Ein lukrativer, aber gefährlicher Job. Sollte er das Abenteuer nicht überleben, wird er in keiner Verluststatistik aufscheinen. Die Privatisierung des Krieges schönt die Schrecken des Krieges.

Im *Palestine* treffe ich zufällig Herrn Alaa wieder. Er ist jetzt kein „minder" mehr. Jetzt ist er Mensch. Jetzt beginnt er zu erzählen. Offizier sei er früher gewesen, seine älteste Tochter habe vom Präsidenten höchstpersönlich für hervorragende schulische Leistungen eine Auszeichnung bekommen, einer seiner Brüder lebe in Australien, berichtet ein entspannter Alaa und flüstert geheimnisvoll: „Orha, Orha." Es dauert, bis ich verstehe: Er meint ORHA, das *Office for Reconstruction and Humanitarian Assistance,* das Büro für Wiederaufbau und humanitäre Hilfe, die von den Amerikanern eingesetzte Zivilverwaltung in Bagdad. Die US-Besatzungsbehörde sucht irakische Mitarbeiter. Alaa liebäugelt mit einem Jobwechsel zu ORHA. Seine zugegebenermaßen nach ausbaufähigen Englisch-Kenntnisse scheinen ihm Qualifikation genug.

Es sind Tage der Hoffnung im Irak, die Stunden, in denen die Freude über den Sturz des Tyrannen noch größer ist als der Frust über die Arroganz der Sieger, die kurze Spanne Zeit, wo die reale Chance besteht, die Bevölkerung für die amerikanischen Besatzer zu gewinnen.

Diese Chance wird vertan. Der ORHA-Chef tritt wie ein Sheriff auf. Jay Garner war auch etwas Ähnliches. Der pensionierte Drei-Sterne-General ist im Irak kein Unbekannter. Im Golfkrieg 1991 kommandierte Garner die Operationen der US-Truppen in den nordirakischen Kurdengebieten. Seit seinem Ausscheiden aus der Armee 1997 für die Rüstungsindustrie tätig, ist Garner in der arabischen Welt wegen seiner Kritik an der Palästinenserführung zusätzlich umstritten.

In Bagdad zieht der persönliche Freund von Verteidigungsminister Rumsfeld kurz nach seiner Ankunft eine gekonnte Show ab: „Wir werden dafür sorgen, dass alle Iraker am Ölreichtum beteiligt sind", verspricht Bushs erster Statthalter am Tigris auf seiner ersten Pressekonferenz. „Was kann es Schöneres geben, als anderen zu helfen? Genau das wollen wir tun." Und diktiert den Reportern seine Prioritätenliste: rasche Wiederherstellung der Strom- und Wasserversorgung, rascher Wiederaufbau des Gesundheitswesens.

Im Jarmuk-Spital wird der Ex-General von der irakischen Realität rasch eingeholt. In ausgeplünderten Krankenzimmern und Operationssälen klagen Ärzte und Pfleger ihre Sorgen und Bedenken. Garner dämpft die hohen Erwartungen: „Ich muss Ihnen offen sagen, dass es einige Zeit dauern wird, dass es eine schwierige Aufgabe wird."

Neue Aufgaben warten auch auf die Mitarbeiter des Informationsministeriums. Ihr Arbeitsplatz, ein mehrstöckiger Betonkasten, ist nur noch eine bombardierte, ausgeraubte und ausgebrannte Ruine. Sein Personal, unsere ehemaligen Bewacher und Spitzel, ist untergetaucht oder findet neue Jobs im Schlepptau der in Bagdad stationierten ausländischen Korrespondenten.

„Ja, was hätte ich denn tun sollen? Ich gebe ja offen zu, dass ich für den Geheimdienst gearbeitet habe", jammert der Typ, der vor wenigen Tagen noch für die Verlängerung der Aufenthaltsgenehmigung zuständig war und sich jeden unserer Bittgänge auf das Meldeamt extra bezahlen ließ. In die eigene Tasche versteht sich.

Die Zeit der *muchabarat*-Schnüffler war abgelaufen. Die Stunde der Räuber und Brandstifter war gekommen.

Saddams Truppen hatten die Invasionsstreitkräfte vertrieben, die gut organisierten Freibeutertruppen lassen die Eroberer gewähren. So sehen es jedenfalls viele Iraker.

Banditen machen die wichtigen Handelsstraßen von Jordanien nach Syrien unsicher. Der Pressesprecher der Marines, David Cooper, verspricht rasche Hilfe. „Wir werden das Plündern beenden und jeden verhaften, den wir erwischen."

Es sieht nicht danach aus. Aus den Banken werden in wenigen Tagen 400 Millionen Dollar gestohlen. Auch die letzten Goldreserven sind vor Dieben nicht mehr sicher. Plündern wird zum Familiensport. Mit Autos oder Eselkarren organisieren Männer, Frauen und Kinder ihre Raubzüge. Aus Saddams As-Salam-Palast am Westufer des Tigris schaffen sie ohne Gewissensbisse Möbel weg, brechen Marmorverzierungen von den Wänden, tragen Statuen aus den Palastgärten. Scherben von Spiegeln und Lustern liegen auf den Wegen verstreut. Wracks aus der Autosammlung des Präsidenten säumen eine Allee, darunter ein zu Schrott zermalmtes Chevrolet-Cabrio aus dem Jahr 1955. Ein Rolls-Royce Silver Shadow steht noch unbeschädigt in der Garage. Auch die Cadillac-Limousine mit Standartenträgern auf den Kotflügeln wartet noch auf einen neuen Chauffeur.

In der „Palästina"-Straße brennt ein Forschungsinstitut der Armee. Im Stadtzentrum hat jemand an die Wand geschmiert „Bush supports looters". Selbst vor dem Bagdader Zoo schrecken die Strolche nicht zurück. 300 Tiere vermisst Haschim Mohammed Hussein, der Veterinär des Freigeheges im Vergnügungspark, und hält vergebens Ausschau nach seinen Affen und Bären, Kamelen und Pferden. Die Käfige sind aufgebrochen. Nur noch Löwen, Tiger und zwei Leoparden hungern hinter vier Meter hohen Gitterstäben. Keine Schimpansen, keine Kakadus, keine Meerkatzen. Der Zoo war ein Schlachtfeld und wurde verwüstet.

Wo in der Menagerie die irakische Armee ihre Artilleriegeschütze in Stellung gebracht hatte, patrouillieren amerikanische Soldaten. Trophäengeschmückt und siegestrunken, aber in viel zu geringer Truppenstärke, um an allen Brandherden Flagge zeigen zu können.

Auf den Flohmärkten tauchen Maschinengewehre, Panzerfäuste und Granaten auf. Aus verlassenen Schützengräben werden Gewehre erbeutet. Vor grünbraunen Sträuchern in der Nähe des *Mansur*-Hotels haben einige von Saddams getürmten Soldaten ihre grau-grünen Helme liegen gelassen, im Garten des Saddam-Kinderspitals graben Familienangehörige ihre zwanzig Zentimeter unter der Erde verwesenden Kriegstoten aus.

„Wegen der Fliegen sind die Leichen eine Gefahr für unsere Patienten", gibt der Krankenhauswächter zu bedenken. „Wir müssen rasch dafür sorgen, dass die Toten ein ordentliches Begräbnis bekommen."

Viele Kriegsopfer waren zunächst in Gärten oder Grünstreifen verscharrt worden. Erdlöcher erinnern an die getöteten irakischen Soldaten und Zivilisten, die exhumiert und auf zwei großen Friedhöfen wieder bestattet werden. Nach Leichen, um die sich sonst niemand kümmert, halten die „Freiwilligen des Todes" Ausschau. Mitarbeiter eines Bagdader Krankenhauses, die auf Bagdads Straßen die vergessenen Toten einsammeln und dafür sorgen, dass diese eine würdige letzte Ruhestätte finden. Ein auf Säcken aufgeklebter Zettel verrät die Identität der Geborgenen. Die Aufschrift „Unbekannt" oder ein Name, der noch überprüft werden muss, steht auf dem Papierfetzen.

In Bagdad regieren der Tod und das Faustrecht.

In einem der neu gegründeten Rundfunksender fordert ein Polizeioffizier die Rückgabe gestohlener Waffen. „Wer die Waffen nicht abgibt, wird bestraft. Wer von den Schusswaffen Gebrauch macht, dem drohen noch härtere Strafen." Der Appell verhallt ungehört. Die kriminelle Energie ist stärker als die politische Vernunft. Die Besatzungsmacht verliert den Überblick und kann sich nur schwer verständlich machen.

„Speak English?" fragt ein GI den Straßendieb, den er an einem Panzer angekettet hat.

„No!"

Englisch ist jetzt allerdings Umgangssprache, wo einst Saddam Husseins Sohn Udai skandalumwitterte arabische Nächte feierte. Mit Alkohol und Prostituierten. Im *Jagdclub* am rechten Tigrisufer, fern dem Lärm und Dreck der Innenstadt. Hier residiert der *Irakische Nationalkongress* (INC), ganz nahe einer Baustelle, auf der noch nach Saddams Willen eine gigantische Moschee errichtet werden sollte.

Der *Jagdclub* ist streng bewacht. Milizen der FIF, der *Freien Irakischen Streitkräfte*, kontrollieren das Gelände. Junge Männer mir Cowboyhüten und Sturmgewehren sichern das Areal, auf dem neben Gartensesseln und Schatten spendenden Palmen leere Geldschränke zu sehen sind. Von hier aus zieht der umstrittene schiitische Banker Ahmed Chalabi seine Fäden. Das Pentagon unterstützt den zwielichtigen Geschäftsmann, den ein jordanisches Gericht wegen Betrugs zu 22 Jahren Gefängnis verurteilt hat. Sein Sprecher Entifadh Qanbar lässt zum Interview bitten: „Sie müssen wissen, ich bin der Verbindungsmann des INC zur US-Army", belehrt uns Chalabis Sprachrohr. In seinem Hosenbund steckt lässig ein Revolver. Man fühlt sich wie ein Bittsteller am Hofe Al Capones im Chicago der dreißiger Jahre.

Chalabis Privatarmee stößt bei der Bevölkerung Bagdads auf wenig Begeisterung. Dennoch glaubt Herr Entifadh: „Die Präsenz unserer Soldaten wird die Sicherheitslage verbessern."

Abdel Aziz al Hakim vom „Obersten Rat für die Islamische Revolution im Irak" verfügt ebenfalls über eine Privattruppe, die *Sadr*-Brigaden. Sein politisches Programm erläutert uns al Hakim während seines ersten Treffens mit hohen schiitischen Würdenträgern in Bagdad: „Wir danken den Amerikanern für die Befreiung, aber wir sind auch dankbar, wenn sie wieder abziehen."

Einen verstörend-traurigen Anblick bietet das Nationalmuseum. Im gelben Ziegelbau in der Nähe des Hauptbahnhofes war die größte Sammlung von Objekten aus sumerischer, babylonischer und assyrischer Zeit untergebracht. In 28 Sälen waren die stummen Zeugen der ersten Zivilisation zu bewundern. Jetzt sind die ausgeräumten Säle gespenstisch leer. Mit Ausnahme der assyrischen Reliefs, die zu groß und zu gesichert sind, ist alles aus den Ausstellungsräumen entfernt oder zerschlagen worden. Auf der Treppe liegen Scherben und Bruchstücke assyrischer Statuen.

„Das ist nicht mehr mein Land!" seufzt Herr Alaa. „Bei uns wurde die erste Gesetztafel der Menschheit geschrieben. Und jetzt? Jetzt ist alles kaputt. Ich kann in diesem Land nicht mehr leben."

Er will zu seinem Bruder nach Australien.

In der Eingangshalle des Museums türmen sich, wahllos angehäuft, hunderte teils beschädigte Gemälde arabischer und irakischer Maler, die vor Dieben und Plünderern aus dem *Saddam Art Museum* und städtischen Galerien noch gerettet werden konnten.

„Ich habe weinende Kollegen gesehen. Diesen Leuten Mut zu machen, ist eine meiner Aufgaben. Es fällt mir aber selbst schwer, weil in mir eine Mischung aus unbeschreiblicher Wut und Verzweiflung ist." Helga Trenkwalder, Irak-Spezialistin an der Universität Innsbruck, kann ihre Enttäuschung nicht verbergen. Seit 1980 leitet sie im Irak Ausgrabungen. Ihre Grabungsstätte ist Birs Nimrud, das antike Borsippa, südlich von Bagdad, ein zweites Babylon. In diesen Chaostagen ist die Tiroler Archäologin nach Bagdad gekommen, um zu helfen. Sie sieht einen Teil auch ihres wissenschaftlichen Lebenswerkes zerstört. Den Amerikanern wirft sie vor, das Museum nicht geschützt und bewusst eine „geistige Okkupation" des Irak zu betreiben. „Wir leben im 21. Jahrhundert. Der menschliche Geist hat sich bei einigen nicht weiterentwickelt."

Gestohlen wurden im Nationalmuseum nur Originale. Kopien fanden die Räuber nicht attraktiv genug.

Zwei amerikanische Panzer hatten im Garten des Museums erst Stellung bezogen, nachdem die Schauräume und der Keller geplündert worden waren. Tausende Kunstgegenstände der mesopotamischen Hochkultur und aus frühislamischer Zeit werden vermisst.

„Ich kann mir nicht vorstellen, dass die Amerikaner um die einzigartige Bedeutung unseres Museums nicht wussten", sagt Nawala al-Mutwalli, die Museumsexpertin für sumerische Philologie. „Schließlich haben amerikanische Spezialisten schon vor dem Golfkrieg 1991 über schützenswerte irakische Kulturgüter Listen angelegt."

„Da waren Profis am Werk", erklärt Donny George, der Forschungsdirektor des Museums, „sie benutzten Spezialwerkzeuge zum Öffnen von Vitrinen."

Die Ali Babas verschonen auch die Spitäler nicht. Bewaffnete Banden überfallen Krankenbetten und Arzneischränke. Ärzte und Pfleger fürchten sich und erscheinen nicht zum Dienst. Patienten flüchten aus den Krankenhäusern, Angehörige von Patienten stürmen mit der Kalaschnikow in der Hand Operationssäle. Auf dem Schwarzmarkt wird diese Schusswaffe um 30 Dollar gehandelt. Angeblich sind die Eroberer für Polizeiaufgaben nicht vorbereitet.

Stunde Null am Tigris.

Lieutenant Colonel Ronald Staubly vom Medical Corps der US-Armee will Abhilfe schaffen. Vor allem in den Spitälern. In der „Grünen Zone" stellt der Offizier einen Konvoi mit Hilfsgütern zusammen. Wir dürfen ihn begleiten. Auf eigene Gefahr.

„Wenn wir unter Feuer kommen, Ruhe bewahren!" rät der Colonel. Wir sind auf karitativer Erkundungsmission in Bagdad unterwegs. Die beschämten Besatzer sind um Imagekorrektur bemüht. Im Gesundheitsministerium erwartet uns Direktor Tarik Ibrahim. Die neuen Wünsche des Irakers sind die alten. „Wir brauchen endlich mehr Sicherheit, um unser Areal schützen zu können. Ich brauche 700 Meter Stacheldraht. Das kostet eineinhalb Millionen."

„Dollar?" fragt erstaunt der Amerikaner. „Nein, Dinar", lacht der Direktor. „Das sind tausend Dollar." Misstrauen schafft Missverständnisse.

Und noch eine Bitte hat Tarik Ibrahim: „Wir brauchen endlich eine bessere Energieversorgung!" Während des Gesprächs fällt kurzfristig der Strom aus.

„Wir haben den *turning point* erreicht, der einer kommenden Generation im Irak ein besseres Leben bringen wird", glaubt Colonel Staubly. Auf dem Korridor des *Al Kadhimiya Private Hospital* treffen wir eine schwer traumatisierte Krankenschwester, die ihr Familienschicksal nicht bewältigt hat. „Elf meiner Verwandten hat Saddam umgebracht." Mohammed Ibrahim, ein ägyptischstämmiger Reservist im Rang eines Hauptmanns, spendet Trost: „Unsere Aufgabe ist es, auch Ihnen zu helfen." Der Trost des Amerikaners ist der Trost des Fremden.

Zwölf Prozent der irakischen Spitäler sind zerstört, es gibt kaum Medikamente, kaum Strom, kaum Wasser. Zerstört ist auch die irakische Gesellschaft. Nach dreißig Jahren Diktatur, Terror, Armut und Krieg. Eine ganze Generation kennt nichts anderes. Nach Schätzungen der UNICEF sind 500.000 Kinder so stark traumatisiert, dass sie mit schweren körperlichen und seelischen Schäden aufwachsen.

„Vor unserer Moschee haben sie die Leichen eingesammelt. Es war ein scheusslicher Anblick und hat gestunken", erzählt der schüchterne Bub mit leiser Stimme im Saddam-Kinderspital. Doktor Schehab Ahmed zeigt uns seine kleinen Patienten, die an schweren seelischen Schäden leiden. „Einige waren so geschockt, dass sie nicht mehr sprechen konnten. Da wir aber auf unserer Abteilung keine Spezialisten für Kinderpsychiatrie haben, mussten wir sie wieder entlassen."

In einem anderen Krankensaal sehen wir ein verzweifeltes kurdisches Ehepaar, das ihrem todgeweihten Kind Schmeißfliegen vom Gesicht wedelt.

„Wissen die Eltern, wie krank ihr Kind ist?" frage ich den Arzt.

„Nein. Aber es gibt keine Rettung."

Seit zwei Wochen wird in den Krankenhäusern Bagdads wieder gearbeitet. Ärzte und Pfleger wagen sich an ihre Arbeitsstätten zurück, suchen verzweifelt Ersatz für die gestohlenen medizinischen Geräte.

„Vertreter amerikanischer Hilfsorganisationen waren hier und haben uns alles Mögliche versprochen, bekommen haben wir bisher nichts."

Stattdessen hängen neue Gesichter an den Wänden der Krankenhausflure. Statt Saddam Hussein die Porträts der Ayatollahs und Imame. Ein enttäuschter Doktor Schehab muss improvisieren. Auch sein Kollege im Schimaye-Krankenhaus. Das Spital für psychisch Kranke war schon vor dem Krieg nicht viel mehr als eine Art besseres Gefängnis.

Hier brachten Familien ihre Verstoßenen unter. Wer schuldlos, aber Persona non grata unter Saddam war, wurde als unerwünschtes Mitglied der irakischen Gesellschaft in dieses Verließ der Vergessenen abgeschoben. Insgesamt 1.200 Patienten waren in der geschlossenen Anstalt eingesperrt. Nach dem Einmarsch der US-Truppen ist ein Großteil der Insassen geflohen, unter ihnen Sexualverbrecher und Mörder. Mit tausenden anderen Verbrechern, die Saddam vor Monaten amnestiert hatte, machen sie jetzt Bagdads Straßen unsicher.

An einem frühen Abend schlendere ich die Abu-Nawas-Straße entlang. Hungrige Hunde streunen vor den Gaststätten, in denen vor dem Krieg das berühmte Fischgericht *masguf*, eine Tigris-Spezialität, feilgeboten wurde. Die Restaurants sind geschlossen, deren Besitzer nach Hause gegangen, um ihre Familien während der unsicheren Nachtstunden mit der Waffe in der Hand zu beschützen.

Vor dem *Palestine* dröhnen die Motoren der US-Tanks. Der Wind wirbelt Staub und Abfall auf. Eine kleine Gruppe von Kunstfreunden schwätzt auf den Stufen zum Eingang von Haidars Akkad-Galerie und schwärmt von vergangenen Zeiten. Als in Bagdad die Ampeln noch funktionierten, bewaffnete Polizisten den Verkehr regelten, die Straßen sauber waren, Diebe eingesperrt, Mörder und Vergewaltiger erschossen wurden.

Einige werden von einer seltsamen Saddam-Hussein-Nostalgie erfasst. Der Arbeiter Mahmud Ahmed zum Beispiel:

„Wenn du Saddam nichts getan hast, hat er dir auch nichts getan. Mich hat er nie eingesperrt", brüstet sich der Zwanzigjährige und schwört, dass er sein Idol mit eigenen Augen inmitten einer Menschenmenge im Adamiyeh-Viertel noch am neunten April gesehen hat.

„Wir wollen die Amerikaner nicht. Wir werden sie vertreiben, wie unsere Großväter die Briten vertrieben haben."

Ob sich die Geschichte wiederholt?

Die Briten hatten 1917 das Land erobert, das aus den drei osmanischen Provinzen Basra, Bagdad und Mosul gebildet wurde. Nach dem blutigen Aufstand 1920 beschloss die Regierung in London, dem Zweistromland die Selbstverwaltung zu geben, um die eigenen Militärausgaben zu senken. Das 1921 entstandene Königreich Irak war ein künstliches Gebilde des Kolonialismus. Die Nachfolger der einstigen Ostindien-Kompanie sind heute die US-Großkonzerne Bechtel und Halliburton.

In der Al-An-Baryn-Volksschule vergibt der Bechtel-Konzern Aufträge für Reparaturarbeiten. Die Schule ist eine von 1.500 irakischen Bildungsanstalten, die mit amerikanischem Steuergeld renoviert werden.

„Sie ist zwar rechtzeitig fertig geworden, aber sie verwenden billigstes Material", schimpft Madschid Kahim, der Schulwart. „Es gibt zu viele Zwischenhändler. Sie haben sich zwar alle bereichert, aber schlampig gearbeitet. Die neue Schulglocke hat nur zwei Tage geläutet."

Ebenso auf Bechtels „Aufbauliste" steht die Telefonzentrale Al-Alludscha. Vor dem Krieg war sie für militärische und zivile Zwecke genutzt worden.

„Ein Teil wurde von den amerikanischen Raketen in Schutt und Asche gebombt, ein Teil geplündert und niedergebrannt. Jetzt liefern uns die

Amerikaner ein neues Schaltwerk." Ingenieur Haidar al Kabi ist stolz auf seine Aufbauarbeit. Er traut den Amerikanern.

Kassem Al Sabti, Bagdads bekanntester Maler, traut ihnen nicht. Seine Hewar-Galerie, in einer Seitenstraße neben der Fakultät der Bildenden Künste in der Nähe der türkischen Botschaft, ist ein beliebter und belebter Treffpunkt für Künstler, Diplomaten und Journalisten. Wir sitzen im Galeriegarten, einem der vielleicht grünsten Plätze der irakischen Hauptstadt, in einem kleinen Paradies entrückter Entspannung im verrückt gewordenen Bagdad. Ein schattiger Innenhof, der die zunehmend unerträglich werdende Hitze kühlt.

„Jetzt muss auch ich mich bewaffnen, um mich vor Dieben zu schützen", berichtet Kassem fassungslos. „Ist das die Freiheit? Unsere jungen Maler sollen ins Ausland reisen, in Tokio, Rom oder den USA ihre Werke ausstellen, nicht hier in Bagdad Betonwände bemalen."

Kassem ist Sunnit, verheiratet mit einer Schiitin. Seine Frau Iman Schak ist ebenfalls Malerin.

„Keiner in ihrer Familie hat gefragt, ob ich Sunnit oder Schiit bin. Das ist eine Frage, die nur von Politikern ausgenützt wird."

Kassem hat von Plünderern gestohlene Gemälde zurückgekauft, hat in den Monaten vor Kriegsausbruch seinen Stil abrupt geändert und die Ölmalerei aufgegeben. Jetzt klebt der Meister aus Buchdeckeln Kollagen. In seiner Galerie zeigt er zeitgenössische irakische Kunst: Saad al Kassab, Samir Mozani, Ali Abded Adschali und andere, die auf der Suche nach einem eigenen Stil auch westliche Einflüsse verarbeiten.

„Wo sind die Saddam-Porträts?" frage ich ihn ironisch.

„Natürlich habe ich auch von Saddam ein Porträt gemacht. Wahrscheinlich ist das Bild jetzt vernichtet. Aber mit dem Geld, das ich damals für das Bild bekommen habe, konnte ich mit meinen Freunden wochenlang feiern."

Kassem al Sabti, der lebensfrohe Künstler, war bis 1990 Mitglied der Baath-Partei. Aus Protest gegen die Invasion Kuwaits trat er 1990 aus der Partei aus.

„Ich unterscheide bei Künstlern nicht zwischen Baathisten, Kommunisten, Schiiten oder Sunniten. Wir wollen wieder eine lockere, offene Stimmung wie in den 1960er Jahren", träumt Kassem. Dass die von Bush versprochene Demokratie im Irak bald Realität sein wird, auch davon möchte Kassem al Sabti gerne träumen. Nur daran glauben kann er nicht.

Inzwischen entdecken auch Hobbymaler anarchistische Freiräume. Bagdad wird zur Stadt der Graffiti. Nach Jahrzehnten der Diktatur und der panarabischen Mantras der herrschenden Baathisten konkurrieren die Slogans der bisher verfolgten und unterdrückten Parteien.

„Der Islam ist die Lösung", verspricht eine Aufschrift.

„Die Demokratie ist die Lösung", steht darunter.

„Chalabi ist das Symbol der Freiheit", preist eine Parole der Exil-Iraker den Pentagon-Günstling.

„Chalabi ist ein Symbol der Verlogenheit", kontert ein Gegner.

Auf dem Freiheitsplatz werben Islamisten und Kommunisten um Aufmerksamkeit.

„Ehre die schiitischen und sunnitischen Opfer des Islam."

Auch Iraks kommunistische Partei gibt ein Lebenszeichen. „Eine freie Nation, ein glückliches Volk", verspricht sie den Irakern.

Ich wollte das Volk treffen, das im Irak keine Stimme mehr hat.

In der früheren Al-Attak-Straße finden wir das jüdische Gemeindezentrum, aber keine Juden. 30 bis 40 sollen noch in Bagdad leben, haben wir erfahren. Murem Musa ist der muslimische Wächter des verwahrlosten Gebäudes.

„Die Schilder wurden ausgetauscht", erzählt Murem. „Früher hieß das Gebäude Israelitische Kultusgemeinde, jetzt heißt es die Musawiye-Gemeinde. Die Ereignisse 1967, der Sechs-Tage-Krieg, haben der Gemeinde sehr geschadet."

Viele der 1967 noch 3.000 Mitarbeiter zählenden jüdischen Gemeinde wurden verhaftet, verloren ihren Arbeitsplatz, wurden enteignet. Die Jahrtausende alte Geschichte der mesopotamischen Juden, die seit dem 5. Jahrhundert v. Chr. im Zweistromland lebten, geht zu Ende. Eine Geschichte, die bis zu den 10.000 Juden der Babylonischen Gefangenschaft 597 v. Chr. zurückreicht. Viele von ihnen waren im Zweistromland geblieben, viele Generationen lang. Im Irak war im 6. Jahrhundert n. Chr. der Babylonische Talmud entstanden, eine der bedeutendsten Schriften des Judentums. Die irakischen Juden spielten jahrhundertelang als Händler und Handwerker, als Ärzte und Rechtsanwälte, als Bankiers und Unternehmer eine bedeutende wirtschaftliche, politische und kulturelle Rolle.

Mitte des 20. Jahrhunderts zählte die Jüdische Gemeinde im Irak noch 250.000 Menschen. Nach dem ersten Nahostkrieg, an dem der Irak in der arabischen Koalition gegen Israel teilnahm, wurden in Bagdad jüdische Geschäfte angegriffen. Zionismus galt als Landesverrat. 1950/51 ließ die Regierung Ben Gurion mit der Operation „Esra und Nehemia" 90 Prozent der jüdischen Bevölkerung Iraks nach Israel bringen. Im Februar 1969 wurden Juden vom Baath-Regime als israelische Spione verdächtigt und am Siegesplatz öffentlich gehängt. Radio Bagdad kommentierte zynisch: „Wir hängen Spione, aber sie kreuzigten Christus." Videos mit diesen Hinrichtungsszenen werden auf Bagdader Märkten um einen Dollar verkauft.

Im Obergeschoss des jüdischen Gemeindezentrums finden wir in verstaubten Schränken vergilbte Schulbücher, Hebräischfibeln, Hefte, Bibelausgaben, wie Plunder wahllos auf einen Haufen geworfen.

„Es ist niemand da! Was wollt ihr hier? Ich darf niemanden reinlassen. Keinen Ausländer, keinen Iraker." Die Stimme hinter dem Tor der Umfriedungsmauer der Synagoge klingt ängstlich. Doch nach zehn Minuten öffnet Mohammed Jassim. Der junge Mann betreut den ältesten der letzten Juden von Bagdad. Tawfik Sofer ist achtundachtzig.

„Ich war einmal ein Großkaufmann. Was kann ich jetzt noch tun? Aber mir geht es gut. Mohammed sorgt Tag und Nacht für mich."

Doch Mohammed fürchtet sich: „Es ist nicht sicher in unserer Gegend. Es wird geschossen und geplündert. Ich kümmere mich schon seit 14 Jahren um den Tempel. Jetzt haben wir keinen Strom, keine Regierung, keinen Staat. Sogar als Muslim habe ich Angst, auf die Straße zu gehen. Draußen sind alle bewaffnet."

Man merkt, dass ihnen ein Gespräch mit Ausländern auch nach Saddams Sturz noch immer riskant erscheint. Zu viele Spitzel und Zuträger des alten Regimes sind noch im Untergrund aktiv. Und nicht alle in Bagdad denken wie Mohammed Jassim.

„Ich bin mit den Juden aufgewachsen. Mir ist egal, dass sie eine andere Religion haben. Wir haben alle den einen Gott. Sie sind Iraker wie wir. Sie waren schon immer da."

„Aber jetzt", sagt Tawfik Sofer, „jetzt läuft meine Zeit ab." Und blickt mit leeren Augen in die leere Synagoge und denkt vielleicht an den Psalm seiner Vorfahren, den uralten Psalm des Exils: *„Dort an den Strömen Babels weilten wir, ach, weinten wir, wenn wir Zions gedachten."*

Die neuen Machthaber in Sadr-City, dem früheren Saddam-City, feiern ihre Idole. Bagdad 2004

Bagdad nach Saddam: Auf den Basarstraßen wird statt Saddam-Ideologie Religion verkauft

Fassungslos vor leeren Straßengräbern: Bagdad April 2003

Das zerstörte Fernsehgebäude in Bagdad, April 2003

US-Soldaten in Bagdad, beim Versuch, mit Einheimischen ins Gespräch zu kommen. Mai 2003

US-Soldaten machen Jagd auf Diebe und Plünderer – mit bescheidenem Erfolg.
Bagdad, Sommer 2003

Der verhöhnte Diktator im *Saddam Art Center*: „Die Gerechtigkeit hat gesiegt", lautet die Aufschrift, „Der Esel ist weg!"

Statt Saddam-Porträts Koran-Suren: „… erinnert euch an das Gesetz, das Gott euch gibt"

Das geplünderte und zerstörte Irakische Nationalmuseum in Bagdad, April 2003

Auf dem Ferdaus-Platz beginnt eine neue Zeit. Bassem Hamad will mit seiner Künstlergruppe auf den Trümmern der Saddam-Statue ein neues Denkmal errichten. Eine Skulptur, die symbolisch mit dem gestürzten Regime abrechnet. Die Gruppe gibt es seit 1992. Zwei Dutzend junge Leute. Bildhauer, Maler, Dichter. Sie nannten sich zuerst *Marduk*, nach dem babylonischen Gott, jetzt nennen sie sich *Nagine*, die Überlebenden.

„Warum der neue Name?" – „Weil wir Saddams Diktatur und den Krieg überlebt haben", sagt Bassam Hamad, der Wortführer und Initiator des Projekts. An einem 50 Zentimeter hohen Gipsmodell erklärt der Künstler das Konzept seiner Plastik: ein sechs Meter hohes Standbild, ein Mann aus Gips und Eisen mit einer Frau und einem Kind zur Seite. Über dem Kopf hält der Mann einen Halbmond, in dem die Sonne leuchtet. Halbmond und Sonne symbolisieren Iraks Schicksal und Geschichte, Frau und Kind die irakische Gesellschaft. Bassem ist selbstbewusst genug zu glauben, dass seinem Monument nicht dieselbe Inschrift beschieden sein wird wie der überlebensgroßen Saddam-Büste im verwüsteten *Saddam Art Center*. „Der Esel ist weg", hat ein Unbekannter auf das mit gelber Farbe beschmierte, wie irre in geplünderte Säle starrende marmorne Despotenhaupt geschrieben.

Zurück im *Palestine*, zeigt mir der inzwischen Saddam-Schnauzbart-lose Empfangschef im Foyer ein Papier, das er soeben unterschrieben hat:

„Ich, der Unterzeichner, bestätige, dass ich nicht Mitglied der früheren Regierungspartei, der Baath-Partei, bin und niemals war. Mir ist bewusst, dass die Baath-Partei gestürzt ist und verboten wurde. Ich verurteile sie ebenso wie das Regime von Saddam Hussein. Ich nehme zur Kenntnis, dass jede Form der Zusammenarbeit mit der Baath-Partei einen Verstoß gegen die Befehle der Verantwortlichen der Koalition darstellt. Ich verpflichte mich, die irakischen Gesetze zu achten und alle Befehle und Anweisungen der Koalition zu befolgen."

„Jeder hier weiß, dass er Mitglied war", tuschelt einer seiner neu angestellten Kollegen.

Diese den Mitarbeitern des *Palestine* und allen, die im neuen Irak einen Staatsjob wollen, zur Unterschrift vorgelegte Formular ist eine Erfindung Paul Bremers. Der Nachfolger des glücklosen Jay Garner will einen radikalen Neuanfang der irakischen Gesellschaft. Bremer tritt die Garner-Nachfolge mit dem Auftrag an, die Reste des Baath-Regimes zu zerschlagen.

Symbolträchtig löst der neue US-Irak-Verwalter, ein Diplomat und Terrorspezialist, die Baath-Partei und die Armee auf. Eine Entscheidung auf Drängen der Exil-Iraker mit fatalen Folgen. Mit der De-Baathifizierung verliert die alte Bürokratie ihre letzten Kader. Bremer hat keine Wahl. Lässt er die Baathisten auf ihren Posten, wird ihm vorgeworfen, sie zu fördern. Viele Baathisten tauchen in den Untergrund ab, andere profitieren von Bremers Ausnahmeregelungen bei Personalentscheidungen. Ausschlaggebend ist nicht die Parteimitgliedschaft. Sie bedeutete nicht unbedingt Loyalität zu Saddam Hussein. Wichtiger ist das Netzwerk der Stammes-, Clan- und Familienkontakte zur jeweiligen Machtelite. Die Auflösung der Armee war der größere Fehler. Zehntausende frustrierte Kadersoldaten sind arbeitslos. Genügend Rekrutierungspotential für die Aufständischen.

„You know Kitzbühel?" fragt uns ein US-Soldat der 1. Panzerdivision aus Wiesbaden, der als Besatzungssoldat im heißen Bagdad von seinem letzten Winterurlaub zu träumen beginnt. Demonstrationen, Plünderungen und Elend machen melancholisch.

Im Süden der Hauptstadt stochern Arbeitslose im Schrotthaufen nach Verwertbarem.

„Die zerstörten Panzer und Armeefahrzeuge haben die Amerikaner hierher gebracht", erzählt der Altwarenhändler Abbas Hassan.

„Kupfer, Aluminium, Blei – das alles verkaufen wir an Schmiede und Kesselflicker weiter. Sie machen daraus Teller, Töpfe und Pfannen." Eine Tonne Aluminium ist am Schwarzmarkt in Irak 750 Dollar wert. In Iraks Nachbarländern das Dreifache.

„Mit dem Verkauf der Metallstücke versuche ich meine Familie durchzubringen", sagt der arbeitslose Tischler Ama Abdul Dschabar und hofft wie ein Schatzgräber auf den großen Fund inmitten der Trümmerlandschaft aus Panzerteilen sowjetischer und chinesischer Produktion, finanziert aus Iraks Ölmilliarden.

Das Heer der Verarmten, Enttäuschten und Unzufriedenen wird größer. Man sieht sie vor öffentlichen Gebäuden. Sie warten und wollen wissen, wann es für sie wieder Arbeit gibt. Beamte aus Ministerien, Polizisten, Professoren, Lehrer.

Auch sie sollten in der Schule sein, aber sie sind auf der Al-Andalus-Straße. Ihr Zuhause ist ein nach Kot und Urin stinkendes Kellerloch im Sadun-Viertel. Das Quartier für Bagdads Straßenkinder.

„Der Gestank hier bringt mich um. Gefällt es euch hier?" fragt ein verwahrloster Bub und wird aggressiv. „Wenn ihr hier filmt, zerschlage ich eure Kamera. Wenn ihr helfen wollt, dann helft uns, aber filmt uns nicht." Der Hauswart des Nachbargebäudes erzählt: „Familien aus unserem Haus haben den Kindern Betten, Decken und Kleider gegeben. Sie bekommen sonst nichts. Unsere Hilfsvereine stecken die Spendengelder selbst ein. Wir wollen auch nicht, dass sich hier bei den Kindern Fremde herumtreiben."

„Alles würde ich aufgeben, Drogen und Zigaretten, wenn mich jemand in seine Familie aufnimmt. Ich habe niemanden. Mein Vater will mich nicht mehr sehen."

Der Siebzehnjährige lungert vor dem *Palestine* herum, gemeinsam mit einer Schar verdreckter Spielkameraden. Mit den erbettelten Dollars kaufen sie den „Stoff", Verdünnungsmittel für Farben, die sie aus Plastiksäckchen schnüffeln, bis sie in die Fänge skrupelloser „Betreuer" geraten, die ihnen die Flucht in eine Traumwelt vorgaukeln.

„Meine Eltern sind im Krieg ums Leben gekommen. Beim letzten Mal hat mir jemand ein Bild meines Vaters gebracht. Vor lauter Weinen wäre ich fast gestorben."

„Diese Kinder sind aus Waisenheimen davongerannt", erklärt ein Polizist, „die meisten aus dem Ar-Rahma-Findelhaus. Die amerikanischen Truppen ließen sie frei, weil sie glaubten, das Gebäude, in dem sie die vernachlässigten Elendsgestalten fanden, sei ein Gefängnis."

Sie wollen in kein Heim mehr zurück.

„Dieser Mann hilft uns jeden Tag. Er gibt uns Geld, zwanzigtausend Dinar täglich. Damit ich für mich und meine Freunde Essen kaufen kann", sagt der zehnjährige Ali Ahmed und zeigt uns einen Mann in brauner Lederjacke, der sich uns als Salvatore Santoro vorstellt.

„Ich bin ein italienischer Geschäftsmann, der in den Irak gekommen ist, um den Obdachlosen zu helfen und nicht, wie die Amerikaner, den Irakern das Öl zu stehlen."

Der Italiener verteilt Brotstücke an die Kinder. Sie scheinen ihn zu mögen.

Im Waisenheim Beit al Toful betreut Sadschida Salih eine Kindergruppe, die sie von der Straße aufgelesen hat: „Captain Sims hat uns dieses Gebäude zur Verfügung gestellt. Wir haben jetzt auch einen Psychologen, der die Kinder zur Betreuung in die Krankenhäuser bringt. Ein französisches Kinderhilfswerk unterstützt uns dabei."

Der sechsjährige Haidar Hassan ist seit zwei Monaten im Heim, er fühlt sich sichtbar wohl: „Jetzt fahre ich mit einer Gruppe in das Haus der Jugend. Dort gibt es jeden Tag Video- und Ballspiele. Einfach toll!"

Die von der US-Armee beschlagnahmte Villa war eines der Gästehäuser für Saddams militärischen Geheimdienst. Sadschidas Kinderprojekt wird von der UNESCO unterstützt.

„Nicht alle Kinder, die weggelaufen sind, haben wir gefunden", bedauert die Leiterin des Kinderheimes Beit al Toful.

Auf einer Mülllhalde im Osten der Millionenstadt finden wir einige dieser ihr entlaufenen Sprösslinge. Sie wühlen im Mist nach Nylonsäcken, nach Dosen und Metallstücken.

„Für eine Dose bekomme ich 300 Dinar", sagt Mohammed. Mit seinen Freunden durchstreift er inmitten schwelender Brände stinkende Abfallhaufen, über denen Fliegenschwärme schwirren.

Hier landet der Mist aus den Haushalten von Bagdads Reichen und aus den US-Militärbasen. Cornflakes-Reste aus den Jausenspaketen der amerikanischen Soldaten vermodern neben schmuddeligen erotischen Hochglanzmagazinen. Die westliche Zivilisation hinterlässt Spuren auf Bagdads Mülldeponien.

Die Arbeitsteilung der Müllkinder ist streng geregelt. Wer in den Kippen stöbern will, muss an die Lastwagenfahrer, die den Abfall liefern, 3.000 Dinar zahlen. Wassem Abu ist der Wächter der Müllhalde auf dem Scheich-Omar-Platz: „Ich kümmere mich hier um die Kinder. Sie haben ja sonst nichts."

Ein Kutscher karrt einen Pferdewagen mit einer neuen Ladung Mist und Abfall heran. Kabel, leere Plastikflaschen, zerbrochene Gläser. Ungehobene Schätze für die Müllkinder.

Wassem Abu, der Hüter dieser Endstation irdischer Güter auf einer Bagdader Müllkippe, wird beim Anblick der neuen Lieferung philosophisch: „Nichts hat sich bei uns geändert. Dasselbe Wetter, dieselben Lasten. Auch unser Leben ist nur Müll."

Die Resignation eines Armen unter Bagdads Ärmsten.

Mitte Dezember 2004 strahlt der arabische Fernsehsender *Al Dschasira* ein von Geiselnehmern gedrehtes Video aus. Es zeigt einen Mann mit verbundenen Augen, der vor einer Grube kniet. An seiner braunen Jacke erkenne ich meinen Interviewpartner wieder. Das Video zeigt Salvatore Santoro, den Italiener unter Bagdads Müllkindern, vor seiner Hinrichtung im Nirgendwo der Irakischen Wüste.

Sechs Monate später wird die Leiche des Neapolitaners gefunden und mit Hilfe einer DNA-Analyse identifiziert. Welcher wahre Beweggrund den Abenteurer, der uns erzählte, in Großbritannien gearbeitet zu haben, über den italienische Medien aber später berichteten, er sei dort wegen Dokumentenfälschung und Betrugs sechs Jahre in Haft gewesen, tatsächlich in den Irak geführt hatte, wissen wir nicht. Dieses letzte Geheimnis nahm der Mann mit der braunen Jacke mit in die Ewigkeit. Dorthin, wo angeblich alles, auch ein Geheimnis, ein bisschen länger währt.

VERRÜCKTE WELT

Aufstand in Falludscha

Aufstand in Falludscha

1.

Die Zufahrtsstraßen werden an diesem Freitag, noch vor Beginn der Gebete in den Moscheen, von Soldaten der 82. Airborn Division verstärkt kontrolliert. Die US-Soldaten suchen nach Waffen. In einer Stadt, in der fast jeder bewaffnet ist. Falludscha Ende April 2003.

Die einflussreichen Scheiche hatten die Stadt den Eroberern kampflos übergeben. Die als konservativ und religiös geltenden Falludschis waren zunächst bereit, sich mit den Besatzungstruppen zu arrangieren.

In den 1970er Jahren war ein Teil der Stadtbevölkerung, vor allem die lokale Muslimbruderschaft, vom Baath-Regime verfolgt worden. Einige Notabeln wurden Mitglieder des regimetreuen Machtapparats, was zur Folge hatte, dass Falludscha etwas besser lebte als andere irakische Städte unter Saddams Schreckensherrschaft.

Die Baath-Partei und die Armee waren die Existenzgrundlage. Die Auflösung der irakischen Armee, eine kurzsichtige Entscheidung der Besatzungsverwaltung, nahm vielen ihr Lebenseinkommen. Auch in Falludscha.

„Wir wollen, dass die Amerikaner das Land verlassen. Wenn sie das nicht tun – wir haben genug Waffen", droht ein erboster Arbeiter im Hof einer von den amerikanischen Besatzern beschlagnahmten Schule. An dem Tag, an dem US-Präsident Bush auf einem Flugzeugträger das Ende der Kämpfe im Irak gekommen sieht.

„Sooner or later U.S. Killers we'll kick you out." Ein Transparent auf dem Schulgebäude ruft zum Widerstand auf.

„Wir nennen Falludscha die Stadt der hundert Moscheen", erzählt mir voll Stolz ein Imam, während wir auf dem Dach eines der Schule gegenüberliegenden Rohbaus unsere Kamera aufstellen, um die Demonstration besser filmen zu können.

Die 200.000 Einwohner zählende Sunnitenstadt, umgeben von Palmenplantagen und mit üppiger Vegetation an den Ufern des Euphrat, an der Autobahn nach Jordanien und Syrien, ist für Untergrundkämpfer ein idealer Schlupfwinkel. Ein Platz zum Planen, Organisieren, Entführen und Exekutieren.

Der Name Falludscha war mir bislang nur aus einem Geschichtsseminar zu Studentenzeiten in Erinnerung geblieben. Falludscha hieß in der Antike Misiche.

Hier besiegte 244 n. Chr. der Sassanidenherrscher Schapur den römischen Kaiser Gordian III. Das Schlachtfeld am Euphrat nannte der siegreiche persische Feldherr Peroz-Schapur, „der Sieg des Schapur". Die Araber nannten diese Provinz später Al Anbar. Unter diesem Namen lernten Bushs Legionäre das so genannte „Sunnitische Dreieck" kennen und fürchten.

„Bürger von Falludscha, wir sind hier, um euch zu beschützen", tönt es aus dem Lautsprecher im Humvee, mit dem die GIs patrouillieren.

„Beschießt uns nicht. Und werft keine Steine auf uns."

Scheich Abad Schibib, einer der einflussreichen Clanführer, stellt Forderungen:

„Wir verlangen, dass sich die Amerikaner außerhalb der Stadt aufhalten. Wir wollen, dass unsere Religion, unsere Sitten und Gefühle respektiert werden."

Captain Bren Workman beruhigt: „Wir wollen zur Stabilisierung und zum Wiederaufbau des Irak beitragen." Keiner der Demonstranten glaubt ihm.

„Wir wollen nicht, dass die Amerikaner auf uns herabschauen", protestiert einer der Wortführer aus dem geachteten Stamm der Albu Nemer. Vor 10 Jahren war er gegen Saddam, jetzt ist er gegen die Amerikaner.

Der Beginn des Aufstandes hat ein Datum. Am 18. April 2003 hatten hunderte Einwohner von Falludscha mit Plakaten und Parolen gegen die Besetzung der Schule demonstriert. US-Soldaten erschossen 18 Demonstranten. Wer zuerst geschossen hat, bleibt umstritten. Seit diesem „bloody Friday" ist Falludscha in Aufruhr.

„Mit den Amerikanern haben die Probleme angefangen", empört sich Scheich Abdullah al Dschanabi. Auf einer Außenmauer im Krankenhaus hängt eine blutgetränkte irakische Fahne. Auf der Bettenstation jammern und stöhnen mehrere schwer verletzte Iraker. Einen hat es besonders schlimm erwischt. Sein rechtes Bein ist nur noch ein bluttriefendes Etwas aus Hautfetzen und Knochensplittern. „Die Verletzung rührt von einem Dumdumgeschoss", glaubt Doktor Mahmud Ali: „Ich hoffe, die Schießereien hören bald auf. Sonst kommt es noch zu einem Gemetzel."

„Und wenn die Amerikaner nicht abziehen?" frage ich Doktor Mahmud.

„Dann gibt es ewigen Krieg."

Als die ersten US-Kundschafter in die Stadt gekommen waren, um die Beschlagnahme von Gebäuden vorzubereiten, sagten die Scheichs: „Thank you". Die Stadt wollte weiter sich selbst überlassen sein. Die neu aufgestellten Polizisten drohen den Dienst zu quittieren, sollten die Amerikaner nicht abziehen. „Ihre Anwesenheit ist eine Belastung für uns!" erklärt Polizeichef Ridschad Abdul Latif.

Die Amerikaner waren in eine Falle getappt, die lange vor ihrer Ankunft gelegt worden war. Es ist der Aufeinanderprall verschiedener Welten. Nicht, wie es ist, zählt in Falludscha wirklich. Wirklich zählt, wie es sein könnte.

Im Kampf um die Köpfe und Herzen der Besetzten beginnen die US-Soldaten, auf einem Fußballplatz Müllhaufen wegzuräumen.

„Damit die Burschen hier Fußball spielen können", versichert Sergeant James im vermeintlich guten Glauben, Völkerfreundschaft zu pflegen.

„Sie räumen den Mistberg weg, weil sie vermuten, dass wir darin Waffen verstecken", glaubt ein einheimischer Beobachter der Szene.

Die 3. Infanteriedivision steht vor unlösbaren Aufgaben.

Falludscha war bekannt als Stadt der Fuhrunternehmer, berühmt für seine Kebab-Buden und gefürchtet wegen seiner Straßenräuber. Banditenjagd am Highway Amman–Bagdad war eine der vorrangigen Aufgaben der neuen Polizei. Die 150 Polizisten sind stolz auf ihre frisch gebügelten blauen Uniformen, sind bemüht, ihre neu gewonnene Autorität zur Schau zu tragen, auch wenn im Hof der zweistöckigen, von einer zwei Meter hohen Mauer scheinbar geschützten Polizeizentrale die Einschusslöcher in den Dienstfahrzeugen eine gewisse Ohnmacht ihrer Einsätze nicht verbergen können.

Der neue Polizeisprecher macht gar kein Hehl daraus, dass er auch zu Saddams Zeiten Polizist war. Die ungewohnte Zusammenarbeit mit den amerikanischen Besatzern macht ihn zum Berufsoptimisten: „Sie haben sicherlich bemerkt, dass es bei uns auf den Straßen ruhig ist. Wir haben gute Kontakte zur Bevölkerung. Das hat auch geholfen, einige Banden auszuforschen und einzusperren."

Wir werden zu einer Gefängniszelle geführt. Sie ist überfüllt mit Dieben, Strolchen und Mördern.

Sechs Wochen nach diesem Interview ist mein Gesprächspartner im Polizeikommissariat von Falludscha tot. Er wird eines der ersten politischen Opfer der Aufständischen. Sein Leben war der Preis für sein Engagement beim Wiederaufbau der durch Kriege, Wirtschaftssanktionen und das Saddam-Regime zerstörten irakischen Gesellschaft.

In den Moscheen Falludschas werden die Töne zunehmend militanter. Die Imame beginnen, den Dschihad zu predigen.

„Amerika ist gekommen, um den Islam zu bekämpfen. Sie wollen unsere Einheit und unsere Moral zerstören", predigt der Imam in der Quba-Moschee, während der Pressesprecher der US-Armee in seiner Bagdader Festung erkannt haben will: „Ausländische Terroristen" und „loyale Saddam-Anhänger" sind für die Anschläge auf US-Konvois, Selbstmordattentate und Angriffe aus dem Hinterhalt verantwortlich.

Die Besatzer werden rasch mit der irakischen Realität konfrontiert. Nach der Zerschlagung der staatlichen Autoritäten zählt nur noch die Autorität der Stämme. Mit der Re-Tribalisierung hatte noch Saddam Anfang der 1990er Jahre begonnen. Nach dem Kuwait-Debakel erkaufte sich der unter Druck geratene Diktator die Loyalität der Stammesverbände mit Pfründen und Privilegien. Blutrache und Vergeltung ist das Gesetz der Stämme. Auch die Besatzer bekommen es zu spüren. Die alliierten Streitkräfte reagieren auf die täglich zunehmenden Anschläge der Aufständischen mit der Operation „Klapperschlange". Dabei kommt es auch zu peinlich-grotesken Szenen. An einem Checkpoint der Amerikaner muss ein US-Soldat – offenbar auf Befehl seines Vorgesetzten – die sechshundert Dollar, die er einem Iraker abgenommen hat, dem vorübergehend Festgenommenen wieder zurückgeben. Mit dem Ergebnis, dass Augenzeugen des Vorfalls die amerikanischen Soldaten als „Ali Babas" beschimpfen – als Diebe und Plünderer. Die Besatzer beginnen, ihren Kredit als Befreier zu verspielen.

Mit Beginn des Ramadan im Herbst 2003 wird Falludscha zur Hauptzone des Untergrundkampfes. Der Unterschied zwischen Kleinkrieg und Terror schwindet.

„Im Monat Ramadan werden neue Seiten der Geschichte geschrieben", steht auf Hauswänden geschrieben. Und noch eine Aufschrift fällt uns auf: „Ihr Mudschahedin seid Helden."

Die kombinierten Einsätze von Sprengstoff, Granatwerfern und Raketen sind gezielte Aktionen, die die Handschrift von „Experten" tragen. General Charles Swannack, Kommandant der 82. Luftlandesdivision im sunnitischen Dreieck, mutmaßt, dass „Saddam Hussein schon immer plante, einen Aufstand zu organisieren."

Die Eskalation der Gewalt hatten die US-Geheimdienste nicht vorausgesehen oder falsch eingeschätzt. Vermutlich hatten Saddam und sein Vize Izzat Ibrahim al Duri in und um Falludscha, bei Baquba, Mosul und Bagdad Waffenlager angelegt.

Auch Kriminelle, die Saddam vor Kriegsbeginn freigelassen hatte, sollen zu den Waffen gegriffen haben. Offenkundig ist, dass das gestürzte Regime schon vor dem Krieg an Parteimitglieder und zuverlässige Gefolgsleute Gewehre, Pistolen, Granaten, Geschütze und Munition ausgehändigt hatte.

In Nadschaf führte uns ein Mitglied der unter Saddam verbotenen und verfolgten schiitischen Dawa-Partei in die von seinen Mitarbeitern nach der Invasion der US-Truppen besetzte örtliche Zentrale der Baath-Partei. In den verwüsteten Büroräumen fanden wir Listen mit detaillierten Angaben, welcher Baathist gemäß seiner Rangordnung in der Parteihierarchie wie viele Waffen mit nach Hause nehmen durfte.

„Um halb acht Uhr früh fuhr ein amerikanischer Jeep auf einen fern gezündeten Sprengsatz. Ein Soldat wurde getötet. Ich habe es selbst gesehen", erzählt mir Ahmed Halef, ein Bauarbeiter auf einem Feldweg am Stadtrand Falludschas, nicht ohne Genugtuung. Und sagt dann einen Satz, den ich während meiner Arbeit in den Krisengebieten des Nahen Ostens von arabischen Extremisten immer wieder gehört habe und der mich immer wieder verstört und betroffen macht: „Wir wollen hier keine Juden."

Für das Unglück des Irak macht Ahmed eine angebliche zionistische Weltverschwörung verantwortlich. Von ihm zitierte groteske Gerüchte über ein Freimaurerkomplott sind mächtiger als rationale Argumente. In der sich am Stadtrand formierenden Diskussionsrunde findet Ahmed mit seiner Erklärung der politischen Lage immer mehr Zuspruch. Die Debatte wird hitziger, mein Übersetzer Dschalal immer nervöser. Er meint, Falludscha sei nicht der passende Ort für eine Antisemitismus-Debatte.

In Falludscha hat der Fernsehsender der radikal-islamischen libanesischen Hisbollah-Miliz *Al Manar* ein Büro. Dort lerne ich einen vermummten jungen Mann kennen, der mit den Aufständischen sympathisiert oder selbst einer ist. Sein Standpunkt: „Wir bekämpfen die Amerikaner, weil sie Ungläubige sind."

Er führt uns in eine Seitengasse, wo Hatem Mohsen in einer kleinen Hütte sein Büro hat. Hatem ist Sprecher des Kulturzentrums von Falludscha. Seine Botschaft ist so einfach wie seine Enttäuschung groß.

„Wir wollen unsere Kultur weiterpflegen. Von den Amerikanern bekommen wir nur leere Zusagen. Sie haben uns versprochen, dass es bei uns wie in Kuwait wird. Nichts davon ist wahr." Und sein Mitarbeiter Ali Sawi ergänzt: „Der Strom wird uns immer wieder abgedreht, Gas gibt es auch nicht genug. Es gibt sogar eine Informationssperre. Sie durchsuchen unsere Häuser. Was die Amerikaner machen, das ist kein Terror? Warum machen Sie das hier bei uns in Falludscha? Terror wird mit Terror bekämpft!"

Die Polizei ist offenbar bemüht, sich aus dem Konflikt herauszuhalten.

„Wir können nichts tun, wir sind schlecht bewaffnet", seufzt Ahmed Khalal. „Wenn ich einen festnehme, wer garantiert mir, dass seine Verwandten sich nicht an mir rächen?"

Die US-Truppen hatten sich aus der Stadt zurückgezogen. Von den Amerikanern entlassende Ex-Polizisten organisieren sich in Gangs, finanzieren ihren Lebensunterhalt mit Raubzügen, Plünderungen und Waffenschmuggel. Falludscha ist eine Stadt der Gesetzlosen geworden.

Die Autofahrt durch die Provinz Al Anbar auf den 800 Kilometern Autobahn zwischen Amman und Bagdad wird im Frühjahr 2004 zu einem Abenteuerausflug ins Ungewisse.

Wie bei früheren Irakreisen treffe ich mich um zwei Uhr früh mit meinem irakischen Fahrer im Hotel *Amman*. Bis zur jordanisch-irakischen Grenze sind die Festung, in der Lawrence von Arabien den Winter 1917 verbrachte, und eine Anzahl von König-Abdullah-Porträts mit patriotischen Sprüchen die einzige Abwechslung.

Anders als bei früheren Reisen sind diesmal im Pass- und Zollamt am jordanisch-irakischen Grenzübergang mein Fahrer und ich die einzigen, die auf den Stempel für die Ausreise warten. Für die Einreise am irakisch-jordanischen Grenzposten auch.

„Wo ist die Bestätigung für den Aidstest?" fragt ein schlaftrunkener irakischer Zollbeamter.

„Der ist doch nicht mehr notwendig", weise ich sein Ansinnen zurück.

„Doch, ohne Aidstest keine Einreise."

Das ist eine glatte Lüge, aber ich verstehe. Ein Hundert-Dollar-Schein ersetzt jeden Aidstest.

„Ali Baba, Ali Baba! Vorsicht!" Mit dieser Warnung schickt er uns weg und wünscht: „Gute Reise."

Die Provinz Al Anbar, eine Landschaft aus Wüste und Gestrüpp von der Größe Österreichs, ist Iraks Wilder Westen. In dieser Provinz liegen die Städte Falludscha und Ramadi, zwei Brennpunkte des sunnitischen Widerstandes.

Maskierte errichten Straßensperren, überfallen Konvois. Dutzende jordanischer Lastwagenfahrer wurden hier ermordet aufgefunden, einer mit ausgerissenen Augen. Mein Fahrer Mohammed weiß um diese Gefahren, er kennt aber auch Wege, sie zu umfahren. Als in der Ferne vor Ramadi die ersten Vermummten auftauchen, weicht er auf Nebenstraßen ins Niemandsland der Wüste aus, manövriert auf Schleichwegen entlang des Thartar-Sees, kutschiert Richtung Norden auf Samarra zu und bringt mich südwärts in Sicherheit nach Bagdad, vorbei an zerbombten und ausgebrannten LKW-Skeletten. Ohne seine Hilfe wäre ich nie dort angekommen.

In Falludscha hatte sich die Lage im März 2004 dramatisch verschärft, offenbar mit ausgelöst durch drei lasergesteuerte Luft-Boden-Raketen aus Apache-Kampfhubschraubern, mit denen die Israelis am 22. März den blinden und querschnittgelähmten Hamas-Führer Jassin töteten.

Für Israel einer der schlimmsten Terrorpaten, hat der Tod des Fundamentalistenführers – auf der Straße vor der Al-Mudschamma-al-Islamyya-Moschee im ärmlichen Sabra-Viertel von Gaza-City – in Falludscha fatale Folgen.

Eine nach dem hingerichteten Scheich benannte radikale sunnitische Splittergruppe ermordet aus Rache fünf Angestellte der amerikanischen Firma Blackwater Security Consulting, die im Irak in einer Grauzone operieren. Die ermordeten Blackwater-Mitarbeiter hatten zuvor bei den *Navy Seals*, einem Sonderkommando der US-Marine, gedient. Am Morgen des

31. März zerhackt in Falludscha ein Mob ihre Leichen, zerrt sie durch die Straßen und hängt die Leichenteile zweier verstümmelter Körper an einer Brücke im Stadtzentrum auf, wie grausam-kameragerecht präparierte Trophäen, die der Welt die Ohnmacht der amerikanischen Weltmacht vor Augen führen sollten.

Am 4. April schlagen die Amerikaner zurück. 1.500 Marines greifen Falludscha an. Die Wucht der amerikanischen Waffensysteme löst einen Flüchtlingsstrom aus. Eine 1.000-Kilogramm-Bombe verdunkelt Falludschas Stadtbezirke.

Eine Flüchtlingsfamilie treffen wir in einem Zeltlager vor der Ar-Rahman-Moschee in Bagdad. Gemeinsam mit 70 weiteren Familien wird hier die Familie Kalaf von Mitarbeitern des Roten Halbmonds versorgt. Ahmed Kalaf ist mit seinen zwei Frauen und 12 Kindern geflüchtet. „Die Amerikaner unterscheiden nicht zwischen Mudschahedin und Zivilisten", schimpft Ahmed.

Eine Flüchtlingsfrau beklagt ihr Schicksal: „In der Nacht wurden wir von US-Soldaten angegriffen. Wir mussten fliehen. Wir versuchten, das Haus meiner Tochter zu erreichen, aber auch dort wurde geschossen. Wir rannten von einem Haus zum anderen, von einer Straße in die andere. Ein Krankenwagen nahm uns mit zur Al-Hadra-Moschee. Dort sahen wir Fahrzeuge mit Bagdader Kennzeichen. Ein Autofahrer nahm uns mit nach Bagdad."

„Sie bombardieren unsere Häuser und behaupten, ausländische Terroristen zu suchen. Bei uns in Falludscha gibt es keine ausländischen Terroristen", beteuern die Interviewten unisono.

„Die Amerikaner respektieren uns nicht, sie provozieren uns", wettert ein junger bärtiger Mann, der uns seinen Namen nicht nennen will. „Es ist für uns eine Schande, dass Fremde unsere Häuser stürmen, nach unseren Frauen suchen. Es ist eine Schande, dass sie uns Säcke über die Köpfe stülpen. Es ist unsere Pflicht, diese Schande zu rächen."

Auf einem der Fußballplätze Falludschas werden inzwischen die Toten begraben. Die Rede ist von siebenhundert getöteten Frauen und Kindern. Diese Angaben macht ein Krankenhaussprecher, wir können sie nicht überprüfen.

In der sunnitischen „Mutter-aller-Dörfer-Moschee" in Bagdad (unter Saddam hieß sie „Mutter-aller-Schlachten-Moschee") werden Hilfstrans-

Symbol des Aufstandes: Die blutgetränkte irakische Fahne auf einer Mauer des Krankenhauses in Falludscha, April 2003

Beginn der antiamerikanischen Demonstrationen in Falludscha, April 2003

Die Polizeiwache in Falludscha während unserer Dreharbeiten im Dezember 2003

Beginn der Bauarbeiten an einer Gedenkstätte für den im August 2003 ermordeten Schiitenführer Al Hakim in Nadschaf

In Nadschaf ist der Tod ein gutes Geschäft für die Lebenden

Der Wadi-as-Salam-Friedhof in Nadschaf – das Tal des Friedens,
Ruhestätte für hunderttausende Schiiten aus aller Welt

porte für Falludscha zusammengestellt. Sunniten und Schiiten spenden gemeinsam.

„Wir haben hier in der Adamiye-Moschee Blut gespendet, damit sich schiitisches mit sunnitischem Blut vermischt", erklärt uns Imam al Adami die neue Blutsbrüderschaft.

„Wir hatten nicht genug Flaschen für das Blut. So viele haben sich gemeldet. Das zeigt, dass es nur ein islamisches Blut gibt."

Auch Bagdads kleine Christengemeinde unterstützt diesen Akt nationaler Solidarität.

„Es ist unsere Pflicht zu helfen, wir sind alle eine irakische Familie", sagt Emmanuel III. Delly, der Patriarch der mit Rom unierten chaldäischen Christen im Irak. Er hat uns zum Interview in seine Residenz gebeten.

„Ihr Journalisten seht immer nur das Negative", mahnt uns gütig-sanft der Patriarch von Babylon in seinem Lehnsessel unter dem Porträt von Papst Johannes Paul II. und fügt auf meine Frage, wo denn im Irak von heute das Positive zu finden sei, milde lächelnd hinzu: „Die Besetzten wollen keine Besatzer."

Den Garten der Residenz schmückt eine Marienstatue. „Immer wenn ich diese Skulptur sehe, bin ich ganz gerührt", bekennt Haidar, mein Mitarbeiter. Der gläubige Schiit verehrt die Madonna der Christen.

Im Hof der Abu-Hanifa-Moschee schimpft ein Ayatollah über die Amerikaner: „Einen Teil unserer Hilfslieferungen haben sie uns zerstört."

Firas al Kubeisy von der Islamischen Partei, dem irakischen Zweig der Moslembruderschaft, überwacht im Hof der Moschee das Spendenlager: Lebensmittel, Medikamente, Mehlsäcke mit dem Aufdruck „US Aid", bestimmt für die leidende Zivilbevölkerung in Falludscha.

Aber wer kann schon kontrollieren, ob sich nicht auch Untergrundkämpfer damit bedienen? Die US-Army überwacht diese Hilfsaktionen mit Argusaugen.

„Seit drei Tagen ist es schwierig, die Waren nach Falludscha zu bringen. Die Amerikaner blockieren die Straßen."

Im Hof hat Firas ein Spruchband gespannt: *„Min Falludscha ila Kufa, al-watan ma nufa"* – Von Falludscha nach Kufa geben wir die Heimat nicht auf.

Ein Konvoi von 60 LKWs, geschmückt mit Bildern des ermordeten Scheichs Jassin und des aufrührerischen schiitischen Heißsporns Moqtada as Sadr, bricht nach Faludscha auf.

Wir folgen ihm.

Für uns endet das Unternehmen zwanzig Kilometer vor dem Ziel, an einer Straßensperre der Amerikaner in der Nähe von Abu Ghraib. Die Marines lassen uns nicht passieren. Wir versuchen, einen Schleichweg zu finden. Einheimische kennen eine Ausweichroute. Ein in Schmugglerkreisen bekannter Pfad für Waffenschieber, ein staubiger schmaler Weg durch einen Hain von Palmen und Zitrusfruchtbäumen. Am Wegrad leer stehende, verlassene Häuser, beschmiert mit antiamerikanischen Parolen: „Sag hello zu den Mudschahedin, bevor sie dich zur Hölle schicken."

Wir finden uns im Gelände nicht zurecht, verfahren uns, bekommen es mit der Angst zu tun. Von der Chefredaktion habe ich den strikten Auftrag bekommen, keinerlei Risiko einzugehen. Das klingt aus der Ferne sehr abstrakt. Es gibt in Kriegszonen nichts Abstrakteres als die Wirklichkeit.

Wir fahren in das Krankenhaus von Abu Ghraib. Dort erzählt uns ein Arzt, die Amerikaner hätten den Highway gesperrt und würden auf jeden schießen, der versucht, aus dem belagerten Faludscha zu fliehen. Die Ärzte berichten von zwanzig getöteten Zivilisten allein in einer Woche. Unter den Toten ist auch ein elfjähriger Bub, dessen Vater ein Arzt kennt. Ein Krankenpfleger bringt uns in das Haus von Aziz Mohammed.

„Mein Anwar musste sterben, weil er auf die Fahrzeuge, mit denen die Amerikaner unterwegs sind, einen Stein geworfen hat. Sie hielten den Stein für eine Granate. Ist deshalb mein Sohn ein Terrorist? Sein Blut ist nicht umsonst geflossen. Wir werden seinen Tod rächen."

Das Ausmaß des Faludscha-Gemetzels erschüttert mich beim Besuch im *Italian Field Hospital* in Bagdad. Durch den Korridor irrt geistesabwesend Naser Fazil mit seinem vierjährigen Ali auf dem Arm. Dem Buben musste ein Bein amputiert werden. Er war in Faludscha mit seinem Großvater zu einem Brunnen gegangen, als eine Granate einschlug. Der Großvater ist tot, das Enkelkind ein Krüppel.

„Warum mein Sohn, warum ich?" Eine Mischung aus Wut und Trauer lässt den Vater verzweifeln. Roberto Baldessarelli, der italienische Spitalsmanager, spendet Trost und verspricht eine Prothese. Es ist der Trost des Ratlosen für den Hilflosen.

Das ist die Stimmung in und um Falludscha, als wir mit einem der Organisatoren des Widerstandes Kontakt aufnehmen.

Abdul Dschabar al Kubeisy residiert in einer gemieteten Bagdader Villa in der Nähe der Flughafenautobahn.

Wegen der „roadside bombs" und RPG 7-Panzerfäusten der Aufständischen, wegen nervöser und täglich auf dieser Strecke bedrohter GIs ist die Angst ein ständiger Begleiter auf dieser brandgefährlichen Strecke.

Wer an einer US-Straßensperre nicht schnell anhält oder einen vorbeifahrenden Militärkonvoi aus sandfarbenen Humvees oder Bradley APCs übersieht, muss damit rechnen, beschossen zu werden.

Täglich kommt es auf dieser Flughafenstraße zu Scharmützel und Zwischenfällen. Die Palmen, die früher die Autobahn säumten, sind abgeholzt, um den Aufständischen keine Deckung mehr zu bieten. Dennoch lauern überall Gefahren, Selbstmordattentäter sind die größte.

Ich fühle mich dennoch einigermaßen sicher in diesem Umfeld, als wir zum vereinbarten Treffpunkt fahren. Mein Producer wohnt in diesem Viertel und glaubt, „drohendes Unheil" richtig einschätzen zu können. Er fährt diese Strecke jeden Tag.

„Man muss sehr aufpassen, dass man nicht einen Sprengsatz übersieht oder die Amerikaner reizt", sagt Mahmud.

„Einmal habe ich einen Konvoi übersehen. Die Soldaten eröffneten das Feuer und erschossen einen Mann neben mir im Bus." Nicht unbedingt die Erzählung, die man hören will, wenn man entlang ausgebrannter Autowracks zu einem Interview unterwegs ist.

„Kurz bevor Sie kamen, habe ich sieben Explosionen gehört! Bum, bum, bum!" Mit dieser launigen Begrüßung bittet uns Abdul Dschabar in das Wohnzimmer. „Das ist normal unter einer Besatzung. Der Widerstand wird erst aufhören, wenn die Amerikaner das Land verlassen haben. Was machen sie mit unseren Frauen? Was geht in den Lagern vor? Wo bleibt unser Öl? Wer produziert, wer verkauft? Wo ist das Geld? Was geht hier vor?"

Die von den Amerikanern eingesetzten Minister der Übergangsregierung sind für Abdul Dschabar US-hörige Marionetten: „Die wandern von der rechten in die linke Tasche der Amerikaner. Ich habe ein anderes Ziel: Die Befreiung meines Landes."

Wenige Tage nach unserem Treffen wird Abdul Dschabar al Kubeisy von US-Spezialkommandos verhaftet.

Der Terror des Aufstands wütet immer öfter auch gegen Ausländer. Entführte und verschleppte Geiseln sollen die noch im Land verbliebenen abschrecken und zum Verlassen des Landes zwingen. Aufbauhelfer und Techniker beginnen abzureisen. Als wir im Dora-Kraftwerk filmen, hält nur noch ein einsamer russischer Ingenieur die Stellung. 350 seiner Kolleginnen und Kollegen, die im Irak als Kraftwerkstechniker tätig waren, wurden kurz zuvor aus Sicherheitsgründen ausgeflogen.

2.

Inzwischen ist eine neue Allianz ist entstehen. Sunniten in Bagdad schwenken auf ihren Protestmärschen auch Bilder von Moqtada as Sadr. Ohne zu wissen, wer der junge Mann ist, hatten wir ihn schon vor einem Jahr in Nadschaf, dem spirituellen Zentrum des schiitischen Islams, getroffen, als er mürrischen Blicks hinter dem Sarg eines eben verstorbenen Ayatollah im Trauerzug mitging.

Moqtada as Sadr, bleich und bärtig mit schwarzem Turban, ist der Nachfahre einer hochgeachteten schiitischen Dynastie, deren Mitglieder ihre religiösen Aktivitäten unter Saddam Hussein mit dem Leben bezahlten. Sein Vater, Großayatollah Mohammed Sadek as Sadr, wurde 1999 von Saddam ermordet.

Der letzte Weg des zu Grabe getragenen Ayatollah führt in das Wadi as Salam, in das Tal des Friedens, zum Friedhof von Nadschaf. Der riesige Totenacker liegt vor den Toren der Stadt, am Rande der Wüste. Und ist für Schiiten aus aller Welt auch ein Ort der Sehnsucht.

„Auch ich werde mich hier einmal ausruhen", sagt Akram, mein österreichischer Kameramann mit irakischen Wurzeln – und filmt auf einem Flecken khakifarbener Erde das Familiengrab unter Allahs ewigem Himmel. Aus der Ferne leuchtet die Kuppel der Grabmoschee des Imam Ali. Seit Jahrhunderten wacht das goldene Dach des Gotteshauses über Glück und Unglück, über Leben und Tod der Schiiten.

Mit dem Tod lässt sich in Nadschaf gut leben. Devotionalienhändler verkaufen Plakate mit den Porträts der Schia-Imame, Heiligenbilder und Heilige Bücher, Kassetten, CDs und Stirnbänder mit Koranversen, grüne, rote und schwarze Fahnen. Profaner wird Nadschaf, der Vorhof zum Paradies, auch die Stadt der Volvos genannt. Während des Iran-Irak-Krieges hatte Saddam Hussein die Stadt mit Tausenden dieser schwedischen Automodelle beglückt, in der Hoffnung, die Loyalität der Schiiten zu gewinnen, die in der von Sunniten kommandierten Armee die Masse der Soldaten bildeten.

Das Kanonenfutter für jahrelanges Schlachten.

Unser Ziel ist diesmal Kufa, zehn Kilometer nördlich von Nadschaf, ein für Schiiten ebenfalls heiliger Ort, der Platz, wo Abi ibn Abi Talib, Mohammeds Neffe und Schwiegersohn, während des Gebets 661 n. Chr. ermordet wurde. Ein paar Palmenhaine, unauffällige Gebäude. Wir wollen in die Große Moschee, wo Moqtada seine Anhänger und die *Mehdi*-Armee zum Kampf gegen die Amerikaner sammelt.

Am 4. April hatte der Schiiten-Aufstand auch auf Nadschaf und Kufa übergegriffen.

Die Unruhen waren die Folge der Politik des „Stillen Amerikaners" in Bagdad. Paul Bremer wollte Stärke zeigen. Nach der Schändung der vier Amerikaner in Falludscha nahm Bushs Prokonsul am Tigris die aufmüpfigen und störrischen, aber bisher friedfertigen schiitischen Gegner der Besatzung aufs Korn. In Bagdad ließ Bremer die Redaktionsräume einer Zeitung Moqtada al Sadrs schließen, in Nadschaf Moqtadas Beauftragten Mustafa Jakubi verhaften. Jakubi soll bei der Ermordung eines vor einem Jahr aus dem Exil heimgekehrten hohen schiitischen Klerikers beteiligt gewesen sein. Vermutlich war Jakubi tatsächlich daran beteiligt, die Ermittlungen waren vor Monaten beendet worden, ohne dass ein Haftbefehl erlassen wurde. Bremer tappte in die selbst gestellte Falle, auf die Moqtada und seine Gefolgschaft monatelang gewartet hatte.

Um nach Kufa zu kommen, brauchen wir einen Passierschein und eine Drehgenehmigung. Beides besorgt uns Quais al Qazali, Moqtadas Bagdader Bürochef. Dieses Papier ist aber noch keine Garantie, dass wir die ersten zwanzig bis dreißig Kilometer südlich von Bagdad gefahrlos durchqueren können. Das Gebiet zwischen den Städten Latifiya, Mahmoudiya und Jussifiya wird das „Todesdreieck" genannt. Wir werden gewarnt, dass sunnitische Banden, unter ihnen die so genannte „Opelgang", die in dieser Region lebenden Schiiten terrorisieren. Die örtliche Polizei kennt die Typen, die hier ihr Unwesen treiben, wagt sich aber aus ihren mit Betonsperren geschützten Amtsgebäuden nicht auf die Straße.

Vor der Großen Moschee in Kufa halten Moqtadas Milizen, in schwarzen Hemden und mit grünen Kopfbändern, Wache. Mit Ferngläsern beobachten sie Truppenbewegungen der Amerikaner, warten auf den Angriff. „Unsere Märtyrer stehen bereit", droht Moqtada in seiner Freitagspredigt und kündigt Selbstmordanschläge an, sollten die US-Truppen das belagerte Nadschaf stürmen.

„Wir sind die *Mehdi*-Armee, die Armee, die dich schützt! Moqtada – du Held von Kufa!", skandieren seine Anhänger, die er aus dem schiitischen Proletariat rekrutiert.

Auch in Basra hat Moqtada inzwischen einen Statthalter. Scheich Abdul al Satar al Bahadli erklärt uns in einem stundenlangen Vortrag sein politisches Programm: „Wir sind für ein strenges Alkoholverbot. Denn das Wichtigste, was Gott uns gegeben hat, ist ein klarer Kopf zum Denken. Außerdem verlangen wir, dass unsere Frauen nicht für die Besatzungstruppen arbeiten." Der junge Scheich ist – wie auch die zwanzig- bis dreißigjährigen Studenten der *hawza*, der wichtigsten religiösen Schule in Nadschaf – überzeugt, dass die Amerikaner einmarschiert sind, um den Reichtum der Iraker zu plündern.

„Sie haben uns nur Korruption und Prostitution gebracht!" geifert ein bärtiger Mittzwanziger. Moqtadas Milizen schwören Rache.

Wir müssen noch vor Einbruch der Dunkelheit zurück nach Bagdad – im schwer bewachten Hotel *Palestine* wartet mein Cutter Mohammed, um den geplanten Beitrag zu bearbeiten.

„Happy, to see you again!" sind seine Begrüßungsworte.

An der Tür des Schneideraums hängt ein detaillierter Evakuierungs- und Fluchtplan.

3.

Das Leben in Bagdad war im März 2004, ein Jahr nach Beginn der Besatzung, gefährlicher als in den letzten Tagen der Herrschaft Saddam Husseins. Das Rattern der Gewehrsalven war Routine, Entführungen und Vergewaltigungen waren alltäglich, Explosionen nichts Außergewöhnliches.

Am Abend des 17. März stand ich am winzigen Balkon meines Zimmers im siebenten Stock des Hotels *Palestine* und versuchte in der spärlich beleuchteten Millionenstadt den Gebäudekomplex an der Tigrisbiegung auszumachen, in dem früher der Diktator abgeschottet vom Volk residierte wie jetzt Paul Bremer in der „Grünen Zone".

Ein Knall von einer Lautstärke, wie ich ihn in Bagdad noch nie gehört hatte, beendet meine Entdeckerlaune. Fünf, sechs Häuserblocks entfernt, erleuchtet ein gleißend rot-gelber Feuerball das stockdunkle Karade-Viertel.

Rettungswagen rasen zum Unglücksort, aufgeregte Polizisten rennen orientierungslos im Kreis und beginnen schreiend, Schaulustige zu vertreiben. Krankenwagen fahren Tote und Verletzte in die Spitäler. Aufgebrachte Iraker gehen auf amerikanische Soldaten los, die den in den Flammen Eingeschlossenen zu Hilfe eilen. Das Feuer greift auf mehrere Häuser über. Fünf Autos brennen lichterloh. Verwirrte Iraker taumeln blutend durch die Straßen.

Kameramann Akram filmt.

Am nächsten Morgen ist das volle Ausmaß des Anschlages erkennbar. „Mein Lebenswerk ist zerstört", sagt Rostem Jasin, ein Kurde. Sein Lebenswerk war sein kleines Hotel *Mount Lebanon*. Jetzt ist es nur noch ein großer Schutthaufen. Das fünfstöckige Hotel, in dem sich nach Berichten der Anrainer Briten, Amerikaner und Ägypter einquartiert hatten, wirkt wie ein irreal anmutendes Beton- und Stahlgerippe.

„Wir konnten den Anschlag nicht verhindern", sagt Leutnant Dustin McColly. „Es war eine Autobombe."

Seine Männer versperren mit ihren Humvees die Zufahrt zum Tatort, riegeln die Unglücksstelle ab. In den Trümmern des Hotels suchen Rettungsmannschaften noch immer nach Überlebenden. 27 Tote werden geborgen. Aus dem zerbombten *Mount Lebanon* und angrenzenden Wohnhäusern, die durch die Wucht der Detonation einstürzten.

„Das muss eine Rakete gewesen sein", vermutet Ali Ibrahim, ein geschockter Augenzeuge. Die Bombe hatte einen drei Meter großen und zwei Meter tiefen Krater in die Straße gerissen.

„Ich kann nicht bestätigen, dass es eine Autobombe war", erklärt Major John Frisbie.

Beißender Brandgeruch liegt in der Luft. In Wasserpfützen liegt verbrannter Hausrat. Möbelstücke, Klimaanlagen, Reklametafeln liegen im Umkreis von mehreren hundert Metern zerstreut. Beschädigt ist auch das Bürogebäude des arabischen Fernsehsenders *Al Dschasira*.

Ein besonders traurig-bizarres Bild: von einem Haus steht noch die Rückwand. Die Vorderfront ist weggesprengt. Ein Blick wie in ein zerstörtes Spielzeug-Puppenheim: ein Teppich baumelt unnütz inmitten von Müll vom ersten Stock in das Erdgeschoss, an der Wand des Mauerrestes, der das Schlafzimmer war, hängt ein Heiligenbild.

„In diesem Haus lebte eine Christenfamilie", weiß Ali Ibrahim. Es ist die Familie Udischu. Auf dem Friedhof der assyrischen Gemeinde im Dorf Chan Benisaad werden zwei Tage später vier ihrer Familienmitglieder begraben. „Terroristen haben sie umgebracht", sagte einer der Trauergäste. „Das hat nichts mit dem Islam zu tun. Ich glaube nicht, dass der Islam so etwas erlaubt. Das machen Menschen, die kein Gewissen haben."

Die Geheimdienste der US-Streitkräfte gehen inzwischen davon aus, dass in Bagdad vierzehn Zellen von Aufständischen Anschläge planen und ausführen. Der *mastermind* soll Saddams ehemaliger, in den terroristischen Untergrund abgetauchte Vizepräsident Izzat Ibrahim al Duri sein. Und noch ein Name wird immer wieder genannt: der Jordanier Abu Musab Al Zarkawi, angeblich Bin Ladens bester Mann im Zweistromland.

Seit August 2003 erfasst eine Terrorwelle Bagdad. Das Morden begann mit einem Autobombenanschlag auf die jordanische Botschaft mit 17 Toten und wurde von Woche zu Woche grausamer. Die größte Zahl der Opfer sind meist unbeteiligte Iraker. Kriminelle plündern und töten straflos. Immer öfter werden Kinder Opfer von Entführungen. Raub und Schutzgelderpressungen nehmen epidemische Ausmaße an. *Operation Iraqi Freedom* hatte den Irakern den Sturz des Diktators gebracht, aber nicht den Nutzen der neu gewonnenen Freiheit.

Heute haben Iraker Internet-Zugang, Satelliten-TV, ein vielfältiges Angebot an Zeitungen, politische Parteien ihrer Wahl – die Baath-Partei ausgenommen –, aber sie haben keine Sicherheit. Terroristen und Banditen schlagen zu, gegen wen, wann und wo immer sie wollen.

Ein Staat, der seine Bürger nicht dagegen schützen kann, bietet keine Lebensqualität.

Für Besucher aus dem Westen wird das Reisen auf den Landstraßen zwischen Mosul und Basra zu gefährlich, relative Sicherheit gibt es nur noch in den Kurdengebieten. Westliche Reporter und Gesellschaftsleute beginnen sich in den wenigen mit Betonwällen geschützten Hotels einzuigeln. So haben wir uns die *Operation Iraqi Freedom* nicht vorgestellt.

So auch nicht. Ende April 2004 bin ich mit meinem Übersetzer Mahmud unterwegs zum Flughafen, der jetzt *Bagdad International Airport* heißt. Wir fahren an kilometerlangen Autoschlangen vorbei, bemitleiden Autofahrer, die seit Stunden an einer Tankstelle warten.

„Verdammter Bush! Du Hurensohn!" schimpft ein empörter Tankwart, der von aufgebrachten Kunden genervt wird.

Wir geraten in die Verkehrskontrolle einer US-Patrouille und wundern uns, wie blutjunge GIs einen Fahrer aus dem Auto zerren und ihm das Maschinengewehr an den Kopf halten. Wir sehen auf den letzten Kilometern zum Flughafen ausgebrannte Tanklastwagen der US-Armee und wundern uns nicht mehr.

Den Flughafen bewachen US-Soldaten, Agenten, britische Söldner und irakische Polizisten.

Die jordanische Maschine, die mich nach Amman bringen soll, hat Verspätung – wegen eines „Sturmes über der Wüste im Westen des Irak", wie das Flughafenpersonal die wartenden Gäste beruhigt.

Ungefähr einen Kilometer von der Abflughalle entfernt kreisen über dem Rand der Landepiste in der Nähe der Straße nach Abu Ghraib amerikanische Kampfhubschrauber über zwei brennenden Fahrzeugen. Interessiert beobachtet ein agiler älterer Herr den qualmenden Zwischenfall und kommentiert sarkastisch dieses unfreiwillig gebotene Schauspiel, das wir, wie im Kino, durch die Glasfront des Warteraumes mitverfolgen. Sein Gesicht ist weltbekannt. Es ist Peter Arnett. Der legendäre ehemalige CNN-Frontmann, der im Golfkrieg 1991 mit seinen Live-Reportagen aus Bagdad die Fernsehberichterstattung revolutionierte, wartet, wie wir anderen auch, seit sechs Stunden auf den gebuchten Amman-Flug.

„Besser warten als brennen", sagt der abgebrühte Draufgänger mit unverkennbar knarrender Stimme. Der alte Medienprofi versteht sein Geschäft noch immer.

VERRÜCKTE WELT

Opfer und Täter

Opfer und Täter

Als ich das erste Mal nach Abu Ghraib kam, folterten dort noch keine Amerikaner.

Am Straßenrand verrosten ausgebrannte Panzerreste der Republikanischen Garden, von der US-Armee zerstörte Tanks des gestürzten Terrorregimes.

Abu Ghraib liegt 60 Kilometer westlich von Bagdad an der alten Straße Richtung jordanische Grenze. Abu Ghraib ist eine Stadt in der Stadt. Einen Quadratkilometer groß, vier Kilometer lange, lehmfarbene, meterhohe Außenmauern mit 24 Wachtürmen. Eine Topografie des Staatsterrors. Eine britische Firma hatte den Gefängniskomplex in den 1960er Jahren errichtet.

„Es gibt kein Leben ohne Sonne. Es gibt keine Würde ohne Saddam." Zynismus pur.

Watan, mein Dolmetscher, übersetzt die Inschrift des Wandgemäldes, das uns nach der Toreinfahrt willkommen heißt. Gefangene sind keine mehr zu sehen. Im Zwielicht eines Sandsturms huschen verwegene Gestalten durch die Gefängnisstraßen, schleichen die Zellenmauern entlang. Es sind Plünderer, die hemmungslos abschleppen, was ihnen verwertbar scheint. Kupferstangen, Fensterrahmen, Blechplatten. Sie fahren mit leeren Pick up's vor – und mit voll gepackten weg.

Drei junge Männer in grünem Trikot mit der Aufschrift „Iraq" wollen uns etwas besonders Gruseliges zeigen. Vermutlich ehemalige Häftlinge, führen sie uns zu einem teilweise mit einer Plastikplane bedeckten Sandhügel in einer Ecke des Gefängnisgeländes. Einer der jungen Männer holt eine Schaufel aus einem nahen Geräteschuppen und beginnt zu buddeln. Der starke Verwesungsgeruch macht dem Kameramann zu schaffen.

„Wir haben hier elf Tote liegen gesehen und sie bestattet", erzählt einer der jungen Männer. „Wir haben erfahren, dass dieser Mann" – unser Führer zeigt auf ein Maden zerfressenes Gesicht, dessen fahlbraune Färbung dem Farbton der Gefängnismauern ähnlich ist – „ein Jordanier sein soll. Er wurde als Spion hingerichtet, weil er ein Thuraya-Telefon benützt haben soll."

Wer in Saddams Irak mit einem Satellitentelefon erwischt wurde, galt als Verräter. Und wurde eingesperrt. In Abu Ghraib zum Beispiel. Für ungezählte Opfer der Ort ohne Wiederkehr.

Heute schlendern wir mit ehemaligen Gefangenen, neugierigen Nachbarn und diebischen Glücksrittern über Saddam Husseins berüchtigte Henkerstätte.

„Habt ihr den Hinrichtungsraum schon gesehen?" fragt uns ein Eingeweihter des Husseinschen Horrorkabinetts.

Er führt uns über den Gefängnishof, auf dem noch die Spritzen liegen, mit denen die zum Tode Verurteilten vor der Hinrichtung ruhig gestellt wurden.

Links neben dem Eingang zum Todestrakt sind Zellen, Löcher ohne Licht, Marterhöhlen für namenloses Leid und anonyme Folter. Jede dieser Zellen ist nur einen Quadratmeter groß.

Mit Brecheisen versuchen Plünderer die Schlösser zu knacken.

Rechts von diesem Vorhof der Höllenqual stoßen wir auf einen hellgrau ausgemalten Raum mit einem weißen Podest. Wie Hängelampen baumeln von der Decke zwei Stricke. Wir sind im Raum des Henkers. Die Endstation für tausende Regimegegner.

„Wo sind in all den Jahren eure Menschenrechte geblieben?" ruft uns ein junger schwarzhaariger Mann zu und schwenkt einen Zellenschlüssel. Er ist einer der Freigelassenen, die von Saddams Oktoberamnestie profitieren.

In den drei Meter mal zwei Meter großen Zellen waren in den schlimmsten Zeiten 30 bis 40 Menschen zusammengesperrt. Ohne Waschgelegenheit, ohne Toiletten. Politische Gefangene wurden mit Mördern und Vergewaltigern zusammengesteckt. Für politische Häftlinge gab es „geschlossene" und „offene" Abteilungen. Schiitische Gefängnisinsassen wurden ausschließlich im „geschlossenen" Trakt untergebracht, durften keine Besuche empfangen und keinen Kontakt mit der Außenwelt haben.

„Ich sah mit eigenen Augen, wie hochrangige schiitische Geistliche zur Hinrichtungsstätte geführt wurden", berichtet Emir Oraha, ein ehemaliger Abu-Ghraib-Häftling unter Saddam.

„Ich wurde 1984 verhaftet, weil ich Mitglied der *Assyrisch-Demokratischen Bewegung* war. Vier Jahre war ich in Abu Ghraib, zusammen mit meinen Freunden, vierzig bis fünfundvierzig Mitgliedern unserer Bewegung. Drei unserer Führer wurden sofort hingerichtet. Dann noch einmal acht. Es war schrecklich. Wenn man damals nur erwähnt hat, man ist Assyrer, konnten sie dich auf Grund eines Gesetzes schon einsperren."

Wo heute seine geflohenen Folterer sind, weiß Emir Oraha nicht.

Nur die Opfer erinnern sich, die Täter schweigen.

Auch Watan, unser Dolmetscher, beginnt sich zu erinnern und zögernd zu erzählen. Er bringt uns an die Stätte seiner größten Demütigung, den Ort seiner größten Erniedrigung. Bagdad, Hakmiye, 52. Bezirk, Andalus-Straße. Ein inzwischen verwüstetes Gefängnis der Geheimpolizei. Im Hof stehen noch die Container für die Leichen der zu Tode Gefolterten. Mit vertrockneten Blutspritzern auf Metallwänden.

„Unsere Folterknechte waren primitive Halbstarke. Ohne Bildung und Menschlichkeit. Zuerst hängten sie uns an den Armen auf. Dann stellten sie die ersten Fragen. Dann quälten sie uns mit Elektroschocks, zuerst in die Beine, dann am After, dann an Penis und Hoden."

Watan wurde der Spionage für Österreich beschuldigt. Dafür wird er zu vier Jahren Einzelhaft verurteilt. Aus Mangel an Beweisen 1988 freigelassen. Nach fünfzehn Jahren wagt er es erstmals, mit einem Ausländer über seine Gefängnisjahre zu sprechen.

„Nummer 44. Das war meine Zelle."

Sie wurde nach dem Einmarsch der US-Truppen gestürmt und verheert wie der Rest der Gefängnisanlage. Wanduhren und Ordner liegen zertrümmert auf dem Boden, zertrampelte Fotos von Saddam und seinen beiden Söhnen.

Vernehmungsprotokolle flattern zwischen zersplitterten Tischen und aufgebrochenen Schränken. Watan sucht in Abfallbergen nach seinen Akten, findet aber nichts. Doch die Schränke waren voll mit Denunziantenberichten.

Wir blättern in einem Schnellhefter, Watan übersetzt: „Vom militärischen Geheimdienst sind wir informiert worden, dass Major Kanaan eine Kurdin geheiratet hat. Sie ist die Schwester des Spions S., der für die *Wifaq*-Bewegung arbeitet." Tausende Spitzelakten liegen auf dem Boden zerstreut. Auch die Briefbögen des Geheimdienstes des Innenministeriums mit dem höhnischen Saddam-Zitat: „Macht die Barmherzigkeit zur Krone der Gerechtigkeit."

„Das nehme ich mit zur Erinnerung", bescheidet sich der ehemalige Häftling aus Zelle 44 und greift nach einem zweihundert Seiten starken Buch mit zahlreichen Zeichnungen und dem Aufdruck „Streng geheim! nur für den Dienstgebrauch!".

Es ist das Lehrbuch der Geheimdienste mit Gebrauchsanweisungen für die wirksamsten Foltermethoden.

„Zivilisten wurden gehängt, Soldaten erschossen", weiß Mohammed Mohsan. Er muss es wissen. Er ist der Totengräber auf dem al-Karah-Friedhof, drei Kilometer von Abu Ghraib entfernt. Auf seinem Friedhof, ein mit einer zwei Meter hohen Mauer umfriedetes Gräberfeld, wurden die Toten von Abu Ghraib verscharrt. Hunderte liegen hier unter namenlosen Grabhügeln, unter ihnen die politischen Opfer der Sicherheitsdienste Saddams.

Wir „besuchen" die Zentrale des gefürchteten Allgemeinen Geheimdienstes *al muchabarat al amma*, für die Iraker jahrzehntelang ein Synonym für Schrecken und Vernichtung. Von hier aus ließ der Diktator seine Baath-Partei überwachen, die Opposition im In- und Ausland verfolgen. Jetzt sind die unterirdischen Gefängniszellen überflutet, in einem Gebäude der Henker haben sich einige ihrer Opfer einquartiert.

„Ich wurde vor drei Jahren entlassen", schildert Jasim al Hamad seine Leidenszeit. „Vierzehn Jahre war ich eingesperrt, weil ich am Aufstand der Kurden teilgenommen hatte. Ich wurde zum Tode verurteilt und habe auf meine Hinrichtung gewartet. Nach dem Krieg war die Geheimdienstzentrale leer. Da man mir alles genommen hat, habe ich mich jetzt mit meiner Familie hier niedergelassen."

Tausende Familien machen sich hier auf die Suche nach vermissten Angehörigen, durchstöbern die Zentrale des Schreckens, hoffen Spuren der Verschollenen zu finden. Sie durchforsten Dokumente, stolpern über zerstörte Treppen, halten in finsteren Kerkern Ausschau. Oft vergebens.

„Ich kann noch immer nicht glauben, was ich hier jetzt sehe", staunt Watan. „Vor wenigen Tagen war es noch lebensgefährlich, nur aus dem Auto einen Blick auf das Gebäude der Geheimpolizei zu werfen."

Auf Bagdads Flohmärkten sind die Gräuel der Saddam-Sadisten in kürzester Zeit begehrte Videoclips.

Ein Zellentrakt in Abu Ghraib in den ersten Tagen nach dem Sturz Saddams, April 2003

Leichenkammer im Gefängnis Hakmiye, Bagdad, April 2003

Der Henkersraum im Abu Ghraib-Gefängnis Bagdad, April 2003

Auf Saddams *killing fields*, Sommer 2003

Saddams Opfer – Kurden, umgebracht in den 1980er Jahren

Verscharrt in der Wüste: Ein Massengrab in der Region Al-Mutthana im Südirak

„Am besten ist das Video mit den Löwen", preist ein Elfjähriger seinen Horrorbestseller an, „da kannst du sehen, wie Udai seinen Löwen Leichenteile zum Fraß vorwirft."

Auch Terror lässt sich vermarkten. Das Leid vieler wird das Geschäft weniger.

Im Süden des Landes sucht eine Gruppe Iraker im Wüstensand nach ermordeten Verwandten.

„Diejenigen, die Ausweise bei sich hatten, tragen wir in dieses Buch ein", erklärt Jussef Said, ein Mitarbeiter des Rats der Schiiten in Nadschaf. „Die Unbekannten, bei denen wir nur Schlüssel oder Ähnliches finden, werden in diese Tabelle eingetragen. Die Toten bringen wir auf den Friedhof der Namenlosen. Jeden Tag kommen Leute und informieren uns, dass sie neue Massengräber finden."

Auf einem Militärgelände in Salman Pak, in der Nähe Bagdads, wo UNO-Inspekteure noch vor wenigen Monaten nach Massenvernichtungswaffen suchten, stoßen wenige Wochen nach der Vertreibung der Baathisten Einheimische auf Gräber.

„Hier wurden Spione erschossen", vermutet ein Gemüsehändler, der nur seinen Vornamen Ali preisgibt und uns im Übrigen rät, unsere berufsbedingte Neugierde bei der Suche nach Saddams Massengräbern nicht zu übertreiben. Die Menschenrechtsorganisation *Human Rights Watch* schätzt, dass in den vergangenen zehn Jahren im Irak zweihunderttausend Menschen verschleppt und umgebracht wurden.

„Sie brachten die Verhafteten in gelben Bussen. Die Erschossenen wurden auf einen Haufen geworfen und mit Erde zugeschüttet."

Wir filmen auf einem der *killing fields* des Saddam Hussein bei Ad Diwaniyah im Zentralirak. In der Nähe einer Ziegelfabrik verbleichen menschliche Knochen im Wüstensand, verrotten Schädeldecken, Unter- und Oberschenkel in Kloaken.

„Vermutlich 3.000 Menschen wurden hier 1991 nach dem niedergeschlagenen Schiitenaufstand umgebracht. Ich habe die Leichenteile gesehen. Köpfe, Arme, Beine. Ehrlich gesagt, wir haben nichts unternommen. Wir haben aus Angst geschwiegen." Faiah Thaer Jassim, ein Augenzeuge der Exekutionen, hat Mühe, seine Erinnerungen an den Massenmord zu verarbeiten.

„Vor drei Jahren wollte unsere Luftwaffe hier einen Flugplatz bauen.

Mit Baggern wurde nach Leichen gegraben. Ein Teil wurde in Säcken weggebracht. Keiner weiß, wohin."

Ein paar Knochenbündel, ein paar Stofffetzen, vergilbte Dokumente. Das ist nicht viel, aber alles, was von einem bleibt, einen halben Meter unter Wüstenstaub, mit einem Loch im Schädel.

„Unter Saddam haben wir es nicht gewagt, darüber zu sprechen. Auch wenn danach gefragt wurde, konnten wir keine Antwort geben. Das können wir erst jetzt, seit wir den Verbrecher los sind."

Das Ausmaß der Verbrechen im Niemandsland der Al-Muthanna-Wüste nahe der südirakischen Stadt As Samawah ist unfassbar.

„Wir Beduinen haben beobachtet, wie die Lastwagen und die Bagger gekommen sind. Offiziere sagten zu uns: ‚Morgen wollen wir euch hier nicht sehen.' Die Erschießungen habe ich aus der Ferne mitverfolgt."

Kazem Ghali hebt einen Steinbrocken auf, beginnt im Boden zu stochern. Zum Vorschein kommt der Kopf aller Köpfe, der Totenschädel. Kazem Ghazi gräbt mit bloßen Händen weiter, er findet Kleiderreste, zerfledderte Geldscheine und Schmuckstücke. „Ich glaube, die Ermordeten waren Kurden. Das erkennt man an den Gewändern. Es müssen mehr als tausend sein, die hier in Massengräbern liegen."

Es sind Kurden, die in den 1980er Jahren vom Saddam-Regime umgesiedelt und umgebracht wurden.

Für Zimperliche mit schwachen Nerven ist der Anblick dieser skelettierten Menschen schwer erträglich, wenn auch erträglicher als auf den balkanischen *killing fields* der 1990er Jahre. Es ist nicht so schlimm wie in den Massengräbern rund um Srebrenica oder in Ovčara bei Vukovar, wo der Methangeruch verwesender Körper einen Gestank verströmte, der einem den Atem nahm.

Um die Verfolgten, die Vertriebenen und die Hinterbliebenen der Ermordeten kümmert sich in einem Bagdader Hinterhof Aladin al Zubaidy. Seinen eigenen Akt fand er in einem der zerstörten Geheimdienststuben. Bis 1997 war Aladin Major der irakischen Armee, danach auf der Flucht. „Der Mann, der mir zur Flucht verholfen hat, brachte mich in den Nordirak. Im letzten Moment bemerkte ich, dass mein Helfer ein Geheimagent war. In Kirkuk hat er mich der Polizei ausgeliefert."

Nach dem Einmarsch der Amerikaner kommt Aladin al Zubaidy frei. Nach Saddams Festnahme hofft er, dass auch sein Fall vor Gericht kommt.

Einer von 30.000 Fällen, die sein Verein betreut. Sein Büro wertet tausende Fotos von Verschwundenen aus, Bilder, die eingeschlagene Köpfe, säureverätzte Gesichter, verstümmelte Körper zeigen, *muchabarat*-Opfer, über die Buch geführt wird. Eine Kartei mit Dokumenten des Terrors aus den Polizeistationen des gestürzten Regimes. Im Hausflur stehen die Angehörigen der Opfer Schlange, warten auf Auskunft über vermisste Ehemänner, Söhne, Töchter, Brüder, Schwestern. Suad Dscheber schreit ihren ohnmächtigen Zorn in den mit Verzweifelten überfüllten Büroraum: „Saddams Leute haben den gesamten Besitz meiner Familie beschlagnahmt. Sie haben unsere Häuser gestohlen. Sie wohnen bis heute in meinem Haus. Ich habe zu ihnen gesagt: Saddams Zeit ist abgelaufen. Die Häuser gehören uns. Die Gerechtigkeit muss siegen. Ich habe dafür bitter bezahlt. Ich habe meinen Bruder verloren. Er war ein erfolgreicher Sportler und stolz darauf, ein Iraker zu sein. Warum ließ Saddam ihn umbringen?"

Eine Frage, die sich auch Adel Abu Hassan stellt. Er ist der Cousin eines ehemaligen Saddam-Ministers. In einer Büroecke wartet er auf Auskunft über das Schicksal seiner Verwandten. „Elf aus meiner Familie wurden gefoltert und umgebracht. Auch ich war jahrelang eingesperrt."

Frau As-Sarat zeigt ein Foto ihres Bruders. Er war Soldat, wurde im Krieg gegen den Iran dreimal verwundet. „Er wurde verhaftet, weil jemand behauptete hatte, er wolle desertieren. Daraufhin wurde mein Bruder verhaftet. Seither habe ich nichts mehr von ihm gehört."

Als Deserteur verhaftet wurde auch Hassan Ali. Er ist ein *al maptur*, einer, dem etwas fehlt. Hassan Ali fehlt ein Ohr. Ohrabschneiden – das war in Saddams Irak die Strafe für Deserteure. Hassan Ali wollte nicht für Saddam in Kuwait kämpfen. „Ich bin mit meinem Freund abgehauen. Er wurde erschossen. Ich wurde gefesselt. Mir wurden die Augen verbunden. Ich dachte, jetzt erschießen sie auch dich. Doch wenig später hatte ich den typischen Spitalgeruch in der Nase. Ich wusste, dass sie mit mir etwas vorhatten. Der Arzt, der mir das Ohr abschnitt, trug eine Maske."

Ahmed Abd Said fehlt ein Bein. Während des Kuwait-Krieges war der Journalist dem Büro von Saddams Sohn Kusai zugeteilt.

„Einmal habe ich ihm die Post zu spät zugestellt. Da wurde er wütend und schrie: ,Ein Bein, das sich weigert nach Kuwait zu marschieren, gehört weg.' Er schoss in mein rechtes Bein. Es musste amputiert werden. So war Kusai. So war sein Vater."

Suad Dscheber, Frau As-Sarat, Hassan und Ahmed und viele andere, um sie alle kümmert sich Aladin al Zubaidy.

„Wie viele haben Saddam und das Baath-Regime seit der Machtübernahme 1963 verhaftet und umgebracht?" frage ich Aladin.

„Millionen!" meint er. Das scheint mir doch zu hoch geschätzt.

„Höchstens hunderttausend", versichert Abu Bilal. Mit seiner Familie kampiert er heute im Niemandsstreifen zwischen irakischer und jordanischer Grenze in einem Durchgangslager auf Wüstensand, das UNICEF und eine jordanische Hilfsorganisation betreuen. Abu Bilal war Geheimagent in Saddams Diensten.

„Meine Aufgabe war die Beschattung religiöser Regierungsfeinde", erzählt der Umsiedler mit seinem schwarzen Schnurrbart nach Saddam-Vorbild, während seine Frau in einem vor einem Zelt angelegten winzigen Garten selbst gepflanztes Gemüse erntet. Jetzt ist Abu Bibal ein Flüchtling, den kein Land will.

„Ich musste fliehen, weil ich und meine Familie mit dem Umbringen bedroht wurden. Die Großen und Reichen sitzen in Amman und lassen es sich gut gehen. Uns Kleinen hilft keiner. Ich war Polizist und habe nur meine Arbeit gemacht."

„Die Drecksarbeit der Staatsverbrecher", findet Dscheleb Saleh und zeigt uns ein exklusives Stück Papier aus dem geplünderten *muchabarat*-Hauptquartier in Kirkuk.

Dokument 1601 vom 10. Dezember 1989.

„Das ist ein Bericht der Geheimpolizei. Darin steht, dass kurdische Mädchen nach Kirkuk überstellt wurden, von dort zur Geheimpolizei nach Bagdad. Und von dort an Clubs und Etablissements nach Ägypten verkauft wurden."

Das Dokument ist der erste Beweis für die organisierte Kampagne des Saddam-Regimes gegen irakische Kurdinnen. Aus Dörfern bei Tuz Khurmatu wurden Mädchen und junge Frauen im Alter von vierzehn bis neunundzwanzig Jahren verschleppt.

„Am siebenten April 1988 holten sie meine Tochter. Bis heute weiß ich nicht, wo sie ist. Ich weiß nur, dass sie nach Tikrit entführt wurde", berichtet Horasan Abdullah Tofik, die Mutter der verschleppten Jimen Nassem Abbas.

„Meine Schwester war vierundzwanzig. Ihre Tochter war sieben. Auch sie ist verschwunden. Mehrere Männer fuhren in Autos vor und nahmen sie mit. Wir wussten nicht, wohin sie gebracht wurden, bis wir die gefundenen Dokumente in der Zeitung gelesen haben. Wir wissen auch nicht, warum sie deportiert wurden. Wahrscheinlich, weil wir hier als Kurden unerwünscht waren."

Familie Ibrahim vermisst ihre Tochter Hasiba. Und hofft auf Gerechtigkeit. Doch das Berufungsgericht in Kirkuk teilte ihr mit, dass Klagen gegen die namentlich bekannten Entführer zwecklos sind.

Saddams Amnestiegesetz galt auch für Saddams Schergen.

VERRÜCKTE WELT

Ein glücklicher Tag

Ein glücklicher Tag

Es ist der Tag der großen Erwartungen und kleinen Explosionen. Der Tag des Kräftemessens zwischen Regierung und Aufständischen. Der 30. Jänner 2005. Es ist Wahltag in Irak. Aus Sicht der US-Regierung soll dieser Tag die vierte Wende im besetzten Zweistromland bringen. Nach dem Fall Bagdads mit dem geschichtsmächtig inszenierten und medial genial aufbereiteten Sturz der Saddam-Statue auf dem Ferdaus-Platz, nach der Gefangennahme des kameragerecht vorgeführten bärtigen Saddam Hussein, nach Übertragung der Souveränität an die Übergangsregierung Allawi.

Nach der Beurteilung von militärischen Analytikern war der dritte Golfkrieg 2003 ein Höhepunkt operativer Führungskunst. Abgesehen von einem kurzen Rückschlag durch Wüstenstürme am 23. März bei Nassiriya im Süden schaffen die Bodentruppen bei Kerbala und Al Kut den Durchbruch durch die Verbindungslinien der Republikanischen Garden. Nach 750 Kilometern Vormarsch beginnt die Einkreisung Bagdads. Präsident Bush verkündigt am 1. Mai, dass die „major combat operations" beendet sind. Doch Bush muss bald erkennen, dass es nicht viel Sinn macht, einen Krieg zu gewinnen, wenn den Kampfhandlungen keine praktischen politischen Lösungen folgen.

Historisch ein langer, weiter Weg. Von Abraham zu Abrams. Vom Patriarchen des Friedens und Urvater der drei großen monotheistischen Weltreligionen mit überlieferten historischen Spuren im südirakischen Ur zu den modernen US-Panzern auf Bagdads Straßen.

Ich will an diesem Wahltag am frühen Morgen aus dem mit Betonbarrieren geschützten Hotel *Rimal* auf die Straße, um das Kamerateam zu treffen: Mahmud, den Producer, und zwei angeheuerte Sicherheitsleute. Ohne bewaffnete Begleiter ist für ausländische Journalisten die Arbeit auf Bagdads Straßen zu gefährlich, seit Geiselnahmen, Entführungen und Erpressungen für Kriminelle und Terroristen ein einträgliches Geschäft geworden sind. Niemand ist mehr sicher. Das Risiko, zur falschen Zeit am falschen Ort zu sein, wird immer größer. Es gibt Verhaltensregeln: den Militärkonvois ausweichen, Polizeistationen meiden, auf Checkpoints langsam zufahren, keine falsche Bewegung machen. Das kleine Einmaleins der irakischen Überlebensregeln.

„Bleib stehen und geh sofort zurück." Einer der Hotelwächter kommt aufgeregt auf mich zugelaufen. Ich weiß, warum.

„War dieses Getöse eine Mörsergranate?" frage ich ihn.

„Nein, ich vermute, es war wieder eine dieser Autobomben."

Es war eine Autobombe. Glücklicherweise explodierte der Sprengsatz weit genug vom Hotel entfernt.

Das Hotel *Rimal* ist ein Zufluchtsort inmitten des Wahnsinns von Bagdad, wenn auch ein mit Stacheldraht umzäunter. Das fünf Stockwerke hohe Gebäude gleicht einem Festungsbau, wie auch das Hotel *Funduq Al Arz* gegenüber, das eine US-Firma für ihre Mitarbeiter gemietet hat. Die Besitzer des *Rimal* sind chaldäische Christen, was dem Hotelgast insofern zugute kommt, dass im Restaurant vorzügliche libanesische Rotweine kredenzt werden. Wie lange islamische Eiferer diese „Sünde" dulden werden, wage ich nicht zu prophezeien. Die grell geschminkte Rezeptionistin scheint diese Sorge nicht zu kennen. Zur Linken nach dem mit einer Stahltür und Betonblöcken gesicherten Hoteleingang verkauft ein Souvenirhändler Saddam-Nostalgie. Armbanduhren mit dem Porträt des Diktators, auch einen Teppich ziert der Charakterkopf des Despoten. Im Foyer läuft durchgehend bis spät in die Nacht der Fernseher mit CNN oder *Al Dschasira*, mit für die Hotelgäste mitunter surrealen Effekten: sie müssen unterscheiden lernen, ob der Explosionslärm vom Bagdad-Bericht aus dem Fernseher oder doch von der Straße vor dem Hotel kommt. Die Hotelgäste sind Journalisten und südafrikanische Sicherheitsprofis. Für 5.000 Dollar pro Einsatz bieten die Söldner Geleitschutz zum Flughafen im Panzerspähwagen oder gepanzerten Limousinen an. Die internationalen Vermittler, die mit Stahlhelm und Schutzweste kostümiert für ein paar Stunden durch Bagdad stolpern, nehmen das Angebot gerne an. Im vierten Stockwerk treffe ich einen guten Bekannten wieder: Ivan, einen Serben aus Belgrad, Anfang dreißig. Er koordiniert für die EBU, die *European Broadcasting Union*, die „Europäische Rundfunkunion", die Überspielung unserer Beiträge und Schaltgespräche. Aus Sicherheitsgründen hat er das Hotel seit Wochen nicht verlassen. Zum Glück gibt es das Restaurant.

In der Pressestelle des US-Militärs, in Bagdads „Grüner Zone", eine Art Ghetto für Iraks neue politische Klasse und Little America – einst Saddams Refugium mit Parkanlage, mit Villen und Palästen für seine Entourage an einer Tigrisbiegung – habe ich mir Unterlagen besorgt, um das US-Militärkauderwelsch zu verstehen. Ohne die wichtigsten Grundbegriffe bleibt der militärische Laie ratlos.

VBIED – *vehicle born improvised device*. Das ist die Autobombe.

IO – *information operation*. Das ist die Umschreibung für den medialen Propagandakrieg.

IO – *rules*. Das ist die Tarnbezeichnung für Zensur.

AIF – *anti iraq force*. Das sind die Aufständischen.

Man lernt nie aus.

An diesem Wahlmorgen ist Bagdad wie ausgestorben. Die sonst im täglichen Verkehrschaos erstickende Stadt ist bei Sonnenaufgang gespenstisch leer. Das Kamerateam geht zu Fuss über monumentale Autobahnen, überquert riesige Plätze und sieht in der Morgendämmerung – nichts.

Keine Menschen, keine Tiere, keine Autos.

Zu sehen ist eine neue Form von Architektur. Besatzungsbaustil prägt das Straßenbild, die Denkmäler und die übergroßen Saddam-Büsten sind zerstört.

Da die traditionelle Bilderfeindlichkeit des Islam in Saddams Irak keine Folgen hatte, gab es seine Porträts in vielen Varianten und Techniken. Als Gemälde, als Fotografien, als Keramiken und Reliefs. Bahnhöfe und Flughäfen, Schulen und Moscheen, Gebäudefassaden und Foyers, öffentliche Plätze und Gefängnisse zierte sein Konterfei mit der unmissverständlichen Botschaft: Ich und meine Leute sehen alles, was du tust.

Doch heute ist von all diesem Protz der Selbstdarstellung nichts mehr zu sehen. Das zwei mal drei Meter große Saddam-Porträt links vom Eingang zur gefürchteten Geheimdienstzentrale *muchabarat* ist zerbröckelt, wo die Schergen des Regimes folterten, logieren jetzt Obdachlose.

Wo Saddam seinem Vorbild Nebukadnezar nacheiferte und mit neubabylonischer Brutalarchitektur scheinbar unangreifbare Größe zu dokumentieren vorgab, riegeln jetzt Kilometer von Stacheldraht Zufahrtsstraßen und Gebäudeeinfahrten ab, stoppen tausende Tonnen Beton und Sand entlang der Hauptstraßen den Verkehr. Versteckt hinter Schutzwällen liegen Kasernen, Ministerien, Spitäler, Häuser und Wohnungen der neuen politischen Führer. Ärzte, Geschäftsleute, Rechtsanwälte, Künstler – jeder, der nur den Anschein erweckt, Teil des neuen Machtapparates zu sein oder von ihm zu profitieren, lebt in Angst. Er kann Ziel eines Selbstmordanschlages, einer Entführung oder Hinrichtung werden. Aus politischen oder wirtschaftlichen Gründen.

Am Vortag waren wir im Auto im einst lebhaft noblen Al-Manur-Bezirk unterwegs zu einem versprochenen Interview mit Ahmed Chalabi, einst Pentagon-Liebling, inzwischen die große Enttäuschung der Neocons und Bushewiken, weil Chalabi, ein säkularer Schiit, mit der Nummer zwei im Reich des Bösen, dem Iran, paktiert haben soll.

Unser Fahrer, der den Al-Manur-Bezirk seit Jugendtagen kennt, findet den Weg zu Chalabis Villa nicht. Im Labyrinth der Straßensperren, schikanösen Kontrollen, nervösen irakischen und amerikanischen Sicherheitskräfte verliert er die Geduld und den Überblick.

Nicht mehr Saddams Architekten bauen an Bagdads neuem Straßenbild, Aufständische und Selbstmordattentäter, Besatzungstruppen und die irakischen Sicherheitskräfte sind unfreiwillig die neuen Planer. Hunderte Anschläge seit Beginn der Besatzung haben tausende Opfer gefordert. Hätte der auf dem Flughafenkomplex eingesperrte Saddam die Gelegenheit, er würde seine orientalisch-despotische Megalopolis nicht wieder erkennen. Seine ehemals gleichgeschalteten Wählermassen auch nicht.

Die letzte Kontrolle vor dem Wahlbezirk: Apache-Hubschrauber donnern im Tiefflug über das Wahllokal, eine Schule, in der Iraks demokratischer Neubeginn bestätigt werden soll.

Bagdad gleicht einer Festung. Das Innenministerium warnt vor „möglichen 150 bis 250 Autobombenanschlägen" in den nächsten Tagen, die al-Sarqawi-Terrorgruppe greift diese Warnung auf und droht, „die Straßen Bagdads mit Blut zu waschen".

Am Vorabend hatte Leuchtspurmunition die Stadt erhellt, waren Maschinengewehrfeuersalven zu hören gewesen. Nervöse Sicherheitskräfte hatten aus Furcht vor Überfällen in die Dunkelheit geschossen.

In den Monaten zuvor hatten die US-Streitkräfte ihre Truppenstärke erhöht und mehrere Offensiven gegen die Aufständischen eröffnet: die Operationen „Eisenhammer", „Efeu Zyklon", „Eisernes Pferd". Nach Angaben des US-Zentralkommandos „notwendige Maßnahmen" gegen die Anhänger des gestürzten Regimes, gegen „ausländische Kämpfer und andere Extremisten", gegen „subversive Elemente".

Falludscha wurde in ein Trümmerfeld gebombt, der Widerstand ging in anderen sunnitischen Dörfern und Städten in den Untergrund, im Gefängnis von Abu Ghraib wurden wieder Iraker gefoltert. Diesmal von Amerikanern. Die Bilder gingen um die Welt.

„Werden die Iraker zur Wahl gehen?"

„Sicher", sagt der irakische Wachposten. Sein Gesicht hat er hinter einer schwarzen Maske versteckt. „Auch ich werde wählen. Das ist patriotische Pflicht."

„Werden die Wahlen sicher verlaufen?"

„Wir werden dafür sorgen", sagt der US-Captain hinter Stacheldraht. „Heute wird es keine Autobomben geben."

Heute gibt es keine Autos auf Bagdads Straßen.

Seit mehr als einem Jahr attackieren und terrorisieren Kriminelle und politische Gangster Ausländer und Iraker, über deren Schicksal in den internationalen Medien kaum berichtet wird.

Bis zum Wahlsonntag wurden 189 Ausländer entführt, zwei Drittel von ihnen wurden getötet. Was als politischer Terror begann, mit im Internet abrufbaren oder arabischen TV-Stationen zugespielten Videobändern, auf denen um ihr Leben bettelnde oder in einigen Fällen geköpfte Geiseln zu sehen sind, ist das einträgliche Geschäft einer neuen Entführungsindustrie.

Banditen überfallen Fremde, übergeben sie politisch motivierten Gruppen, die Lösegeld erpressen. Je öfter Bilder von Entführungsopfern ausgestrahlt werden, umso höher ist der Preis für die Freilassung. Der Mensch, der aus dem Ausland in den Irak kommt, ist für die Kriminellen nur noch Ware. Diese Entführungspraxis wirkt abschreckend.

Sie vertreibt Journalisten von den Straßen, aus den Geschäften und Restaurants, verhindert Kontakte zur Bevölkerung, zwingt Reporter zum Tragen von kugelsicheren Westen und Helmen. Fernsehreporter sind besonders gefährdet. Ihr Arbeitsgerät, Kamera und Mikrofon, ist leicht auszuspähen. Wenn wir heute in Bagdad unsere „Aufsager" machen, stehen wir meist auf dem Dach eines zur Festung umgebauten Hotels, wenn wir auf die Straße gehen, wird die Arbeit zum unkalkulierbaren Risiko.

Doch heute erleben wir einen glücklichen Tag in Bagdad.

US-Marineinfanteristen stehen auf den Dächern von Polizeiwachen, die mit Betonmauern und Stacheldraht gesicherten Wahllokale können die Terroristen nicht angreifen. Wir können uns „frei" bewegen, können in aller Früh zu einem Wahllokal aufbrechen, begleitet von Explosionen in der Ferne.

Und wir sehen tatsächlich – die ersten Wähler.

Ahmed Saleh, ein Polizist:

„Es ist sechs Uhr dreißig, und ich hoffe, dass alle Iraker heute zur Wahl gehen. Es gibt keinen Unterschied zwischen Schiiten und Sunniten, zwischen Turkmenen und Assyrern. Wir sind alle ein Irak, ein Volk. Ich wünsche mir, dass alle wählen gehen, weil dies die ersten freien demokratischen Wahlen sind. Heute wird der Irak frei."

Oberstleutnant Bob Durkin ist mehr als zufrieden: „Die harte Arbeit der Demokratie zeigt Früchte."

Tatsächlich, mehrere Iraker schwingen Nationalflaggen, zeigen fröhlich und stolz den violetten Finger, das Zeichen, dass sie gewählt haben. Und erzählen offen, wen sie gewählt haben.

Die Liste 169 der großen schiitischen Koalition hat eine Kerze zum Symbol. Ihr geistiges Oberhaupt ist Großayatollah al Sistani, der große Schweiger aus Nadschaf, der gerüchteweise auch deshalb keine öffentlichen Erklärungen gibt, weil er aufgrund seiner iranischen Abstammung nicht allzu gut arabisch spricht.

Iyad Allawi, der Chef der Übergangsregierung, ein altgedienter Aktivposten der CIA, hatte während der Wahlkampagne die besten medialen Chancen und warb mit einer Liste von Ex-Baathisten, säkularen Schiiten und Sunniten.

Noch sind wir nicht im Wahllokal. Producer Mahmud schafft die letzten Sicherheitshürden, die letzte Kontrolle, ein Polizist nimmt das Mobiltelefon ab, überprüft die Akkreditierung, macht Notizen. Wir dürfen im Wahllokal drehen. Wir wollen die Stimmung einfangen. Wir brauchen Interviews, die der historischen Bedeutung des Tages gerecht werden.

„Warum sind Sie trotz Angst vor Anschlägen in das Wahllokal gekommen?"

„Warum fragen Sie? Wir sind ein Volk wie jedes andere. Wir brauchen Sicherheit und Stabilität."

Um Rahme von der Wahlkommission: „Niemand hat sich um uns gekümmert. Wir haben nicht einmal einen Ausweis bekommen. Nur einen kopierten Zettel. Wir sind die kleinen Beamten. Wir bekommen hier kein Essen, keine Decken, keinen Schutz, keinen Transport."

Doktor Ruda Mahmud ist tief bewegt: „Ich habe meine Familie schon gestern zu mir nach Karrade gebracht, damit wir heute alle wählen können. Unsere Emotionen sind so stark, dass wir die ganze Nacht nicht schlafen konnten. Ich bin so glücklich. Mir kommen fast die Tränen."

Die Studentin Sahra Abdel: „Ich habe an dieser Wahl teilgenommen, weil ich so etwas noch nie erlebt habe."

„Wen ich gewählt habe? Das ist Wahlgeheimnis."

Dies erinnert mich an die Antwort von Slobodan Milošević auf meine Frage, für wen er bei der ersten freien Wahl in Serbien im Dezember 1990 gestimmt habe: „Wir haben in Serbien Wahlgeheimnis."

Die erste freie Wahl in Irak erinnert an das Ergebnis der Wahlen in Bosnien-Herzegowina im November 1990. Hier wie dort war der Urnengang eher eine Volkszählung nach ethnischen Kriterien als nach parteipolitischen Programmen.

Was bei den Interviews auffällt: Keiner der Befragten weist von selbst darauf hin, dass ohne US-Besatzung freie Wahlen gar nicht möglich und Saddam noch immer an der Macht wäre.

„Mich interessiert Saddam nicht. Mich interessiert, ob und wann ich einen Job bekomme", sagt eine verärgerte Studentin.

Scharif Ali bin el Hussein, der Spitzenkandidat der Monarchisten, zeigt seinen violett markierten Finger und verwechselt sein Statement mit einer neuen Wahlrede.

„Ich gratuliere dem ganzen Volk zu diesem wunderbaren, glücklichen Tag. Heute beginnt ein neues Zeitalter mit Freiheit und Sicherheit. Alle Iraker sollen die Zukunft des Irak mitbestimmen."

Nicht alle Iraker wollen und schätzen diese neue Freiheit. Auf dem Universitätsgelände fristen hunderte Flüchtlinge aus Falludscha ein kümmerliches Dasein.

Ein alter Mann klagt uns sein Leid: „Nein, ich gehe nicht wählen, weil ich gar nicht wählen kann. Wo soll ich denn wählen? In Falludscha gibt es keinen Strom, kein Wasser, keine medizinische Versorgung. Mein Haus ist zerstört. Das sind Bush und seine Demokratie? Aber Mohammed hat gesagt: Die aus ihren Häusern vertrieben wurden, weil sie für Allah kämpften, denen ist ein Platz im Himmel und die Vergebung der Sünden sicher. Wir haben gekämpft, und deswegen kommen wir in den Himmel und Bush in die Hölle, inschallah!"

Er ruft ein kleines Mädchen herbei, das von einem Zettel ein vorbereitetes Gedicht abliest:

„Die US-Flugzeuge machen uns keine Angst ...
Die US-Panzer auch nicht ...
Auch die US-Truppe nicht ...
Wir werden sie mit unserem Blut vernichten."

Misstrauen und Verschwörungstheorien bilden eine mächtige Allianz: Die zwanzig Prozent Sunniten des Irak, seit Jahrhunderten die herrschende Klasse und technisch wirtschaftliche Elite des Landes, sind jetzt die Basis des Aufstandes. Sie haben die Wahlen nicht nur verloren, sie haben die Wahlen boykottiert.

In Mosul, Samarra, Ramadi, in den Sunnitenvierteln Bagdads haben die Menschen Angst, das Wahllokal zu betreten oder gar keine Möglichkeit, weil Aufständische die Wahllokale stürmen. Mahmud, mein Producer, ein Sunnit, fasst erst am späten Nachmittag Mut und schließt sich einer Gruppe aus seiner Nachbarschaft an. Gemeinsam gehen sie wählen, ihr Wahllokal liegt in der Nähe der Flughafenautobahn, der gefährlichsten Strecke in Bagdad.

„Warum die Amerikaner hier sind? Weil sie unser Öl wollen." Abu Fattah, ein Schriftsteller, erläutert im legendären Um-Chaltum-Café in der Bagdader Raschid-Straße seine Wahlanalyse. In Zeiten des Umbruchs.

Vom Charme osmanischer Architektur ist in diesem berühmten Bagdader Altstadtviertel wenig geblieben. Nach Kriegen und Sanktionen machen heute Anarchie, Terror und Kriminalität dem einst pulsierenden Szeneleben den Garaus. Kurz vor Einbruch der Dämmerung tauchen hier die ersten Banditen auf – und kein Polizist lässt sich mehr blicken.

Zurück im Hotel *Rimal* drehe ich den Fernsehapparat auf, schalte zwischen CNN und BBC. Die Wahlkommission widerruft die erste Schätzung einer Wahlbeteiligung von 70 Prozent.

Kommentar im Schutz der Leibwache auf einem Hausdach:
Ausländische Reporter leben in Bagdad gefährlich, Jänner 2005

Saddams aufgeriebene Armee – nur mehr ein Depot für Plünderer. Bagdad, Jänner 2005

Nadschaf, geistiges Zentrum des Schiitentums

Die schiitische Führungselite: Gewinner der Wahlen im Jänner 2005

Devotionalienhandel in Nadschaf

„Das ist ein historischer Tag für den Irak, ein Tag, an dem die Iraker erhobenen Hauptes gehen können, weil sie den Terroristen widerstehen und beginnen, ihre Zukunft in die eigenen Hände zu nehmen", erklärt Noch-Ministerpräsident Iyad Allawi auf allen Kanälen.

Und Bagdads Bürgermeister Alaa al-Tamimi ist sichtlich bewegt: „Das ist eine Wahl für die Zukunft, für die Kinder, für den Rechtsstaat, für die Menschlichkeit, für die Liebe."

„Im Namen der amerikanischen Bürger möchte ich den Irakern zu dieser großen und historischen Leistung gratulieren", sagt US-Präsident Bush.

Mein Wahltag-Beitrag ist überspielt, während ich dies hier schreibe, überlege ich, was in der Berichterstattung zu kurz gekommen sein könnte: vielleicht der Hinweis, dass wir nur in fünf ausgewählten, schwer bewachten Wahllokalen drehen durften und dass das wichtigste Wahlergebnis ein Nichtergebnis war: der Wahlboykott der Sunniten.

Am Abend erfahren wir, dass bei den heutigen Anschlägen mehr als 30 Menschen getötet wurden.

Es war ein ruhiger Wahltag. 300.000 Polizisten sorgten dafür, dass es nicht zu den befürchteten 2.000 bis 4.000 Toten gekommen war.

Wie schlimm die zerfetzten 30 Opfer verstümmelt waren, haben wir im Fernsehen nicht gezeigt. Zu viel Grausamkeit stört die Ethik des Zuschauers und die Ästhetik der modernen Medienwelt. Auch wenn Bits und Bytes nicht bluten, Pixel nicht nach Verwesung stinken.

Ich schalte zwischen den Kanälen, vor dem Fernseher rattert der Generator. Die Stromversorgung funktioniert immer noch nur stundenweise. Die deutschen Sender bringen Berichte über die Karnevalsvorbereitungen und einen Bestechungsskandal um einen Fußball-Schiedsrichter. Bei der Schiweltmeisterschaft in Bormio gibt es organisatorische Schwierigkeiten.

Iraks Hauptstadt fällt in Dunkelheit.

Schönen guten Abend nach Wien – *live aus Bagdad!*

VERRÜCKTE WELT

Verloren am Hinduksch

Verloren am Hindukusch

Das Hotel in Duschanbe, der Hauptstadt Tadschikistans, der ärmsten der 15 Nachfolgerepubliken der ehemaligen Sowjetunion, verströmt Ende September 2001 noch immer den muffigen Charme eines Intourist-Hotels aus den Zeiten des von der Geschichte weggespülten roten Imperiums.

Auf dem Flur der Stockwerke wacht die *deschurnaja*, die Etagenfrau, über Wohl und Weh der Gäste: launisch, hilfsbereit, je nach Höhe des Trinkgeldes.

Der Lift funktioniert immer dann nicht, wenn man die schwersten Gepäckstücke schleppt. Im Hotel wohnen dutzende Journalisten, die darauf warten, bis sich die afghanischen Diplomaten in der Botschaft der *Nordallianz* aufraffen, die eingereichten Visa-Anträge zu bearbeiten.

Die *Nordallianz* ist ein Bündnis verschiedener Mudschahedin-Gruppen, die von 1979 bis 1989 mit massiver militärischer und finanzieller Unterstützung des Westens in Afghanistan gegen die sowjetischen Besatzungstruppen gekämpft hatten. In Duschanbe unterhält sie eine Botschaft. Sie vertritt die Exilregierung des von den Taliban gestürzten, aber von der UNO anerkannten Präsidenten Burhanuddin Rabbani.

Für den Visumantrag ist die Akkreditierung beim Außenministerium Tadschikistans Voraussetzung, lässt uns Botschaftssekretär Mohadschedin Mehdi mitteilen.

Auch dort warten inzwischen dutzende Journalisten. Ein paar dem Pass beigelegte Dollarscheine verkürzen die Wartezeit. Die ausgestellte Akkreditierung ist so nutzlos wie das eingeschweißte Passfoto. Kein Polizist wird sich davon beeindrucken lassen, wenn es Schwierigkeiten bei Dreharbeiten gibt. Das weiß der Antragsteller, das weiß der tadschikische Außenamtsbeamte. Die Akkreditierung kostet 50 Dollar. Das ist der einzige Nutzen – für die Republik Tadschikistan und seine Beamten im Außenministerium.

Das Gebäude des Außenministeriums erinnert an stalinistisches Rokoko.

In den zentralasiatischen Staaten war es nach dem Zusammenbruch der Sowjetunion zu einem beispiellosen wirtschaftlichen Niedergang gekommen. Wo früher Hammer und Sichel dominierten, weht jetzt in Duschanbe die Fahne der seit 1990 souveränen, bis 1997 von einem im Westen kaum wahrgenommenen Bürgerkrieg erschütterten Republik.

Dieser Bürgerkrieg hatte zehntausende Menschenleben gekostet, jeden neunten der sechs Millionen Tadschiken zum Flüchtling gemacht – und in Europa niemanden interessiert. Es war in der Sprache der Politologen einer dieser neuen „asymmetrischen Kriege", die nach dem Zerfall und Zusammenbruch staatlicher Strukturen „ausbrechen", in denen Stammes-und Kriegsfürsten das Machtvakuum füllen, die Bevölkerung terrorisieren, „ethnisch säubern", um die Pfründe verteilen zu können. Posten, Fabriken, Bodenschätze. Ideologie ist Nebensache, auch wenn die neue Nomenklatura vorgibt, gegen einen alten Feind zu kämpfen. In diesem Fall gegen den zentralasiatischen Islamismus.

In der Nähe des Außenministeriums steht ein riesiges Denkmal, zwanzig bis dreißig Meter hoch. Es stellt Ismoil Somoni dar, einen persischsprachigen König, der im 10. Jahrhundert über ein großes zentralasiatisches Reich herrschte. Nach ihm ist jetzt auch die Währung benannt. Die Tadschiken sind Sunniten, ethnisch und der Sprache nach Iraner.

„20 Millionen Dollar hat das Monument gekostet. Bei unserem Staatshaushalt von 140 Millionen Dollar", klärt mich Rasul, mein Dolmetscher, auf.

„Ich verdiene umgerechnet 10 Dollar im Monat."

Offenbar sollen historische Fantasien die bedrückende Armut kaschieren.

80 Prozent der Tadschiken leben unter der Armutsgrenze, die Korruption ist schlimmer als zu Sowjetzeiten. Die UNO bittet um Hilfsgüter, um eine drohende Hungersnot zu verhindern. Zwei Jahre Dürre führten zu Ernteausfällen, Mitarbeiter des Internationalen Komitees vom Roten Kreuz berichten von hungernden Kindern, die in Rattenlöchern nach Getreidekörnern wühlen.

Tadschikistan im Herbst 2001.

Die Wartezeit bis zur Erteilung des Visums nützen wir für Dreharbeiten auf einem Markt.

„Haben Sie eine Dreherlaubnis?" schnauzt uns ein Aufpasser an und bringt uns zu seinem Vorgesetzten.

Der Zwischenfall erinnert an die Gepflogenheiten der späten Breschnew-Zeit, als sich mein Moskauer Producer gut vorstellen konnte, vor Beginn der Dreharbeiten als Einstandsgeschenk mit einem neu auf den Markt gekommenen Videorecorder beglückt zu werden.

Doch diesmal ist Afghanistan unser Ziel. Es ist nur noch eine Frage von Tagen, bis US-Präsident Bush auf die Terroranschläge vom 11. September mit einer Militäraktion gegen die *Taliban* und Osama bin Ladens *Al Kaida* losschlagen wird, auch wenn ich in Gesprächen mit Einwohnern der Hauptstadt den Eindruck gewinne, dass nur wenige Tadschiken den 11. September als Wendepunkt der Weltgeschichte interpretieren.

Auch für die Afghanen zeigen die Tadschiken wenig Sympathien. Das Misstrauen beruht auf Gegenseitigkeit. Es war die Sowjetrepublik Tadschikistan, von wo aus Soldaten der Roten Armee im Dezember 1979 Afghanistan angegriffen hatten. Zehn verlustreiche afghanische Kriegsjahre kostete die Sowjetarmee dreizehntausend Soldatenleben, ehe die letzten fünfzig Panzer und die letzten Soldaten der sowjetischen Besatzer im Februar 1989 über die Brücke des Armu-Darja erfolglos in den usbekischen Grenzort Termes abgezogen waren. Mein Dolmetscher Rasul in Duschanbe ist einer dieser Verlorenen einer geschlagenen Armee. Die Kontakte der tadschikischen Regierung zur afghanischen *Nordallianz* stoßen bei ihm auf wenig Begeisterung.

Da Tadschikistans Armee zu schwach ist, die eigenen Landesgrenzen zu schützen, sind an der 1.200 Kilometer langen gemeinsamen Grenze mit Afghanistan 10.000 russische Soldaten stationiert. Sie haben die Aufgabe, einen Flüchtlingsstrom von 20.000 Menschen zu verhindern, die auf der afghanischen Seite der Grenze in einer Sandwüste in Lagern entlang des Flusses Pandsch in selbst gebauten Schilfrohrhütten auf Hilfslieferungen aus dem Westen warten.

Zur Einstimmung auf den Afghanistan-Trip blättere ich im Hotelzimmer, eingeklemmt zwischen dem mitgebrachten Satellitentelefon am Fensterbrett und der nicht funktionierenden WC-Spülung, in mehreren Büchern, die mich bis Kabul begleiten sollten.

Eine griechisch-englische Ausgabe Arrians über die Feldzüge Alexander des Großen über den Hindukusch nach Sogdiane, das heutige Tadschikistan.

Ein Gedichtband Rudyard Kiplings mit den berühmten Versen über einen in Afghanistan stationierten britischen Soldaten:

„When you're wounded and left on Afghanistan's plains
And the women come out to cut up what remains
Just roll on your rifle and blow out your brains ..."

Zum besseren Verständnis der afghanischen Seele und der *Taliban*-Herrschaft studiere ich Ahmed Rashid: *Taliban. Islam, Oil and the New Great Game in Central Asia.*

Den Charakter der Afghanen beschreibt der pakistanische Afghanistan-Kenner als *„brave, magnificent, honourable, generous, hospitable, gracious, handsome. Afghan men and women can also be devious, mean and bloody minded."*

Man ahnt, was einen erwartet ...

Um mögliche Gefahren zu vermeiden, die drohen könnten, rät mir der LONELY-PLANET-*Central-Asia*-Reiseführer zum Thema Afghanistan unter der Rubrik *„Best time to go: don't go."*

Wir müssen.

Nach vier Tagen ist es soweit. Wir bekommen das Visum.

Ein museumsreifer russischer Militärtransporter, den die *Nordallianz* als Kuriermaschine einsetzt, bringt uns gemeinsam mit weiteren journalistischen Herolden der internationalen Katastrophenkarawane in die nordafghanische Stadt Faizabad, der Hauptstadt der Provinz Badachschan. Mit dabei ist auch unser Dolmetscher Mudschib, ein Tadschike aus Duschanbe, ein nach eigenen Angaben zwanzigjähriger Englischlehrer. Wie sich später herausstellt, ein sechzehnjähriges Bürschchen mit besten verwandtschaftlichen Verbindungen zu Kommandanten der *Nordallianz*, das es faustdick hinter den Ohren hat.

Der Flughafen von Faizabad wird für uns zum Tor nach Afghanistan. Anstelle von Passbeamten und Zöllnern begrüßen uns Nomaden. Statt Gepäcksförderbänder sehen wir zerschossene Panzer. Faizabad war im afghanischen Bürgerkrieg jahrelang erbittert umkämpft gewesen. Auch die Dürre hat sichtbare Spuren hinterlassen.

Eine Aufschrift auf einem zerschossenen Verwaltungsgebäude neben dem Rollfeld verspricht, dass sich die *Nordallianz* für die Drogenbekämpfung einsetzt. Ein schlechter Witz. Wie die Taliban unterhält auch die *Nordallianz* ein Netzwerk von Drogenkurieren.

Die ersten Eindrücke: Das Land ist bettelarm, durch zwei Jahrzehnte Krieg zerrüttet, durch die Herrschaft der islamistischen *Taliban* terrorisiert. Von der Außenwelt vergessen, ein Land ohne Infrastruktur, ein Land in Not. Spielfeld der Weltpolitik.

Im 19. Jahrhundert lag Afghanistan im Zentrum des so genannten „Great game" zwischen den Machtinteressen der russischen Zaren und des britischen Empire, im 20. Jahrhundert war es ein Schlachtfeld des Kalten Krieges, litt unter zehn Jahren sowjetischer Besatzung. Der Sowjetunion gelang es in den Jahren 1979 bis 1989 mit bis zu 120.000 Soldaten nicht, das zuvor errichtete kommunistische System gegen die Rebellion konservativer Muslime zu schützen. Die Briten hatten drei Kriege gegen Afghanistan geführt, um das Land am Hindukusch unter ihre Kontrolle zu bringen und die nach Süden drängende Zarenmacht zu stoppen. Frei wurde Afghanistan erst nach Ende des Ersten Weltkriegs.

Opfer ist damals wie heute die Zivilbevölkerung.

Die führungslose *Nordallianz* der Tadschiken macht auf mich doch eher den Eindruck eines losen Haufens mafioser Lokalbosse, die offenbar nicht davor zurückschrecken, sich auch gegenseitig an die Gurgel zu gehen, wenn die eigene Kriegskasse leer ist. Sie scheinen den Schock noch nicht überwunden zu haben, dass ihr Kriegsheld Ahmed Schah Massud von einem Killerkommando der *Al Kaida* am 9. September getötet wurde.

1996 hatten die *Taliban* den größten Teil Afghanistans erobert, nur Massud konnte mit seinen Kriegern die Stellung halten. Muslimische Hardliner scheinen auch die Allianzkrieger zu sein. Die *Taliban* hatten den Frauen verboten, das Haus unverschleiert und ohne Begleitung zu verlassen. Doch auch in Faizabad, im Gebiet der *Nordallianz*, sehen wir nur verschleierte Frauen, mit der blauen *Burka*, dem Kleidungsstück mit dem Gitter vor dem Gesicht.

In Faizabad müssen wir ein Auto und einen Fahrer suchen, der uns nach Kabul bringt. Soldaten der *Nordallianz* vermitteln die nötigen Kontakte. Bärtige, wortkarge Tadschiken mit ihrer typischen Kopfbedeckung, dem *Pakol*, der braunen Wollkappe, werden für Wochen unsere Betreuer.

Im „Gästehaus der Regierung" wird die Reise organisiert. Die erste Nacht verbringen wir zusammengepfercht mit Kollegen aus mehreren westlichen Ländern auf dem Boden eines Notquartiers. Zum Essen wird Hammelfleisch, Reis, Fladenbrot und Tee serviert. Mir genügen ein paar Bissen Brot und eine Schale Tee – ein schwerer Fehler, wie sich bald herausstellen sollte. Durchfall und Fieber werden mich bis Kabul begleiten – und zurück.

Um fünf Uhr früh verlassen wir Faizabad Richtung Baharak. Ein Konvoi mit sechs Jeeps.

Der uns zugeteilte Fahrer heißt Mohammed. Er ist, wie sieben von zehn Afghanen, Analphabet.

Wir kommen die ersten Kilometer auf einer Sandpiste mit unserer Tatra-Schrottkiste klapprig, aber zügig voran. Straßen in unserem Sinn gibt es in dieser Region nicht. Bald bedauern wir, es nicht den Afghanen gleich zu tun, die entlang des Trampelpfades, auf dem wir mit unserem Autoimitat unterwegs sind, Esel als Transportmittel benützen.

Die Straßenkarte, die wir benützen, erweist sich als wenig hilfreich. Die Fahrer der Jeeps, alle mit der *Nordallianz* verbandelt, entwickeln ein eingespieltes Blockade-System. Zwei in der Mitte machen Halt, und der ganze Konvoi steht – für Stunden.

Die Fahrer beginnen mit Reparaturarbeiten oder täuschen solche vor, heben die Motorhaube, hämmern am Motor, entpuppen sich als Meister der Improvisation, bauen aus Wrackteilen funktionstüchtige Geräte. Ihr Sozialverhalten betrachten wir als gottergeben. Sie haben keine Eile. Sie verlassen ihre Autos und uns. Abseits des Weges kommen sie ihrer Pflicht als gläubige Muslime nach. Fünf Mal täglich. Die Hände zum Himmel geöffnet, lobpreisen sie betend Allah.

Im Durchschnitt schaffen wir 15 Kilometer pro Tag. Ein guter Schnitt auf einer Rumpelpiste. Durchgerüttelt und unausgeschlafen auf Straßen, die keine Straßen sind, über Brücken, die keine Brücken sind – ich war bisher in vielen unwirtlichen Gegenden unterwegs gewesen, so hilflos war ich mir selten vorgekommen. So viel abweisende Fremde inmitten grandioser Landschaft macht einem zu schaffen.

„No problem, Sir!" beruhigt Mudschib, unser Dolmetscher. Und sagt dann etwas, was mich aufhorchen lässt.

„Wenn wir den Krieg gewonnen haben, ist das gut für den Terrorismus."

„Wie bitte?"

„Ja, viele Ausländer werden kommen und Geld bringen."

Das Missverständnis lässt sich aufklären. Er meint Tourismus.

Wir erreichen den Ort Baharak. Die Fahrer nutzen unsere Hilflosigkeit und erhöhen ihre Gagenforderung.

„No problem, Sir!"

Mudschib weiß Rat. Sollte uns das Geld ausgehen, wird uns seine Familie aushelfen.

„Ich habe meine Muter seit fünf Jahren nicht gesehen. Mein Vater hat mit Ahmad Schah Massud gekämpft. Mein Vater ist tot."

Den Burschen zieht es stärker als mich in seine Heimat Richtung Pandschirtal.

Vor uns liegen die Fünf- und Sechstausender des Hindukusch.

Der „Hindu-Killer" – so lautet eine Erklärung des Namens dieser Gebirgskette aus jener Zeit, als islamische Stammesführer ihre Hindusklaven aus den Ebenen Indiens in die unbarmherzige Hochgebirgslandschaft verschleppten, wo sie an Hunger und Kälte elend zugrunde gingen.

Das ist zum Glück ferne Vergangenheit.

Es ist Mitternacht, als wir uns nach einem Schlafquartier umzusehen beginnen. Die Fahrer kennen eine Karawanserei in einer Ortschaft namens Farghamu. Der Schuppen ist versperrt, wir klopfen an. Ein Wächter mit Petroleumlampe öffnet und ist bereit, uns ein Nachtquartier zu gewähren.

Doch wir sind nicht die einzigen auf Herbergssuche am Fuß des Hindukusch. Dutzende Kolleginnen und Kollegen kauern, in ihren Schlafsäcken vermummt oder in Teppichen eingehüllt, frierend auf einem verdreckten Fußboden.

Meine Stimmung sinkt unter den seelischen Nullpunkt. Ein vereinbartes Live-Telefonat mit der *Zeit im Bild* kommt nicht zustande, der Akku des Satellitentelefons ist leer.

Eine Lademöglichkeit gibt es nicht. Nichts geht mehr, sosehr ich mich unter dem grandiosen Sternenhimmel um eine Verbindung bemühe. Mir fällt Heinrich Heines Grabinschrift auf dem Pariser Friedhof von Montmartre ein:

„Immerhin mich wird umgeben
Gottes Himmel dort wie hier
Und als Totenlampen schweben
Nachts die Sterne über mir."

Doch es gibt immer wieder einen neuen Morgen.
Nach der Toilette am Ufer des Kokcha-Flusses rätseln wir, was der noch junge Tag an Überraschungen bereithält.
„No problem, Sir!"
Es gibt große Probleme.
Unser Jeep gibt den Geist auf. Wir wollen aber noch bei Tageslicht über den Andschuman-Pass. Zum Glück erweisen sich unsere Chauffeure als begabte Hobby-Mechaniker und schaffen es tatsächlich, den Schrotthaufen wieder in ein Fahrzeug zu verwandeln.
So viel Improvisationstalent hat seinen Preis.
„No problem, Sir!"
Wir sind startklar für den 4.300 Meter hohen Pass. Es wird ein Ritt über Abgründe. Schweißtreibende Angst vermischt sich mit der atemberaubenden Schönheit der Gebirgskulisse.
Wir passieren aus Baumstämmen zusammengestückelte lebensgefährliche Notbrücken, die nur wenige Zentimeter breiter sind als die Räder unserer Fahrzeuge. Wir sehen gestrandete Lastwagen mit internationalen Hilfsgütern in den Fluten der Kokcha versinken. Wir fahren durch reißende Bäche, die als Quellwasser aus den Bergen in das Tal donnern, wir kriechen über behelfsmäßig aus Brettern und Felsbrocken gezimmerte Notstege.
Wir fahren über ramponierte Pisten, hundert Meter über dem Andschuman-Fluss in einem Vehikel, dessen Räder am äußersten Rand des Abgrunds drehen. Mir scheint, es gibt in diesem Landstrich keine Wege, nur Richtungen.
Mit Hilfe von Taschenlampen versuchen die Fahrer, die Fahrtrichtung zu erahnen.
„Bist du verrückt, komm sofort aus dem Auto von der Brücke!" ruft der Kameramann.
„Oder sollen wir uns ohne dich hier weiter durchschlagen?"
In dieser glasklaren Nacht, unter Myriaden von Sternen, bilde ich mir

ein, den Großen und Kleinen Bären zu erkennen und beginne zu träumen. Von Alexander dem Großen und seiner schönen Roxane, der Tochter des sogdianischen Adeligen Oxyartes, der schönsten Frau Asiens in der Antike, die der Makedone 327 v. Chr. in dieser Weltgegend geheiratet hatte, in Balkh, in der Nähe von Mazar-e-Scharif.

Doch wir sind in dieser Nacht, Anfang Oktober 2001, in Afghanistan, um über die Vorbereitungen der *Nordallianz* für den Kriegsfall zu berichten.

„No problem, Sir!"

Mudschib hält sein Versprechen.

Im Dorf Uru suchen wir um drei Uhr früh nach seinem Elternhaus. Ein fünfzig Meter langer, zwei Meter breiter, nicht gesicherter Steg, fünf Meter über einem Flussbett, das auf keiner Landkarte verzeichnet ist, führt zu einem mit mannshohen Lehmmauern umfriedeten Bauernhof.

Mudschibs Mutter kann das Glück der Wiedersehensfreude kaum fassen und vergisst, dass auch Fremde ihr Haus betreten. Nach ersten Schrecksekunden zieht sie sich mit den weiblichen Familienmitgliedern in ihre Gemächer zurück. Das männliche Oberhaupt der gastfreundlichen Familie dreht am Kurzwellenempfänger und berichtet uns über die neuesten politischen Entwicklungen.

Die USA und Großbritannien kreisen mit ihrem Truppenaufmarsch Afghanistan ein, ziehen die größte Streitmacht seit dem Golfkrieg 1991 zusammen. Die UNO erwartet für den Fall eines Angriffs bis zu 1,5 Millionen Flüchtlinge. Im pakistanischen Grenzgebiet zu Afghanistan wird mit dem Aufbau von Auffanglagern begonnen. Die *Nordallianz* berichtet von Kontakten zu amerikanischen Militärs. *Taliban*-Milizenführer wechseln offenbar die Seiten. Die *Taliban* werden immer stärker unter Druck gesetzt. Der *Taliban*-Botschafter in Pakistan bietet Verhandlungen an und will Beweise, dass Bin Laden für die Terroranschläge des 11. September verantwortlich ist. Die *Nordallianz* vermutet, dass sich Osama bin Laden zusammen mit *Taliban*-Führer Mullah Mohamed Omar in der Region Kandahar aufhält.

Die *Nordallianz* kontrolliert nur noch fünf bis zehn Prozent des Landes, kann sich aber im Pandschirtal behaupten. Ihre Truppen stehen in der Schomali-Ebene, 50 Kilometer vor Kabul. Ihre Kurzstreckenraketen können die Hauptstadt erreichen.

Nur die Bevölkerung steht vor dem Nichts.

Die *Taliban*-Milizen hatten im September 1996 die Macht in Kabul übernommen und Afghanistan zu einem islamischen Staat erklärt. Ex-Präsident Nadschibullah und sein Bruder Schapur wurden hingerichtet. Ihre Leichen hingen vor dem Präsidentenpalast. Bei den Kämpfen waren in Kabul hunderte Menschen getötet worden.

Impressionen aus Kabul zwei Jahre nach der Machtübernahme der *Taliban*: eine dichte Schneedecke liegt über der ausgebombten Stadt. Die trügerische Schönheit eines Winters, die das Leid der Bevölkerung verhüllt.

Die Menschen sind eingeschüchtert durch den Steinzeit-Islam eines Terrorregimes, das der Welt die unzumutbaren Lebensbedingungen verheimlichen will. Es herrscht Hunger, Verwirrung, Verzweiflung.

Die wenigen Frauen, die noch Arbeit haben, knüpfen Teppiche für ein von der UNO gesponsertes Projekt.

Kriegswitwen backen Brot in einer von internationalen Hilfsorganisationen geförderten Bäckerei. In einem Krankenhaus ohne Personal und Medikamente krepieren die Leute an Leishmania, an Hautgewächsen, die durch Sandmücken verursacht werden. Ausländisches Krankenhauspersonal versucht das Elend zu lindern.

„Wir glauben, es ist eine Epidemie, von der jährlich 60 Prozent der Bevölkerung betroffen sind", erklärt ein französischer Arzt. „Ohne Kinder, die in die Schule gehen, werden wir künftig keine Krankenschwestern und keine Ärzte haben."

Dschal Mohammed leidet an Tuberkulose: „Ich kann mir die Medizin nicht leisten, die notwendig wäre, um meine Krankheit zu behandeln."

Seine Hände hat eine Landmine zerfetzt.

Vor der Herrschaft der *Taliban*-Puristen waren die meisten Lehrer Frauen. Sie wurden aus den Klassenzimmern verbannt, ebenso die Mädchen.

Nur Ruinen erinnern noch daran: Afghanistan war einmal ein wohlhabendes Land. Jetzt beträgt die durchschnittliche Lebenserwartung vierzig Jahre, ein Viertel der Kinder stirbt vor dem fünften Lebensjahr.

Und wieder droht dem Land ein Krieg.

Die Strapazen des Hindukusch liegen hinter uns, die Mühen des Pandschirtales noch vor uns.

Ein „Gästehaus" der *Nordallianz* im Dorf Basarak, zweihundert

Meter vom Flussufer des Pandsch entfernt, wird uns für längere Zeit zum Hauptquartier. Wir wechseln mit 30 Kollegen die drei Betten, die uns zur Verfügung stehen, bis wir umziehen. Nach Dschabal Saradsch, 80 Kilometer vor Kabul, in den afghanischen Kriegswirren eine strategisch wichtige Stadt: der Stützpunkt der *Nordallianz* vor Kabul. Hier warten hunderte Journalisten auf den Beginn des Krieges.

„Ein Drecksloch", schimpft eine Kollegin, die ich aus dem Bosnienkrieg kenne.

„Sie verlangen 50 Dollar pro Tag dafür, dass ich kein Bett und keine Waschgelegenheit habe."

Das „Gästehaus" ist diesmal eine Art Stall, freigemacht für unbedarfte Idioten aus dem Westen. So oder ähnlich müssen es die Gastgeber sehen. Da keiner von uns der Landessprachen Pashto und Dari mächtig ist, die hilfreichen Geister des Gästehauses keiner anderen, pflegt uns der einheimische Koch mit Gesten der Gebärdensprache zu Tisch zu bitten. Hammelfleisch, Reis, Fladenbrot, Tee. Zum Dessert die mitgebrachten, aber leider ziemlich wirkungslosen Kohletabletten.

Die Bazarhändler von Dschabal Saradsch erkennen die Chance ihres Lebens. Die Preise klettern von Tag zu Tag. Chinesische Jacken, pakistanische Schuhe, Decken und Pullover, alles ist zweimal bis dreimal teurer als im Norden, in der Region um Faizabad, wo Expräsident Burhanuddin Rabbani die Chance eines politischen Comebacks wittert und sich den Amerikanern anbiedert.

„Warum ist hier alles teurer?" frage ich Mudschib.

„Weil der Dollar täglich fällt!"

Soviel ökonomisches Basiswissen verblüfft mich.

„Was bedeutet das für das vereinbarte Honorar?"

„Dass Sie mehr Dollar bezahlen müssen!"

Ich habe keine Dollar mehr, bin aber um eine Erfahrung reicher: Es gibt kaum Schrecklicheres als eine Meute Journalisten jenseits der Zivilisation. Natürlich konnte mir keiner mit Geld aushelfen, die meisten waren selbst knapp bei Kasse und mit Wichtigerem beschäftigt.

Mit *Nordallianz*-Kleidungstrachten dekoriert, warten dutzende Kolleginnen und Kollegen im Garten des „Gästehauses" auf die Akkreditierung oder auf die Möglichkeit, an die Frontlinie bei Kabul geführt zu werden.

Abdullah Abdullah, der Außenminister der Anti-*Taliban*-Allianz, ein enger Kampfgefährte des ermordeten Ahmed Schah Massud, füttert uns bei seinen Pressekonferenzen mit Informations- und Desinformationshappen.
„Ich erwarte, dass 10.000 Kämpfer der *Taliban* zu uns überlaufen", lautet eine seiner Botschaften.

Aus den Flüchtlingslagern in Nordafghanistan kommen Meldungen, dass junge Tadschiken vor den Zwangsrekrutierungen der Taliban fliehen. Menschenrechtsorganisationen beschuldigen die *Taliban*, junge Männer zu den Waffen zu zwingen, um den verkündeten Gottesstaat verteidigen zu können.

„Wie spät ist es jetzt?" scherzt Abdullah Abdullah auf die Frage, ob der Angriff in den nächsten Stunden beginnen wird.

„Es ist sicher keine Frage von Wochen. Ich sage nicht bald, sondern sehr bald."

26 Tage, drei Stunden, 29 Minuten nach dem Terror des 11. September, am 7. Oktober 2001, um 18.30 MEZ: in Kabul sind gewaltige Explosionen zu hören.

Lichtblitze flammen am nächtlichen Himmel über der Frontlinie zwischen den *Taliban* und der *Nordallianz* bei Dschabal Saradsch auf.

Der Afghanistankrieg hat begonnen.

Wir brechen Richtung Kabul auf. Irgendwo, im Sternbild zwischen Großem und Kleinem Bären, fliegen glitzernde Pünktchen, bilde ich mir ein. Es ist keine Sinnestäuschung. Es sind die ersten 50 BGM-109-Tomahawk-Marschflugkörper, die auf die von den *Taliban* kontrollierten Städte zusteuern. Abgefeuert von Schiffen und Unterseebooten der amerikanischen und britischen Marine im Arabischen Meer. 15 B 1- und B 2-Bomber sind in den USA gestartet, B 52-Bomber auf dem US-Stützpunkt Diego Garcia im Indischen Ozean.

Erste Ziele sind der Flughafen und das Verteidigungsministerium in Kabul, der Flughafen in der *Taliban*-Hochburg Kandahar, Herat im Westen und die *Al-Kaida*-Ausbildungslager im ostafghanischen Dschalalabad.

Die Operation „Enduring freedom" läuft an.

„Wir werden unsere militärischen Strategien und Taktiken mit den amerikanischen Angriffen koordinieren. Wenn die wichtigsten Stützpunkte der *Taliban* zwischen der Front und Kabul zerstört sind, können unsere Soldaten vorrücken."

Abfahrtbereit für die Reise über den Hindukusch. Afghanistan, Oktober 2001

Einer unserer Fahrer von der *Nordallianz* beginnt sein Tagwerk. Afghanistan, Oktober 2001

Verschnaufpause: Am Hindukusch vor Beginn des Afghanistan-Krieges, Oktober 2001

Autopanne am Hindukusch. Afghanistan, Oktober 2001

Die *Nordallianz* berät Aufmarschpläne, Oktober 2001

Die Kämpfer der *Nordallianz* organisieren uns einen „Führer" für die Fahrt über den Hindukusch. Faizabad, Oktober 2001

Die Botschaft der *Nordallianz* in Duschanbe mit Fotos des ermordeten Schahs Ahmed Massud, September 2001

Einer der zahlreichen Zwischenstopps auf der Anreise Richtung Kabul, Oktober 2003

Flüchtlingslager in Nord-Afghanistan, Oktober 2001

Morgentoilette am Kokcha-Fluss. Afghanistan, Oktober 2001

Internationale Hilfslieferungen versinken in Gebirgsflüssen am Hindukusch. Afghanistan, Oktober 2001

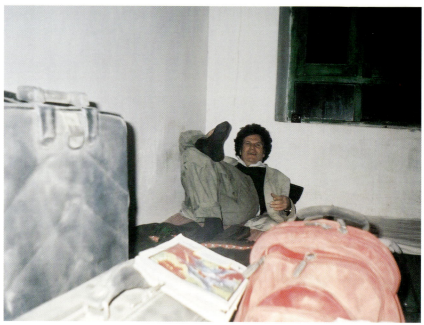
Müde, aber glücklich: In einem Gästehaus der *Nordallianz*. Afghanistan, Oktober 2001

Für 50 Dollar pro Nacht überbezahlt: Mein Quartier in einem Gästehaus der *Nordallianz*.
Afghanistan, Oktober 2001

Mit dem Porträt des ermordeten Schahs Ahmed Massud unterwegs in Afghanistan,
Oktober 2001

Auf der Fähre über den Fluss Pandsch zurück nach Tadschikistan

Für Stunden Journalisten-Quartier: Eine russische Grenzkaserne in Tadschikistan

Außenminister Abdullah Abdullah macht während eines Briefings den Optimisten und gibt uns zu verstehen, dass seine Truppen die *Taliban* bald aus Kabul verjagen werden.

Die Front verläuft bei Charikar, 50 Kilometer nördlich von Kabul. Auf den nahe gelegenen Bergen haben *Taliban*-Artilleristen Stellung bezogen. Von dort können die „Koranschüler" den von der *Nordallianz* gesicherten Gebietsstreifen jederzeit unter Beschuss nehmen. Die Wahrscheinlichkeit, dass sie gezielt treffen, ist gering.

Bei Mondschein marschieren Soldaten der Opposition zur Frontlinie bei Bagram, einer Luftwaffenbasis nahe der afghanischen Hauptstadt. Vom Bergdorf Tobdara schaut Kommandant Tschani, ein Dreißigjähriger, der wie fünfzig aussieht, über die von Sandstürmen gepeitschte Schomali-Ebene Richtung Kabul.

„Mit Allahs Hilfe werden wir die *Taliban* und die Terroristen vernichten!"

Wie zum Beweis feuern Soldaten der *Nordallianz* im Zehn-Minuten-Takt Raketen ab. Artilleriefeuer hellt den Nachthimmel über der Front auf.

Kriegsalltag in Afghanistan.

Die Kriegsberichterstatter werden zu Experten. Einige meinen, die *Taliban* wären nicht in der Lage, an mehreren Fronten gleichzeitig zu kämpfen, andere mutmaßen, die *Taliban*-Milizen würden rasch aufgeben, sollte die *Nordallianz* die größeren Städte erobern.

Über die Truppenstärke beider Seiten haben wir keine genauen Angaben. Die *Nordallianz* soll über 15.000, die *Taliban*-Miliz über 40.000 Kämpfer verfügen.

Kate Rolands, eine britische Krankenschwester im *Italian Charity Emergency Hospital*, in der Nähe von Bazarak, pendelt zwischen den Fronten.

„Das Schwierigste ist, Blutspender zu finden", erzählt Kate.

„Wir versuchen es in den Moscheen der Umgebung. Vor zwei Tagen sind drei Männer in ein Minenfeld gerannt. Sie haben nur überlebt, weil sie in unser Krankenhaus gebracht werden konnten."

Kates Kollege Gul Mohammed arbeitet auf der Physiotherapiestation und betreut Beinamputierte.

„Zum Glück haben wir genug Geräte, um den Patienten helfen zu können."

Gul führt uns in ein Zimmer mit verstümmelten Kindern. Minenopfer, die mit Spielzeuggeschenken von ihrem schrecklichen Los abgelenkt werden sollen. Einem Buben fehlt ein Bein, dem anderen die Hand. Die unschuldigen Opfer der Kriegsfurie in einem minenverseuchten Land. „Die Verstümmelten müssen ein paar Monate warten, bis die Stümpfe soweit geheilt sind, dass ich ihnen eine Beinprothese anmessen kann", sagt Gul. Dennoch: Hier können wir die Akkus laden, denn der Generator funktioniert, zum Unterschied von jener Attrappe eines Stromgeräts, die Carlo, der Kameramann von der RAI, im Schleichhandel erworben hat, mit dem Ergebnis, dass auch seine Kamera kaputt ist.

Trotzdem verstärkt sich mein Eindruck, dass das ganze martialische Treiben um mich herum nicht mein Krieg ist. Spätestens seit der Sanitäter des *Italian Charity Emergency Hospital* mein seit Tagen immer ärger werdendes Wehwehchen als Ruhr-Symptom diagnostiziert. Mich tröstet nur noch die jahrtausende alte Weisheit des chinesischen Kriegsherrn Sun-Tzu: *Wahrhaft siegt, der nicht kämpft.*

Gewiss, es ist der Beginn des Antiterrorkrieges gegen *Al Kaida*, gegen die „Basis", die im Afghanistan der *Taliban* ein Versteck gefunden hat. Es ist aber ein Krieg, der viele Fragen offen lässt. Ist Krieg gegen den Terror überhaupt möglich? Terror ist kein sichtbarer Gegner, Terror ist eine Waffe, die billigste, die es gibt. Terrorismus ist keine politische Bewegung. Er ist eine Methode und Strategie der Kriegsführung. *Al Kaida* ist nur eine, wenn auch die bekannteste Zelle im weit verzweigten horizontalen Netz eines radikalen Islam.

War der 11. September der Beginn des Vierten Weltkrieges, den die beiden Supermächte, von denen nur eine übrig blieb, selbst finanziert haben? Jahrzehntelang hatten KGB und CIA ihre vereinnahmten arabischen Untergrundkämpfer bezahlt, ausgebildet und aufeinander gehetzt. Die unter dem Banner eines radikalen Islamismus mordenden Zauberlehrlinge entzauberten ihre Lehrmeister. Afghanistan war zu einem riesigen Terrorcamp geworden. In Tschetschenien wird Präsident Putins Behauptung, im Kaukasus gegen den internationalen Terror zu kämpfen, zur sich selbst erfüllenden Prophezeiung.

Die Amerikaner begründen ihre Bombenangriffe auf das Land am Hindukusch mit der Erklärung, die Lufthoheit gewinnen zu müssen, um die eigenen und die Bodentruppen der Verbündeten nicht zu gefährden.

„Kollateralschäden" werden in Kauf genommen. Das heißt, mit zivilen Opfern wird bewusst gerechnet. Der Einsatz luftgestützter Truppen soll den Kopf Bin Ladens bringen. Ein riskantes Unternehmen in einem 650.000 Quadratkilometer großen Wüsten- und Gebirgsland ohne nennenswerte Infrastruktur. Auch Dosen mit Erdnussbutter, Apfelstrudelhäppchen zum Aufwärmen in der Mikrowelle, Transistorradios und Informationsblätter auf Englisch, Französisch und Spanisch. Besonders hilfreich für die Analphabeten.

Die abgeworfenen Lebensmittelpakete sind den Streubomben vom Typ BLU-97 zum Verwechseln ähnlich. Ein unglücklicher Zufall, bedauert US-Generalstabschef Richard Meyers mit dem absurden Hinweis, die Bevölkerung Afghanistans stürze sich auf alles, was gelb sei. „Die Bömbchen", wie die Militärs die Sprengdosen nennen, werden auf Gebiete geworfen, die erst vor kurzem von Minen aus dem Krieg gegen die Sowjettruppen geräumt wurden. Die Blindgänger werden noch jahrelang das Leben Unschuldiger gefährden. Mehr als ein Drittel der abgeworfenen Explosivgeschosse detoniert beim Aufprall nicht. Sie sind eine tödliche Gefahr für spielende Kinder und Bauern bei der Ernte. Auf Afghanistans vertrockneten Ebenen, auf seinen Feldern, in den Gärten.

Doch die Bombardements bringen nicht die gewünschten Ergebnisse: den Sieg über die *Taliban* und die Vernichtung der *Al Kaida*. Der Verdacht erhärtet sich, dass die *Talibane* nur ihre Turbane gewechselt haben, nicht ihre Gesinnung. Die „Gotteskrieger" geben ihre Stützpunkte auf, ziehen sich in die Berge, tauchen in den Städten unter, verstecken ihre mit Lehm verschmierten Panzer und schweren Waffen in Wohngebieten und wissen, dass auch die *Nordallianz* für viele Afghanen keine Alternative ist. Und Pakistan, der wichtigste Verbündete der USA am Hindukusch im Antiterrorkrieg, bleibt ein unzuverlässiger Partner. Seine Militärs, Geheimdienste, Politiker und religiösen Führer, pflegen seit Jahren intensive Kontakte zu den afghanischen *warlords*.

Für mich war der Zeitpunkt gekommen, aus Afghanistan abreisen zu müssen, solange ich noch konnte. Aber wie?

„No problem, Sir!"

Mudschib weiß Rat. Einer der zwei einsatzbereiten Hubschrauber der *Nordallianz* wird uns ausfliegen. Gesundheitlich schwer angeschlagen und genervt durch den Zusammenbruch der Kommunikationsmöglichkeit mit der Redaktion in Wien, beginne ich die Rückreise nach Tadschikistan zu organisieren. Doch ohne einen einzigen Dollar in der Tasche geht gar nichts. Mit Hilfe der afghanischen Botschaft in Deutschland gelingt es schließlich, die erforderliche Geldsumme nach Duschanbe zu überweisen. Allerdings wird sie uns vom Kassenverwalter der *Nordallianz* in Dschabal Saradsch nur zur Hälfte ausbezahlt. So tragen wir unfreiwillig unser Scherflein zu Bushs Antiterrorkrieg bei.

„Ist der Hubschrauber startklar?"

„No problem, Sir!"

Er war für uns nie startklar, für dutzende Journalisten, die ebenfalls nach Hause wollen oder müssen, auch nicht. Es gibt nur einen Rückweg: noch einmal neue Fahrer anheuern, noch einmal über die Fünf- und Sechstausender des Hindukusch, noch einmal drei Tage und drei Nächte im Kriegsgebiet mit der *Nordallianz* Richtung Faizabad. Ein neuer Alptraum.

Um fünf Uhr früh brechen wir auf. Wunderschön liegt das Pandschirtal vor uns, ein Idyll, lägen nicht am Ufer des Pandsch die Trümmer zerstörter Sowjetpanzer, kämen uns nicht die Soldaten der *Nordallianz* entgegen, Krieger mit müdem Blick, die Kalaschnikow über die Schulter gehängt, in ausgetretenen Armeestiefeln, mit militärischer Ausrüstung, die auf den ersten Blick dem von den Rotarmisten zurückgelassenen Schrott zum Verwechseln ähnlich sieht.

„Wir marschieren nach Kabul, warten nur auf den Befehl zum Angriff", sagt Hasrai Dschad, ein Führer der Mudschahedin.

Bei Abdullah Mohammed, einem Kaufmann im Pandschirtal, machen wir Halt. Seinen Laden hat der vife Geschäftsmann an einer Brückenzufahrt eingerichtet, in schlauer Voraussicht ahnend, dass hier jeder vorbei muss, schon um nachzuschauen, ob die Brücke passierbar ist. Ich muss mir eine Decke besorgen, nicht, um sie nach Gewohnheit der Einheimischen lässig über die Schulter zu werfen, sondern um mich vor der Kälte schützen zu können.

Gegen drei Uhr früh machen wir Rast in einem Dorf, wo sich Einheiten der *Nordallianz* zum Abmarsch Richtung Front sammeln. Unsere Fahrer und Dolmetscher finden eine Schlafstelle in einer Lehmhütte,

Kameramann Fritz und ich übernachten frierend im eiskalten Jeep. In der Morgendämmerung erfrischt uns wieder die Dusche im Kokcha-Fluss. Verdreckt, verkühlt, verzweifelt. Man glaubt, es geht nicht mehr. Aber wir müssen weiter. Auf Lehmpisten, übersät mit Schlaglöchern. Direkt neben uns fällt die Straße 30 Meter tief ab. Ein Rütteln und Schütteln, ein Schaukeln und Stoßen sind die einzige Abwechslung für Stunden, bis uns ein Steinschlag stoppt. Inzwischen sind wir 48 Stunden ohne Unterbrechung unterwegs. Es ist zwei Uhr früh, und wir beginnen mit den Aufräumungsarbeiten: Mit bloßen Händen schaffen wir Geröll und Schutt beiseite. Im Morgengrauen erreichen wir den Ort Hodscha Bahaaddin. Auf keiner Landkarte ist er eingezeichnet. Wo sind wir?

2.

Wegen der Grenznähe zu Tadschikistan hatte hier vor Kriegsbeginn die *Nordallianz* ihr Hauptquartier aufgeschlagen. Hier wurde Ahmed Schah Massud, der „Löwe von Pandschir", zwei Tage vor den Anschlägen des 11. September von als Journalisten getarnten Selbstmordattentätern der *Al Kaida* getötet. Die angeblichen TV-Journalisten, zwei Marokkaner mit belgischen Pässen, hatten sich eingeschlichen, um mit Massud ein Interview zu drehen. In der Kamera war eine Bombe versteckt, mit der sie Massud und sich selbst in die Luft sprengten. Massud erlag wenige Tage später seinen schweren Verletzungen.

„Der Löwe von Pandschir" war das Hirn und Herz der *Nordallianz*. Ein gefinkelter Stratege und selbstbewusster Machtmensch, der mit Unterstützung des Geheimdienstes ISI und französischer Berater den Ruf eines legendären Feldkommandanten erworben hatte.

Von allen Kriegern des Widerstandes hatte dieser Führer mit der Adlernase den größten Rückhalt in der Bevölkerung. Seine Feldzüge gegen die *Taliban* finanzierte er mit dem Verkauf von Edelsteinen und Geldströmen aus Saudi-Arabien, Pakistan, Iran, Indien und zum Schluss auch aus Russland.

„Amir Sahib", der „Herr Kommandant", wie ihn seine Männer nannten, der erbitterte Feind der *Taliban* und der Sowjetarmee, wurde in einem Grab auf einer Bergkuppe im Pandschirtal beigesetzt. Als wir dort filmen, ist die noch provisorische Grabstätte mit Blumen übersät und das hügelige Umfeld des geplanten Mausoleums mit Panzern umstellt. Ein würdiges, letztes „as salam u aleikum" für einen Kämpfer.

„Wir brauchen keinen König, wir brauchen keine *Taliban*, wir brauchen einen zweiten Massud", sagt einer der Soldaten auf dem Wind umtosten Hügel auf der Grabstätte, die Militär und Arbeiter mit Schaufeln und Gewehren sichern. Der „Löwe" soll endlich Frieden finden. Massuds Gefechte werden sie in Erzählungen verherrlichen, wie ihre Vorväter die Heldentaten dreier Kriege gegen die Briten. Massud wird gefeiert werden, wie ein Popstar im Westen.

In „Hodsch", wie ausländische Journalisten den Grenzort nennen, sind am Tatort die Schmauchspuren noch zu sehen.

Ein Spaziergang in „Hodsch" wird zu einer Zeitreise. Es scheint, als ob jeden Augenblick Alexanders Armee aus dem Wüstenstaub auftauchen könnte. Esel, Kamele und Pferde prägen das Ortsbild. Ein Fahrrad scheint ein Luxusgegenstand zu sein. Die Frauen sind auch hier tief verschleiert. In dieser Welt von gestern wirken internationale TV-Teams wie Aliens.

„Hodsch" ist ein Treffpunkt zahlreicher TV-Stationen, die auch von hier, hunderte Kilometer von Kabul entfernt, über den Afghanistankrieg berichten.

Im Grenzgebiet kommt es zu Gefechten zwischen *Taliban*-Milizen und Truppen der *Nordallianz*, nicht weit entfernt von einem Flüchtlingslager, wo tausende Vertriebene unter zerschlissenen blauen UN-Zeltplanen vegetieren. Zu essen haben sie fast nichts mehr. Viele ernähren sich von Gras.

Diese Sorgen kennen unsere Fahrer nicht. Sie wollen immer mehr Geld, je näher wir dem Grenzfluss Pandsch kommen. Uns wird gesagt, dass die nächste Fähre, ein mit einem Traktormotor betriebenes Floß, erst wieder in ein Paar Tagen übersetzt.

„Wenn ihr heute fahren wollt, kostet das noch einmal tausend Dollar!"
Unser Freund Mudschib wird unverschämt und beginnt uns zu erpressen. Er droht, seine Verwandten, die angeblich für die Grenzabfertigung zuständig sind, würden uns nicht an das tadschikische Ufer lassen.

Nach einem undurchschaubaren Kontrollritual gibt uns der afghanische Grenzposten überraschend problemlos die Pässe zurück, wir springen auf die Fähre und sind unseren Dolmetscher endlich los.

„No problem, Mudschib!"
Am tadschikischen Flussufer langweilt sich ein einsamer russischer Grenzer, dem wir unsere Situation erklären.
Kein Geld, kein Transportmittel, kein Quartier.
Der Unbekannte ist ein Glückstreffer. Als Sowjetsoldat war er in der DDR stationiert, jetzt schiebt er Wache am Grenzposten Nowobraschnaja. Er organisiert uns einen LKW, der uns in die nächstgelegene russische Kaserne bringt, wo wir übernachten. Eine schäbige Baracke der Trostlosigkeit, mehr Gulag als Grenzwache. Das Angebot meiner russischen Zimmerkameraden, mit ihnen vor dem Einschlafen noch rasch ein Fläschchen Wodka zu teilen – „Wodka macht den Menschen zum Russen" –, muss ich krankheitshalber ablehnen. Die russische Gastfreundschaft ist beeindruckend, die Intervention der österreichischen Botschaft hilfreich. Sie erspart uns die Mühen der russisch-tadschikischen Pass- und Zollbürokratie.
24 Stunden später sind wir zurück in unserem Hotel in Duschanbe.
Zum Umfallen müde und erschöpft, um 17 Kilogramm leichter, mache ich noch ein Schaltgespräch mit der *Zeit im Bild 2*.
Vor dem Einschlafen versuche ich bei Arrian das Kapitel nachzulesen, wie Alexanders Soldaten über den Grenzfluss Oxus nach Tadschikistan übersetzen, vor 2.300 Jahren.
„Als Alexander die erste Überfahrt versuchte, schien die Aufgabe unmöglich ..."
Viel scheint sich nicht verändert zu haben. In diesem Augenblick begreife ich auch die tiefere Bedeutung der drastisch-derben Weisheit, die mir ein französischer Kollege nach sieben Hindukusch-Überquerungen mit Schlaf- und Rucksack mit auf den Weg gegeben hatte: *„Am Arsch der Welt funktioniert kein Klo."*
Meine „Reise ans Ende der Nacht" war zu Ende.

VERRÜCKTE WELT

Verfluchte Berge

Verfluchte Berge

Die Reise stand unter keinem guten Stern. Der Flughafen der Hauptstadt war geschlossen, weil angeblich Flugzeuge von Bauern beschossen wurden. Doch das Reiseziel war verlockend. Albanien im März 1997. Das kleine Balkanland war seit Jahresanfang in Aufruhr. Ein Bürgerkrieg drohte.

Die Unruhen wurden durch den Zusammenbruch unseriöser Kapitalanlage-Firmen ausgelöst, die hunderttausende Albaner um ihre Ersparnisse geprellt hatten. Die Gesellschaften waren als „Pyramiden-Spiel" nach dem Schneeballprinzip organisiert. Mit den neuen Einlagen wurden die Zinsen für ältere bezahlt. Die Investment-Banker versprachen hohe Renditen und phantastische Zinsen bis zu zweihundert Prozent pro Quartal, solange eingezahlt wurde. 95 Prozent ihrer Ersparnisse hatten Kleinanleger, ein Drittel der Bevölkerung, den Pyramiden-Gesellschaften anvertraut. Prominente Regierungspolitiker warben für diese dubiose Art des Sparens. Als bei diesem Spiel die Grenze des Wachstums erreicht war, brach das System zusammen.

Die Gesamtsumme der verlorenen Ersparnisse wurde auf über eine Milliarde Dollar geschätzt. Allein die größte der sieben zusammengebrochenen Kapitalanlage-Gesellschaften, die Firma VEFA, kassierte von 80.000 Albanern 300 Millionen Dollar.

Die Pyramiden-Firmen finanzierten mit den ihnen anvertrauen Summen Industrie- und Landwirtschaftsbetriebe. Und mit Geldwäsche den Waffen- und Rauschgiftschmuggel der albanischen Mafia.

Der Gouverneur der albanischen Notenbank bestätigte, dass 65 Prozent des in Albanien zirkulierenden Geldes durch die Pyramiden-Sammelstellen flossen. Mitverantwortlich für diesen Finanzskandal wurde Präsident Berisha gemacht.

Sali Berisha, ein Kardiologe, in den 1960er Jahren ein kleiner Funktionär der Kommunistischen Partei und Professor an der Medizinischen

Fakultät in Tirana, war nach dem Sturz des kommunistischen Regimes seit 1992 der erste nichtkommunistische Präsident Albaniens.

Die Unruhen und Plünderungen im Frühjahr 1997 bringen den autoritären Demokraten und seine Mitte-Rechts-Partei in schwere Bedrängnis.

Das System des „Pyramiden-Spiels" ist auch das System Berisha. Die anrüchigen Anlagefirmen sind mit der regierenden *Demokratischen Partei (DP)* des Präsidenten eng verflochten. Solange diese Unternehmen den Kleinanlegern saftige Gewinne brachten, war der *DP* die Wählergunst gewogen. Dieselben Wähler, ohne Spareinlagen und vor dem finanziellen Ruin, begannen ihren Präsidenten zu verdammen.

Die linke Opposition und ihr unter der Berisha-Regierung wegen Korruption angeklagter und eingesperrter Parteichef Fatos Nano, 1991 26 Tage lang Regierungschef, wittern die Stunde ihres politischen Comebacks und bereiten die Rückkehr an die Macht vor. Die Stunde kommt, als die Quelle des vermeintlich raschen Reichtums mit den unglaublichen Zinsen versiegt und im Land die Volkswut explodiert.

„Berisha, du Dieb! Gib uns das Geld zurück!" lautet eine der Losungen, die aufgebrachte Demonstranten von Shkodër im Norden bis Sarandë im Süden skandieren. Der Volkszorn entlädt sich gegen nichts und alles. Viel zum Zerstören gibt es nicht mehr.

Im Jänner zünden in der zentralalbanischen Stadt Lushnja erboste Demonstranten das Rathaus an und halten den Außenminister fünf Stunden als Geisel fest. Seit Februar ruft die Opposition in Tirana zu täglichen Protesten gegen die Regierung auf. In Vlora, im Süden des Landes, werden Polizisten erschossen, unter ihnen Mitarbeiter des gefürchteten und verhassten Geheimdienstes SHIK. In der Stadt regiert ein dreißigjähriger Bandenchef. Praktischerweise gehört ihm auch der lokale Fernsehsender. In der für den Schmuggel aller Art berüchtigten Hafenstadt Durrës ist der Boss der mächtigsten lokalen Mafiafamilie Chef der Polizei.

Auf verrosteten, kaum noch seetüchtigen Schiffen versuchen verängstigt Verzweifelte über das offene Meer Richtung Brindisi zu fliehen. In der Hoffnung auf ein besseres Leben. Für die Menschenfracht kassiert die lokale Mafia bis zu tausend Dollar pro Person, das Vielfache eines albanischen Durchschnittseinkommens.

Nach Angaben des *UNO-Flüchtlingskommissariats* (UNHCR) setzen sich in diesen unruhigen und gefährlichen Tagen tausende Albaner nach Griechenland und Italien ab. Anfang März ruft das Parlament den Ausnahmezustand aus und fordert die Aufständischen ultimativ auf, die Waffen abzugeben. Die Meuterer denken nicht daran. Das Land versinkt in Anarchie und Chaos.

Von einem Exil-Albaner hatte ich den Tipp bekommen, vor dem Reiseantritt Richtung Albanien in der nordgriechischen Hafenstadt Thessaloniki mich in einem Restaurant mit einem albanischen Informanten zu treffen. Er könnte mir Hintergrundmaterial über den seit Wochen tobenden Volksaufstand liefern und Kontakte zu den Rebellenführern organisieren, wurde mir versichert. Fehlanzeige. Statt eines Ratschlags bekam ich einen Faustschlag. Der ungewöhnliche Informant war ein gewöhnlicher Gangster, der mich überfallen hatte. Kein ermutigendes Rechercheergebnis für den geplanten Ausflug in ein Land in Angst.

Wir waren noch in Griechenland, aber es sah schon aus wie Albanien. Im nördlichen Mazedonien im Grenzgebiet von Kristalopigi.

„Ein Leihauto mit griechischem Kennzeichen darf nicht nach Albanien", klärt uns der griechische Zöllner auf. Wir müssen den Wagen auf der griechischen Seite des Grenzübergangs zurücklassen.

„Ihr wollt nach Korçë? Dort wimmelt es von Banditen!" Der Zollbeamte betrachtet uns skeptisch und schüttelt sein Haupt.

Korçë liegt im wilden Südosten Albaniens, auf einer Hochebene, 800 Meter über dem Meeresspiegel.

„Waren Sie dieser Tage einmal drüben?" fragen wir in der Hoffnung, der Grieche könnte uns über die aktuelle Lage in Albanien Auskunft geben.

„Nein! Seit dem Sturz der Kommunisten sind zehntausende albanische Flüchtlinge illegal zu uns gekommen. Unter ihnen sind Diebe, Mörder und Vergewaltiger. Sie töten, rauben und stehlen."

Ich weiß nicht, ob diese Auskunft des griechischen Zollbeamten stimmt. Ich weiß nur, dass in der nordwestgriechischen Stadt Ioannina 17.000 griechische Soldaten der 8. Division und in Kastoria die 15. Division in Alarmbereitschaft sind, dass zwischen der Insel Korfu und dem südalbanischen Hafen Sarandë Patrouillenboote der griechischen Marine kreuzen. Die Regierung in Athen, aber auch die Regierungen in Serbien, Montenegro und vor allem in Mazedonien, wo ein Viertel der Bevölkerung albanisch ist, befürchten ein Übergreifen der Unruhen auf ihre Staaten.

Das zweite Korps der mazedonischen Streitkräfte im Westen der Republik Mazedonien, die für die UNO provisorisch noch immer „Ehemalige jugoslawische Republik Mazedonien" heißt, ist in höchster Alarmbereitschaft. In Skopje, der Hauptstadt Mazedoniens, geht die Angst um, Rebellen könnten auch die albanisch-mazedonischen Grenzposten besetzen.

Die Regierung in Athen ist besorgt. Hunderte griechische Geschäftsleute haben in Albanien investiert, betreiben Imbissbuden, sind im Straßenbau tätig, handeln mit Elektrowaren, Sanitär- und Haushaltsgeräten.

Außerdem existiert in den von den Unruhen betroffenen südalbanischen Dörfern und Städten eine griechische Minderheit. Über deren Anzahl machen Athen und Tirana unterschiedliche Angaben. Nach griechischen Quellen leben 300.000 griechischstämmige Bürger in Nord-Epirus, wie die Griechen den Süden Albaniens nennen, albanische Quellen nennen 65.000. Die Differenz reicht zurück in die Zeit nach dem Zweiten Balkankrieg 1913, als mittels Sprachenfeststellung versucht wurde, den Streit zu schlichten. Sooft Abgesandte Griechenlands mit Fragebögen erschienen, antworteten die Befragten auf Griechisch, den albanischen Fragestellern auf Albanisch. Es kam auch vor, dass so mancher Dorfbewohner auf Albanisch kundtat, er sei Grieche. Wie immer, in diesen Märztagen 1997 kann für die Sicherheit der Griechen in Südalbanien niemand garantieren, auch wenn Athen und Tirana zum Schutz der griechischen Minderheit ein Jahr zuvor ein Freundschaftsabkommen unterzeichnet haben. Albanien sagte den Bau griechischsprachiger Volksschulen zu, Athen verpflichtete sich, den Status der albanischen Arbeitskräfte in Griechenland zu legalisieren. 300.000 Albaner sollen illegal in der griechischen Schattenwirtschaft tätig sein.

„Ja, sie arbeiten für Billigstlöhne und nehmen uns die Arbeitsplätze weg", sagt der griechische Zöllner.

Die 60 Kilometer nach Korçë führen über die Grenzstation Kapshticë. Der Kontrollposten auf albanischer Seite besteht aus zwei Betonklötzen.

Grenzschützer sind keine zu sehen. Bewaffnete Rebellen auch nicht. Zum Glück warten drei Taxifahrer. Auf wen sie hier im Niemandsland dieses verlassenen Grenzpostens warten, ist mir ein Rätsel.

Wir schleppen unser Gepäck einige hundert Meter zu ihren Autos. Mit einem der Fahrer werden wir handelseins. Herr Bajram wird uns nach Korçë chauffieren.

Wir fahren über eine Straße, die den Eindruck erweckt, als sei sie vor wenigen Stunden bombardiert worden. Der Eindruck täuscht. Es sind Schlaglöcher, die zu reparieren der albanische Staat kein Geld hat. Am Straßenrand sehen wir Geschütze und Bewaffnete.

„Sie passen auf uns auf", sagt Bajram. Eine beruhigende Auskunft. Touristen kommen uns keine entgegen. Pferdefuhrwerke und Esel sind die einzige Abwechslung in der Landschaft, die mit bizarren „Maulwurfshügeln" übersät ist. Es sind die Bunker mit den Schießscharten, die unter der Hoxha-Diktatur auf einen Feind warteten, der nie kam.

Bajram empfiehlt uns in Korçë das alte *Illyria*-Hotel als Nachtquartier. Als wir dort am späten Nachmittag eintreffen, pfeifen uns auf dem Platz vor dem Hotel Kugeln um die Ohren. Die wenigen Menschen, die wir sehen, laufen wirr durcheinander.

Der Hotelpförtner hat vor sich neben der Klingel an der Rezeption eine Kalaschnikow aufgepflanzt und händigt uns mit dem Schlüssel zusätzlich einen Stahlhelm aus. Gemeinsam mit dem Kamerateam bietet sich mir endlich die Gelegenheit, die Unruhen aus nächster Nähe zu beobachten.

„Auf die Straße könnt ihr jetzt nicht", rät der Mann an der Rezeption. Inzwischen auch mit einem Helm gewappnet, zeigt er uns seine Schlafstelle für die kommende Nacht. Zwei Matratzen auf einer Terrasse im ersten Stock. Hier wird er das *Illyria*-Hotel verteidigen. Nur im Hotel gibt es Strom und Wasser. Aber auch im Hotel funktioniert kein Telefon. Die Leitung ist tot.

„Es ist wie im Krieg", sagt unser Wächter und fuchtelt mit seiner Schusswaffe. Der Preis für eine Kalaschnikow fiel von tausend auf drei Dollar, nachdem die Waffenlager der Armeekasernen geplündert worden waren. Landesweit wurden drei Viertel aller Depots und Kasernen ausgeräumt. Die Plünderer erbeuten 450.000 Kalaschnikow-Maschinenpistolen, 200.000 automatische und halbautomatische Gewehre, 60.000 Pistolen und mehrere Millionen Schuss Munition. Eine solide Basis für einen florierenden Waffenhandel am Schwarzmarkt.

Tausende Geschäfte werden überfallen, tausende Verbrecher entkommen aus den Gefängnissen. Tausende Bewaffnete ziehen durch Lebensmittelfabriken und schleppen tonnenweise Mehlsäcke ab. Unser erster Eindruck: Auch in Korçë terrorisiert eine Rebellengruppe die eingeschüchterten Bewohner.

Auf Empfehlung des Kellners gönnen wir uns eine Stärkung im Hotelrestaurant. Die Getränke- und Speisenbestellung fällt nicht schwer. Die Auswahl ist überschaubar. Es gibt nichts, außer Fischkonserven, Wodka und Importbier. Und italienischen Espresso. Ein exquisites und nahrhaftes Nachtmahl. Die ganze Nacht hindurch wird in den Straßen geschossen. In das Krachen der Schüsse mischt sich das Gebell und Gekläff streunender Hunde. Der Gebelfer wird immer lauter. Plötzlich fallen Schüsse direkt vor dem Hotel. Wer warum auf wen schießt, ist für uns nicht erkennbar. Für den Nachtwächter mit Helm auch nicht.

„Es gab heute Nacht vier Tote", erzählt er uns morgens beim Frühstück. In einem Ton, der Schlimmes vermuten lässt.

In Korçë ist die öffentliche Ordnung zusammengebrochen. Nicht zum ersten Mal.

Korçë war in den Balkanwirren des 20. Jahrhunderts ein Sonderfall. Im Ersten Weltkrieg war die Stadt von französischen Truppen besetzt, die von 1916 bis 1920 eine eigene Republik ausriefen.

Aus der Erbmasse des kollabierenden Osmanischen Reiches wollten mehrere Balkanvölker das größte Stück vom Kuchen. Serben, Griechen, Bulgaren und slawische Mazedonier kämpften um die Vorherrschaft. Nach dem Sieg über die Türkei im Ersten Balkankrieg 1912 boten sich die verbündeten Monarchien Serbien, Montenegro, Bulgarien und Griechenland den europäischen Großmächten als neue Ordnungskräfte an. Sie verlangten die Aufteilung der albanischen Siedlungsgebiete, mit der Behauptung, die Albaner seien nicht fähig, einen eigenen Staat zu gründen. Um Serbiens Streben nach einem Adriazugang abzuwehren, wies Österreich-Ungarn diese Forderungen entschieden zurück und sprach sich für einen selbstständigen albanischen Staat aus. Am 28. November 1912 wurde in Vlora unter Führung von Ismail Qemali der Staat Albanien ausgerufen. Ein Jahr später gab es zwei albanische Regierungen mit beschränkten Einflusszonen: in Vlora amtierte Qemali, der Schöpfer der Unabhängigkeit, in Durrës der mächtige Großgrundbesitzer und Clanchef Esad Pascha Toptani, während Mittelalbanien von serbischen Truppen besetzt war. Im Süden setzten die Griechen eine „autonome Regierung von Nord-Epirus" ein. Auf der Londoner Botschafterkonferenz am 29. Juli 1913 wurde schließlich die Souveränität Albaniens anerkannt. Die Zivilverwaltung und das Finanzwesen wurden der Kontrolle der Großmächte unterstellt. Ende Oktober nahm die internationale Kontrollkommission in Albanien ihre Arbeit auf, niederländische Offiziere begannen mit dem Aufbau der Gendarmerie zur Sicherung der öffentlichen Ordnung. Ab November 1913 sollte ein Deutscher für Ordnung sorgen. Prinz Wilhelm zu Wied wurde als Fürst von Albanien eingesetzt. Qemali ging unter dem Druck der Ereignisse ins Ausland, Toptani wurde der Innenminister des Fürsten. Nachdem er im Mai 1914 eine muslimische Revolte inszeniert hatte, musste Toptani nach Italien ins Exil gehen. Wenige Wochen nach Ausbruch des Ersten Weltkriegs verließ der deutsche Fürst Albanien. Das Land geriet zwischen die Fronten und verfiel in Anarchie. Montenegro und Serbien überfielen den Norden Albaniens, Italien besetzte die Stadt Vlora, Griechenland den ganzen Süden. Österreich-Ungarns Truppen verfolgten 1918 die serbische Armee bis Nord- und Mittelalbanien. Von Thessaloniki aus eroberten 1916 französische Truppen Korçë und errichteten eine autonome Verwaltung.

Korçë war ein Zentrum der albanischen *Rilindija-Bewegung*, deren Ziel die Befreiung von der Türkenherrschaft war. 1887 wurde in Korçë die erste Volksschule eröffnet, in der auf Albanisch unterrichtet wurde. Französische Kultur hatte in der Stadt eine lange Tradition. Der bekannteste Absolvent des Lyzeums war Enver Hoxha, der in den 1930er Jahren nach einem nicht abgeschlossenen Studium in Montpellier Französischlehrer an seiner ehemaligen Schule wurde, später Partisanenführer und nach dem Zweiten Weltkrieg bis 1985 Europas seltsamster Diktator. Auch unter Hoxha lag Albanien in Europa, war aber 45 Jahre ein Kontinent für sich, der bis 1991 unter der Isolation einer stalinistischen Tyrannei erstarrt war.

„Unter Hoxha war es besser als unter Berisha", sinniert der Mann an der Rezeption im *Illyria*-Hotel von Korçë. Mit Helm und Kalaschnikow. „Ich konnte auf die Straße gehen, ohne Angst, erschossen zu werden. Verstehen Sie mich recht. Ich habe Berisha gewählt."

Als Anhänger Berishas gibt sich auch unser Taxifahrer Bajram zu erkennen. Vielleicht ist es keine gute Idee, ausgerechnet ihn zu bitten, uns nach Tirana zu fahren. Doch bisher hat sich sein Organisationstalent zu unserer Zufriedenheit bewährt. Wir einigen uns über die von ihm geforderte Gefahrenzulage und machen uns auf die Reise. Für eine Besichtigungstour in Korçë bleibt keine Zeit, obwohl es einige Sehenswürdigkeiten gibt, wie den alten Bazar in Hotelnähe. Es ist aber nicht der Tag der Mußestunden für das Erkunden von Tourismuspfaden.

Wir fahren zum Krankenhaus. Vor dem Eingang lungern mit Karabinern bewaffnete Posten. Sind sie Mitglieder des Stadtkomitees, das für die Wiederherstellung von Recht und Ordnung sorgt, wie uns versichert wird, oder sind sie Plünderer, die Pause machen? Wir wissen es nicht. Auf den einst hellgrün ausgemalten Gängen des Spitals bröckelt der Putz, sind die Fensterscheiben eingeschlagen, die Holzverkleidungen der Schautafeln herausgerissen, die Sitzbänke zertrümmert. Ärzte und Krankenschwestern wirken rat- und hilflos. Wie ihre Patienten, die, so will mir scheinen, unversorgt an Schläuchen hängen.

„Wir haben keine Medikamente, alles wurde gestohlen, wir können nicht operieren", sagt eine Krankenschwester und führt uns zum Bett eines Patienten, der sich vor Schmerzen krümmt.

„Veshkë, veshkë!"

Ich verstehe nicht, was die Schwester meint. Erst ein Blick in mein Albanisch-Wörterbuch klärt mich über das Leiden des Schwerkranken auf. Laut Übersetzungshilfe windet sich der Bedauernswerte unter unerträglichen Nierensteinschmerzen. Und kann medizinisch nicht betreut werden. Auch ein zehnjähriger Bub nicht. Er hatte mit einer Handgranate gespielt, die auf der Straße lag. Sie explodierte. Von seiner linken Hand ist nur der Daumen und ein Stück Zeigefinger geblieben.

Um dieses gefilmte Krankenhaus-Leid und den Bericht über die außer Kontrolle geratene Lage möglichst rasch in das ORF-Zentrum nach Wien überspielen zu können, müssen wir weiter in das 150 Kilometer entfernte Tirana. Dort warten die Satellitenübertragungswagen.

„Hoffentlich warten keine Räuber auf uns", scherzt Bajram, als wir den Weg Richtung Pogradec entlang des Ohridsees im Osten Albaniens einschlagen.

Die Region um Korçë ist seit eh und je für Straßenraub bekannt. Räuberbanden des 19. Jahrhunderts haben sich in dieser Gegend einen legendären Ruf erworben. Ende des zwanzigsten ist es nicht viel anders, wenn gemeldet wird, dass im Süden des Landes 2.000 Sträflinge aus Haftanstalten entkommen sind. Ein unschöner Kontrast zur Schönheit des friedlichen Landstrichs, der alle Voraussetzungen eines idealen Erholungsgebietes für Ruhe suchende Touristen hätte. Eine unberührte Berg- und Seenlandschaft mit wild wachsenden Kräutern in urwüchsig ungekünstelten Dörfern, in denen Kinder Esel über staubige Pfade jagen. Für Touristen aus reichen Ländern ein Urlaubsmotiv: Dritte-Welt-Armut in Europa.

„Hier gab es den besten Fisch und das beste Wild", schwärmt Bajram.

„Wieso gab?"

„Weil zu Hoxhas Zeiten keine Autos unsere Luft verpesteten!"

Hoxhas Albanien war ein Land der Radfahrer. Bis Anfang der 1990er Jahre war diese kleine Welt stalinistischer Entrücktheit vom Rest der Welt abgeschnitten. Eine Stalin-Büste schmückte die von den Italienern gebaute Hauptstraße in Tirana, zu einem Zeitpunkt, als in Osteuropa bereits das Mehrparteiensystem eingeführt wurde. Ramiz Alia, Enver Hoxhas Nachfolger, sah zwar mit Sorge, aber auch mit naivem Selbstvertrauen auf die politischen Turbulenzen im ehemaligen Ostblock. Alia und sein Führungsteam hingen der Utopie nach, ihr Regime noch retten zu können, auch wenn die Hinrichtung des rumänischen Diktatoren-Ehepaares Ceauşescu im Dezember 1989 in Bukarest die Führungsriege in Tirana für kurze Zeit nachdenklich gestimmt haben soll. Hoxhas Erben versuchten die Isolation ihres 28.000 Quadratkilometer großen Kleinstaates in letzter Minute zu durchbrechen. Tirana nahm diplomatische Beziehungen zu den USA und der Sowjetunion auf. Doch die politische Kehrtwende kam für die Diktatur, die den ersten atheistischen Staat der Welt proklamierte und die Aufnahme von Krediten verbot, zu spät. Das Land war bankrott, die verarmte Bevölkerung verzweifelt. Das Rad der Geschichte ließ sich nicht mehr zurückdrehen.

Im April 1990 erlaubte die Regierung der seit fünf Jahren in der italienischen Botschaft ausharrenden Familie Popaj die Ausreise nach Italien. Drei Monate später waren 5.000 Albaner auf dem Botschaftsgelände. Der Zusammenbruch des Regimes brachte den Zusammenbruch der staatlichen Autorität. Erstmals fühlten sich die Albaner frei, aber empfanden diesen Freiraum zunächst wie der Haftentlassene in einem Lied des 1980 verstorbenen russischen Liedermachers Wladimir Wyssotzki, Breschnews ungeliebtem Puschkin: *„Sie gaben mir gestern die Freiheit, aber was fang ich morgen damit an?"*

Die Albaner fingen an, in langen Kolonnen durch die Hochebenen Richtung Küste zu ziehen, in den Hafen von Durrës, wo sie die Boote stürmten, die sie an das andere Ufer der Adria bringen sollten, nach Italien, dessen Lebensart sie nur aus den Programmen des italienischen Fernsehens kannten. Das Land der Sehnsucht mit einem unvorstellbar scheinenden Warenangebot, während in der Heimat die Geschäftsregale mit grünen Paradeisern und verschimmelten Ölflaschen bestückt sind. Wer eine Flasche Milch ergattern will, muss sich um drei Uhr früh vor den meist leeren Geschäften anstellen. Nach vier Wochen Generalstreik ist die Industrieproduktion lahm gelegt, es gibt keine Rohstoffe und Ersatzteile. Nach der Auflösung der landwirtschaftlichen Genossenschaftsbetriebe wissen die Bauern nicht, wie sie ihre Parzellen bearbeiten sollen. Ohne Saatgut und Maschinen. Nach vierzig Jahren selbst gewählter Isolation suchte Albanien Hilfe im Ausland.

Im Dezember revoltierten an der Universität in Tirana die Studenten. Einer der ersten, der sich ihren Protesten anschloss, war der Filmregisseur Kujitim Çashku. Im Sommer 1989 hatte ich ihn während der Dreharbeiten für seinen Spielfilm *Balada e Kurbinti*, einen Kostümschinken über das Wüten der Osmanen im Albanien des 17. Jahrhunderts, begleitet.

„Die Bürokratie im Kunstbereich ist ein ewiges Problem. Auch bei uns. Sogar jetzt, wo wir uns bemühen, die künstlerische Qualität zu erhöhen, müssen wir gegen das Mittelmaß kämpfen", beklagte der in Belgrad und Bukarest ausgebildete Filmemacher. Mehr an öffentlicher Systemkritik war im Sommer 1989 gegenüber einem Ausländer noch immer zu gefährlich. Beim Interview war der zugeteilte schnüffelnde Parteiapparatschik des Sicherheitsdienstes stets präsent, allerdings schon mit der Bitte, ich möge ihm bei meiner nächsten Albanienreise heimlich eine *Playboy*-Ausgabe mitbringen. Ein Jahr später war Kujitim Çashku einer der Mitbegründer des *Forums für die Verteidigung der Menschenrechte*, die alte Geheimdienstgarde sah sich nach neuen Jobs und Aufgaben um.

Was als Ruf nach besseren Lebensbedingungen in den Studentenheimen begann, endete mit politischen Forderungen. Im Dezember 1990 erlaubte die Regierung die Bildung unabhängiger politischer Organisationen.

Der Niedergang der staatlichen Autoritäten hatte auch zum Zusammenbruch der Staatswirtschaft geführt. Die freiheitstrunkenen Menschen wollten nicht auf Reformen warten, sie privatisierten auf eigene Faust, stürmten Staatsbetriebe und Fabriken, auch Schulen. Die niedergerissenen Gebäude dienten als Rohstoffquelle und Baumaterial. Die Führung der zu Sozialisten mutierten Ex-Kommunisten nannte sich jetzt *Partei der Arbeit* und kämpfte mit Berishas *Demokratischer Partei* um die Macht. Die Genossen von gestern wollten künftig Herren sein. Es reichte nur zu Gentlemen-Gaunern.

Die kommunistische Führung muss im Juni 1991 auf Druck der Arbeiter ihr Machtmonopol an die erste Mehrparteien-Regierung abtreten, freie Gewerkschaften entstehen. Ein Jahr später, nach dem Sieg der oppositionellen Demokraten, wird mit prominenten Exponenten des kommunistischen Apparats abgerechnet. Der Parteichef der Sozialisten kommt vor Gericht und wird verurteilt.

Das ist das Land, in dem unser Fahrer Bajram auf dem Weg nach Tirana ins Schwärmen gerät: von neuen Verdienstmöglichkeiten nach dem Ende der Unruhen, wenn Massen von Urlaubern in das Land strömen werden.

Die ersehnte Urlaubsidylle in dieser wild romantischen, aber krisengeschüttelten Gegend bleibt ein imaginäres Wunschbild. Noch stören und verschandeln Fabrikruinen und Autowracks das Landschaftsbild. Ökologie muss in dieser Region der um ihr Hab und Gut betrogenen Menschen wie ein Modewort aus der Konsumwelt des Westens klingen, deren zur Schau gestellten Wohlstand die albanische Bevölkerung aus den Werbespots des Fernsehens kennt, aber offenbar falsch interpretiert. Mir scheint, im albanischen Raubkapitalismus versucht der Mensch wie im Westen zu leben, aber nicht wie im Westen zu produzieren.

Rasch holt uns während der Weiterfahrt Richtung Librazhd aus der abstrakten Welt der Wirtschaftstheorien die Realität der albanischen Gebirgswelt in den rauen albanischen Alltag zurück. Librazhd liegt in einer Landschaft von betörender Schönheit, über einer bewaldeten Schlucht, eine prachtvolle Kulisse für Naturfreunde, weniger für Reporter, die im März 1997 dieses Naturjuwel passieren. Das Städtchen ist zu diesem Zeitpunkt eine Rebellenhochburg.

Auf einer abgelegenen Bergstraße stoppen uns mehrmals wenig Vertrauen erweckende, unsympathische Gestalten, doch Bajram kennt das Gesetz des Handels dieser Gesellschaft von Stämmen und Stammesorganisationen. Ohne Diskussion überreicht er den uniformierten Strauchdieben unaufgefordert einen bestimmten Geldbetrag. Vermutlich die ortsübliche Schutzgeldgebühr, die Taxifahrer auf dieser Strecke entrichten müssen, wenn sie Auto, Job und Leben nicht verlieren wollen.

Als wir nach sechs Stunden Fahrt am frühen Abend über das holprige Pflaster Tiranas rumpeln, sieht die Stadt auf den ersten Blick aus, als wäre Enver Hoxha noch am Leben. Keine wie sonst verrückt hupenden Autofahrer kreisen im Stadtzentrum am Skanderbegplatz, keine Geldwechsler gehen mit Bündeln von abgegriffenen Lek-Scheinen ihren dunklen Geschäften nach. Die Allee, an der die Regierungsgebäude und das unter der Herrschaft der Kommunisten als Haus für Staatsgäste geführte Hotel *Dajti* liegen, ist menschenleer. Bis auf einige wenige Uniformierte und einige Typen in Zivil, die nicht verbergen können, dass ihre Jacken mit Pistolen gepolstert sind, ist kein Mensch auf dem *Boulevard der Märtyrer* zu sehen. Nur auf dem Platz, wo früher die bronze-goldene überlebensgroße Hoxha-Statue den Untertanen huldvoll-irreal zuwinkte, dreht sich jetzt ein farbenfrohes Ringelspiel. Ohne Kinder.

Skanderbegplatz, 20. Februar 1991: ein Mann steigt auf das sechs Meter hohe Denkmal und wirft ein Stahlseil um den Hals der Statue. Das andere Ende des Seils wird an einem Lastwagen festgezurrt. Nach mehreren Versuchen stürzt der Koloss. Eine aufgebrachte Menschenmenge bringt die Statue des verhassten Tyrannen zu Fall. Und mit ihr das ganze System seiner Herrschaft. Die symbolische Abrechnung mit der Vergangenheit und dem 1984 verstorbenen Diktator.

Als wir an diesen Tagen der Revolte, Mitte März 1997, sechs Jahre nach dem Sturz der Hoxha-Statue um den Skanderbegplatz fahren, lässt sich vor dem nah gelegenen Hotel *Tirana* und in seinem italienischen Restaurant kein Gast blicken, auch kein Kellner. Auf dem Berg Dajti, dem 30 Kilometer vom Stadtzentrum entfernten beliebten Ausflugsziel, wütet ein Waldbrand. Niemand scheint sich um die ausbleibenden Löscharbeiten zu kümmern. Keine Feuerwehrleute melden sich zum Dienst. Kein offizieller Wachbeamter bleibt auf seinem Posten. Nirgendwo. Nicht im Regierungsviertel mit dem Präsidentenpalast, zu dem Normalsterblichen der Zutritt zu Zeiten des Diktators strengstens verboten war. Nicht in den Parkanlagen, die vor wenigen Jahren noch den Funktionären vorbehalten waren. Dort wuchern jetzt in Dreierreihen illegal errichtete Cafés und Glücksspielhallen. Von einer Verkaufsbude mit Bar sind nur noch rauchende Trümmerreste zu sehen. Der Besitzer hat wohl nicht genug Schutzgeld gezahlt.

Schräg gegenüber, auf der anderen Seite des Boulevards, beschützt die betriebseigene Wachmannschaft das Hotel *Europapark*, wo wir Quartier finden. Diese Nobelherberge unter österreichischer Führung ruht wie eine surreale Oase mit Palmen, Springbrunnen und Swimmingpool, abgeschirmt hinter einem hohen schmiedeeisernen Zaun, inmitten von Armut, Chaos und Elend. Einer der wenigen für Ausländer sicheren Plätze in diesen Tagen des Aufruhrs in Tirana. Nur ausgewählt kontrollierte Taxifahrer haben zum Hotelgelände Zutritt.

„Hallo, hallo", begrüßt mich Ilir, ein hilfsbereiter dienstbarer Geist, mit dem ich bei früheren Albanien-Besuchen im Land unterwegs war. Als LKW-Fahrer war er in jungen Jahren einmal im Kosovo.

„Now I learn English ", zeigt er mir voll Stolz ein schmuddeliges, zerknittertes Lehrbuch mit der Bitte, seine Aussprache der wichtigsten Englischsätze zu kontrollieren oder zu korrigieren. Und dann zeigt er mir noch etwas. Etwas, das weniger zum Nachschlagen ist. Eher zum Zuschlagen.

„Das habe ich mir heute aus einer Kaserne geholt." Einen Revolver zur Selbstverteidigung. Ich vermute, dass es nicht sein einziger ist.

„Ein Mann ohne Waffe ist nackt", erläutert Ilir die für mich schwer nachvollziehende kindische Freude von Erwachsenen, die mit erbeuteten Sturmgewehren ziellos herumballern. Niemand hindert sie daran. Keine staatliche Autorität, keine Armee.

Es ist nicht klar, welche politischen Ziele die Bewaffneten mit ihrer nicht ungefährlichen Knallerei in Tirana erreichen wollen. Selbst vor einer verirrten Kugel ist niemand gefeit. Im Süden sind die politischen Forderungen eindeutig: Die Revolvermänner wollen den Rücktritt des Präsidenten erzwingen.

Im Vormonat hatte ich in Vlora Gelegenheit, einen dieser neuen Volkshelden und Führer des Aufstands kennen zu lernen.

Er stellte sich als Albert Shyti vor. In einem modisch-grauen Sakko und mit schwarzem Hemd sah der knapp dreißigjährige Schönling mit welltem schwarzem Haar eher aus wie der jugendliche Held in einer Seifenoper, nicht wie der „Vorsitzende des Rettungskomitees" von Vlora. Nach einem mehrjährigen Griechenland-Aufenthalt war er in seine Heimat zurückgekehrt – und verlor seine Ersparnisse im „Pyramiden-Spiel".

Das Büro des Komitees war in einer gelb gefärbten, leer stehenden Schule untergebracht, die wie eine seit Jahrzehnten nicht benutze Baracke aussah.

Zum Interview kommt der Rebellenführer in ein Klassenzimmer, bewacht von zwei grimmig dreinblickenden Kumpanen. Der Leibwächter rechts von ihm, mit Sonnenbrille und brauner Lederjacke, lässt sich lässig auf einer Schulbank nieder, der zweite steht mit seinem Karabiner vor der grünen Tafel, wie ein strenger Oberlehrer, der die Intelligenz des Prüflings taxiert. Der Prüfling bin in diesem Falle ich. Albert und seine Guerilla-Gang sind die neuen Herren in Vlora.

„Wir repräsentieren die Mehrheit des Volkes. Berisha ist für das ganze Elend verantwortlich. Auch für die Ermordung von Polizisten in unserer Stadt", sagt der fesche Papagallo-Typ. Beweise für seine Behauptung hat der Komitee-Vorsitzende nicht, braucht er auch nicht. Der Mann mit der braunen Lederjacke nickt, der Mann mit dem Karabiner lächelt. In Vlora ist die Kalaschnikow das stärkste Argument.

„Wir wollen den Rücktritt Berishas oder seinen Tod! Er hat Vlora mit Blut getränkt. Er trägt für dieses Blutvergießen die politische Verantwortung." Das politische Programm der Aufständischen klingt revolutionär.

„Wir sprechen für das Volk. Für alle Klassen der Gesellschaft. Wir unterstützen die Forderungen der Bevölkerung, das gestohlene Geld zurückzugeben."

Seine Forderung kommt aus den Gewehrläufen.

„Im Rettungskomitee sitzen Mitglieder des früheren Geheimdienstes *Sigurimi*, der uns bis 1991 terrorisiert hat", flüstert mir ein älterer Herr zu, mit dem ich Richtung Stadtzentrum bummle.

„Nieder mit Berisha!" brüllen dort hunderte Demonstranten vor einem Denkmal.

Shyti greift zum Mikrofon und peitscht seine Anhänger und Bewunderer auf. Die regierungsfeindliche Anti-Berisha-Stimmung schlägt in Hass um.

„Weg mit Berisha! Weg mit dem Verräter! Wir wollen unser Geld zurück!"

Die aufgebrachte Menge dreht den Daumen nach unten, wie bei den Gladiatorenspielen im antiken Rom. Circus maximus in Vlora.

„TV-kurvë, TV-kurvë!" beschimpft und bespuckt mich ein Demonstrant. Der Dolmetscher verschweigt vornehm die Übersetzung. Es sind nicht die freundlichsten Sätze aus dem Schimpfwortreservoir des aufgebrachten Demonstranten.

Albaner demonstrieren gegen das zusammengebrochene „Pyramiden-Spiel" in Fieri, März 1997

Geplünderte Armeebestände während der Unruhen in Albanien, Frühjahr 1997

Regierungsfeindliche Demonstrationen in Albanien, Frühjahr 1997

Überleben in einem der ärmsten Länder Europas: Eine Maschinenfabrik in Kukës, Nordalbanien, 1997

Was vom allmächtigen Diktator blieb: Enver Hoxhas Grab in Tirana, 1997

Lachende Kinder vor Enver Hoxhas Grab auf dem Stadtfriedhof von Tirana:
Sic transit gloria mundi

Fast die Hälfte der 80.000 Einwohner hat inzwischen die Stadt verlassen. Aus Angst vor den selbst ernannten Rettern.

Vlora lebt in Angst.

Tagsüber sind in der Stadt Schüsse zu hören. In der Nacht überfallen bewaffnete Banden Häuser und Wohnungen auf der Suche nach jungen Frauen und Bargeld.

Barrikaden aus Autoschrott und Autoreifen sollen Schutz vor einem befürchteten Armeeeinsatz bieten.

In der *Rruga Adriatiku*, einer Zufahrtsstraße zum Hafen, stinken Müllhaufen an Hausecken, der Straßenbelag ist aufgerissen, das Gehsteigpflaster nur noch ansatzweise vorhanden. Im Hafen verrosten Kräne und Lastwagen. Einen klapprigen Kahn am Kai will mein Kameramann nicht filmen. Zu gefährlich. Im rostigen Schinakel organisieren Mafiosi eine illegale Überfuhr nach Italien.

Angst und Realitätsverlust treibt die zur Flucht Entschlossenen in die nahe Fremde. In Vlora wollen sie keine Stunde länger bleiben. Geschäfte, Lagerräume, Banken und Kasernen sind geplündert, das Rathaus ist ausgebrannt, die Infrastruktur zusammengebrochen.

Was wie eine spontane Revolte wirkt, scheint von langer Hand vorbereitet, doch außer Kontrolle geraten zu sein.

„Kommunisten und Spione aus dem Ausland sind für die Unruhen verantwortlich", sagt uns Präsident Berisha im Interview. Staatstragend trägt er einen schwarzen Anzug, schwarze Lackschuhe und eine schwarze Krawatte mit blauen Tupfen. Den großen Schreibtisch in seinem Präsidentenbüro in Tiranas Regierungsviertel schmückt eine weiße Mini-Statue des Nationalhelden Skanderbeg und ein rotes Fähnlein mit dem schwarzen Doppeladler, Albaniens Nationalflagge.

„Wir brauchen freie Wahlen, doch bewaffnete Mafiagruppen in den Reihen der Sozialisten wollen diese Wahlen verhindern", behauptet Präsident Berisha mit zusammengezwackten Augen und macht ein griesgrämiges Gesicht, als könne er seinen eigenen Aussagen nicht glauben.

Der Präsident könnte gegen die Aufständischen die Streitkräfte einsetzen, doch er kann seinen Soldaten nicht trauen. Sie sind nicht nur zu schwach und zu schlecht gerüstet, sie laufen davon und desertieren. Viele Soldaten gehen schnurstracks nach Hause. Sie wissen nicht, welchen Befehlen sie gehorchen sollen. Offiziere scheinen mit Plünderern gemeinsame Sache zu machen.

Die Armee ist in den Jahren der Präsidentschaft Berishas von 90.000 auf 35.000 verringert worden. Der Abbau hatte wirtschaftliche und politische Gründe. Für eine moderne Ausrüstung fehlte das Geld, die kommunistischen Kader wurden gesäubert, einige entlassene Ex-Offiziere aus ihren Reihen tummeln sich in den südlichen Unruhegebieten.

„Berisha hat den Aufruhr mit seiner Geheimpolizei provoziert. Doch die Armee folgt ihm nicht, die Polizei und Geheimpolizei auch nicht. Die Leute sind der Meinung, solange wir keine neuen Autoritäten haben, werden wir auch die Waffen nicht abgeben. Das wird erst nach den Wahlen der Fall sein", behauptet Berishas gefährlichster politischer Gegner. Fatos Nano, der Chef der ex-kommunistischen Sozialisten, soeben aus dem Gefängnis geflohen und nach der Flucht unter den Fittichen des Paten von Durrës, lässt keinen Zweifel aufkommen, dass er zu diesen Autoritäten zählt.

Fatos Nano begann seine Karriere als marxistisch-leninistischer Wirtschaftswissenschaftler. Er schrieb zwei Bücher, an die er nach dem Ende der Einparteiendiktatur nicht gern erinnert werden will. Eines gegen die Wirtschaftreformen in China der späten 1970er Jahre, das andere gegen Gorbatschows Reformpolitik der Perestrojka.

Das Interview gewährt uns Fatos Nano im Hotel *Europapark*. Vermittelt hat das Treffen der österreichische Generalmanager des Hotels. Ein taktvoller, hilfsbereiter, weißhaariger Gentleman, der in stoischer Abgeklärtheit den Eindruck vermittelt, als einziger in dem Wirrwarr von Korruption, Geheimdienstintrigen und Gewaltexzessen den Überblick zu haben.

Mit albanischen Verhältnissen nicht Vertraute werden nämlich den Verdacht nicht los, dass in Tirana die Politiker noch immer verhandeln, während die Gangster längst handeln.

„Wir sind optimistisch, dass nichts passieren wird. Es hat an der Hotelfassade einige Kratzer durch Querschläger gegeben, aber das ist nicht der Rede wert", sagt der Chef des Hotels *Europapark*.

Sein Haus ist ein Treffpunkt von Diplomaten, ausländischen Journalisten, einheimischen Dolmetschern, internationalen Verhandlungsdelegationen und um größte Diskretion bemühte Herrschaften, deren mit

Sonnenbrillen verdeckten Augen man ansieht, dass sie mehr beobachten als sie zu sehen vorgeben. Die *Piano-Bar* ist ein gemütlicher Treffpunkt, das Restaurant *Apollonia* ein balkanischer Gourmettreff mit europäischen Preisen. Unter den exzellenten Gerichten auf der Speisekarte verrät das Angebot „Kärntner Kasnudel" die Herkunft des Hoteleigentümers. Eine Kapelle, ältere Herren, die wie verarmte pensionierte Musiklehrer aussehen, verwöhnt mit einschmeichelnden Operettenmelodien und gibt Kostproben ihres vielfältigen Repertoires. Auf Wunsch spielt die Altherren-Band auch die Klassiker aus dem Fundus nicht mehr ganz zeitgemäßer russischer Partisanenlieder. Eine angenehme Atmosphäre. Internationale Experten und Ratgeber lassen sich Langustenschwänze und Parmaschinken schmecken, bis Mitternacht mit erlesenen Getränken verwöhnen. Und auf die Straßen in das Landesinnere müssen sie auch nicht, wenn es zu brenzlig wird. Es genügt, den Fernseher mit Satellitenempfang im Zimmer aufzudrehen, der zeigt, was außerhalb des Hotelzauns läuft.

Trotzdem, Bajram, unser Taxifahrer aus Korçë, fühlt sich in diesem Ambiente nicht wohl. Tirana ist ihm zu gefährlich, das Hotel viel zu teuer. Er will zurück in seine Heimat im Süden. Er fürchtet um das Leben seiner Familie. Wir verstehen ihn und verabschieden uns von ihm.

Im Kulturhaus von Tirana bemüht sich indes ein österreichischer Regisseur um die Wiederaufnahme des Opernbetriebs. Seine *Don-Giovanni*-Inszenierung aus dem Vorjahr war ein Erfolg, musste aber nach neun Vorstellungen abgesetzt werden. Der albanische Spielleiter war mit der Dramaturgie überfordert.

„Die Korruption, die Korruption!" seufzt Paul, der österreichische Regisseur in Tirana. Statt Don Giovannis Höllenfahrt bietet das Opernhaus albanischen Operfreunden Kulturreisen nach Italien an. Im Tausend-Dollar-Arrangement ist das Visum inbegriffen. So mancher albanische Opernfreund versteht dieses Angebot als einzigartige Gelegenheit, legal in das Land Verdis zu kommen – und dort zu bleiben.

Auf der untersten Stufe der Treppe, die zum Kulturhaus führt, sitzt ein alter Mann mit Pullmankappe. Vor sich eine Badezimmerwaage.

„Ein Dollar, Mister!"

So viel verlangt er vom Ausländer für einmal Abwiegen. Man ist beschämt und gibt ihm zwei, um das eigene schlechte Gewissen zu beruhigen.

Nach aufregenden Stunden in Tirana wollten auch wir wieder in den Süden. Zurück nach Korçë und dann weiter nach Gjirokastër.

In einem Mietwagen mit mazedonischem Kennzeichen verlassen wir um sieben Uhr früh den Osten Tiranas, vorbei am Denkmal der *Mutter Albania*, einem 12 Meter hohen Ehrenmal aus weißem Stein, auf dem Hügel mit dem *Friedhof der Märtyrer.* Zu Füßen der Statue schlafen neunhundert Partisanen ihren letzten Schlaf. Einer war inzwischen abhanden gekommen. Der jahrzehntelang mächtigste in der albanischen Partisanenhierarchie. Enver Hoxhas sterblichen Überreste wurden 1992 ausgebuddelt und im städtischen Friedhof auf Parzelle 2 umgebettet. Erst hier ist der Götze, der keiner war, endgültig tot. Einen toten Diktator in einem Allerweltsgrab fürchtet niemand mehr. Kinder lachten und spielten vor seinem Grab, als wir den schmucklosen weißen Grabstein filmten. Dieser unauffällige Totenacker mit Hoxhas Grabstein liegt in der Nähe einer Slumsiedlung.

Seine Witwe war zu Jahresbeginn vorzeitig aus der Haft entlassen worden. 1993 wurde Nexhmije Hoxha wegen Machtmissbrauchs und Veruntreuung öffentlicher Gelder zu einer elfjährigen Gefängnisstrafe verurteilt. Laut einem 1985 veröffentlichten Artikel im *Albanischen Enzyklopädischem Wörterbuch* war Nexhmije Hodscha eine „*hervorragende Aktivistin des Antifaschistischen Nationalen Befreiungskampfes und des sozialistischen Aufbaus, eine der Organisatorinnen der Partei und eine der wichtigsten Führerinnen der albanischen Jugend und der albanischen Frauen, Gattin und Mitarbeiterin des Genossen Enver Hoxha ...*"

Als wir sie in ihrer wieder gewonnenen Freiheit in einem abgewohnten Haus antrafen, war ihr nur noch die *Aktivistin* anzumerken. Sie trug eine altmodische Brille, einen zerschlissenen grauen Mantel und gab sich kämpferisch.

„Berisha zerstört unser Land, die Leute aus dem Norden machen Albanien kaputt", urteilte die aus der Haft entlassene Stalinistin über den Präsidenten, der sie aus der Haft entlassen musste.

Der Machtkampf zwischen den beiden war auch ein Beispiel für die sprachlichen und gesellschaftspolitischen Differenzen zwischen Nord- und Südalbanien, zwischen der Bevölkerungsgruppe der Gegen im Norden und der Tosken im Süden. Sali Berisha kommt aus dem Norden, die Hoxha-

Familie stammt aus dem Süden. Die Machtbasis der Kommunisten lag traditionell im Süden. Aus Gjirokastër stammte Enver Hoxha, aus Gjirokastër stammt Fatos Nano.

Die seit Jahresbeginn schwelenden Unruhen dokumentieren auch in Gjirokastër die Hilflosigkeit der staatlichen Behörden. Der Polizeichef wirkt in seinem Amtssitz in der Altstadt ziemlich einsam, wenn er klagt, dass mehrere seiner Kollegen ihre Uniformen ausgezogen haben und nicht mehr zum Dienst erscheinen, weil sie sich schämen, Polizisten zu sein.

Auch in Gjirokastër waren Studenten in den Hungerstreik getreten und hatten sich den Forderungen der Aufständischen von Vlora angeschlossen. Professoren, Arbeiter, Arbeitslose und Geschädigte des „Pyramiden-Spiels" folgten ihnen. Keiner hatte Angst vor der Geheimpolizei. Der Protest war ein Aufschrei gegen jahrzehntelanges Elend, gegen jahrzehntelange Unterdrückung. Die Schulen waren geschlossen, Geschäfte und Restaurants gesperrt, die Bauern vom Bazar verschwunden. Vor der Universität versammelten sich Frauen mit brennenden Kerzen. Enver Hoxhas Geburtsstadt war seit Jänner nicht wieder zu erkennen. Wir wollten wieder dorthin.

Wir kamen nur bis zu einer Kurve zwischen Qukës-Shkumbin und Përrenjas.

Alles ging blitzschnell. Fünf Maskierte stoppen unser Fahrzeug, ballern mit ihren Kalaschnikows Angst einflößend in die Luft, zwingen uns zum Aussteigen, reißen vom Mietauto das mazedonische Kennzeichen und brausen davon. Eine Staubwolke, die uns ins Gesicht bläst, ist ihr Abschiedsgruß. Kamera weg, Gepäck weg, Ausrüstung weg, sprichwörtlich ausgeraubt bis auf die Unterhose.

Das war er also, der berüchtigte Raubüberfall auf Albaniens *Verfluchten Bergen*, wie ich ihn bisher nur aus der Reiseliteratur kannte.

Uns bleiben zwei Wanderrouten. Zur mazedonischen Grenze oder zurück nach Tirana. Wir beginnen Richtung mazedonische Grenze zu marschieren, weil es näher ist, bis uns nach Abklingen des ersten Schocks einfällt, dass wir keine Pässe mehr haben.

Wir stehen ratlos am Straßenrand und blicken in einen Abgrund. Und sind glücklich, nicht am Grund der Schlucht stehen zu müssen, 80 Meter tiefer, wo uns keiner so bald gefunden hätte. Lebend oder tot. Vermutlich eher tot. Wir schwanken zwischen Resignation und Fatalismus und beginnen widersinnig, aber hoffnungsfroh Richtung Tirana zu trotten. Wir beginnen zu rechnen, wann wir dort eintreffen werden. Vielleicht in drei Tagen oder erst in einer Woche. Nur noch etwas mehr als hundert Kilometer Fußmarsch trennen uns vom Ziel.

Nach Stunden erreichen wir das Städtchen Librazhd. Das kennen wir schon von der Anreise. Und erleben, was albanische Gastfreundschaft bedeutet. Jetzt sind wir ärmer als die Armen von Librazhd, die gegen ihre Verelendung rebellieren. Auf offener Straße umringt uns eine neugierige Menge.

„Banditi, banditi! Kusar, kusar!" versuche ich mich irgendwie verständlich zu machen und den Überfall zu erklären.

„Me falni, nuk kuptoi!" Ich verstehe die Unbekannten nicht, aber sie verstehen überraschenderweise mich. Sie bringen uns Essen und Getränke und wünschen ein gutes Weiterkommen. Und erwarten eine kleine Spende, die ich peinlicherweise aus meinem geheimen Unterhosenversteck hervorkramen muss. Die erforderlichen Dollarscheine für den Kauf von Zigaretten, Bier und Schnaps.

„Mirupafshim!" Auf Wiedersehen!

Wie versuchen uns als Autostopper und marschieren weiter Richtung Elbasan. Und es geschieht ein Wunder. Wie aus dem Nichts taucht ein roter Nobelschlitten auf. Ohne Kennzeichen, aber mit Stern. Zu unserer Überraschung hält der Fahrer an und nimmt uns mit. Sein Beifahrer schützt seine Augen mit einer dunklen Sonnenbrille. Seinen Hals ziert eine goldene Kette mit einem funkelnden Kreuz. Beide radebrechen zu unserem Glück italienisch, was die Konversation erleichtert.

„Formula uno! Formula uno!" preist unser Chauffeur seine vermeintlichen Fahrkünste und rast über die Gebirgsstraße, als wäre er Testpilot auf der Rennpiste von Monza. Spät, aber doch merken wir nach den ersten zwanzig gemeinsam gefahrenen Kilometern, dass unsere beiden Retter schwer eingeraucht sind. Doch wir erreichen, zum Glück ohne Gegenverkehr, Elbasan. Die beiden Möchtegern-Formel 1-Piloten, die sich während der Fahrt als Geschäftsleute zu erkennen geben, teilen uns mit, dass sie in Elbasan wichtigen Verpflichtungen nachkommen müssen und uns bedauerlicherweise nicht nach Tirana bringen können. Der vereinbarte Fahrpreis war, wie sich herausstellt, nur eine Verhandlungsbasis. Sie knüpfen mir meine letzten 600 Dollar ab, sind aber so freundlich, uns am Busbahnhof ein Sammeltaxi für die Weiterfahrt nach

Tirana zu organisieren. Der Lenker des Sammeltaxis schweigt, als ihm unsere neuen Freunde erklären, wir hätten den Fahrpreis für das Taxi schon bezahlt.

Der mit der goldenen Kette Bekreuzte sagt mir Lebwohl mit einem Bruderkuss auf beide Wangen. Sein Geschmatze war, bei allem Risiko, appetitlicher als der Todeskuss der albanischen Mafia.

Elbasan war die Stadt, in der in Hoxhas Albanien der „neue Mensch" geschmiedet werden sollte. Die Vorzeigefabrik, die Ende der 1960er Jahre mit chinesischer Hilfe gebaut wurde, hieß „Stahl der Partei". Bis zum Sturz der Kommunisten beschäftigte das Stahlwerk 10.000 Arbeiter. Aus dem „neuen Menschen" war nichts geworden, die Partei, deren höherem Ruhm das Werk geweiht war, gab es nicht mehr.

Auf einer Straße voller Schlaglöcher verlassen wir in einem klapprigen Sammeltaxi Elbasan und erreichen tatsächlich unser Refugium in Tirana. Wir sind zurück im Hotel *Europapark*.

„Schön, euch so schnell wiederzusehen!" begrüßt uns der Chef des Hauses verdutzt, aber fürsorglich. Er versorgt uns mit Kleidung und dem allernotwendigsten Reiseproviant, das österreichische Konsulat stellt uns neue Pässe aus.

Da noch immer keine internationalen Fluggesellschaften Tirana anfliegen, die Redaktion auf eine rasche Heimkehr drängt, die Heimreise auf dem Landweg nicht empfehlenswert ist, bleibt nur ein Fluchtweg: der Evakuierungsflug mit einem Hubschrauber der US-Marine, die sich um das Wohl amerikanischer Staatsbürger in Albanien sorgt.

Auf einem Hügel in der Nähe des Stadions gehen US-Marines in Stellung und ziehen ihre Show ab, sichern das Gelände und lassen uns nach einer Leibesvisitation mit anderen Gruppen Ausreisewilliger, US-Botschaftspersonal und amerikanischen Geschäftsreisenden, auf eine Wiese, wo wir unter dem Dröhnen der Heckrotoren in den Helikopter humpeln.

Über und durch die Schluchten Albaniens fliegen wir auf das offene Meer hinaus, auf den Flugzeugträger *USS-Nassau*, der seit Wochen in der Adria kreuzt. Die medizinische Untersuchung auf dem Kriegsschiff gleicht einem Verhör durch CIA-Profis, den rettenden Weiterflug nach Brindisi empfinden wir als Ausflug, während die Küsten Italiens von albanischen Flüchtlingsströmen überschwemmt werden.

Die blutigen Unruhen im Frühjahr 1997 fordern in Albanien mehr als 1.000 Tote. Einem europäischen Krisenmanagement unter Leitung des OSZE-Sondergesandten Franz Vranitzky und einer multinationalen Schutztruppe von 6.000 Mann unter italienischem Kommando gelingt es, die Staatsautorität in Tirana wiederherzustellen. Sie bleibt schwach.

Acht Jahre nach dem Aufruhr sind Salih Berisha und Fatos Nano nach wie vor die Hauptdarsteller auf Albaniens politischer Bühne. Deren anhaltendes Gefeilsche und Gezänk um die Macht lässt viele der Politik überdrüssige Bürger resignieren. Zu oft waren sie nur Zuschauer im Spiel der Mächtigen, das sich eine korrupte Politik und organisierte Kriminalität teilen. Bewaffnete Banküberfälle, Sprengstoffanschläge, Morde im Mafia-Stil, Blutrache: Berichte darüber sind in den albanischen Zeitungen fast täglich zu lesen. Der machtlose Bürger nimmt sie ratlos zur Kenntnis.

VERRÜCKTE WELT

Freiheit oder Tod

Freiheit oder Tod

Als Erster kam Shaban Bela. Er kam über die Grenze bei Blace zwischen Mazedonien und Jugoslawien. Am 12. Juni 1999. Für den Flüchtling Shaban Bela ist es der Tag der Heimkehr in seinen Geburtsort Kaçanik. Das Ende von Flucht und Vertreibung im Süden des Kosovo.

Shaban Bela ist einer von hunderttausenden in die Flucht geschlagener Kosovo-Albaner, die sich nach dem Einmarsch der KFOR-Truppen auf den Weg machen, nach Hause in ihre zerstörten Dörfer und Wohnungen.

Der serbische Wachtposten in Đeneral Janković ist verlassen. Nur zwei wetterbedingt verwitterte Plakate mit vom Wind zerknitterten Gesichtern orthodoxer Kirchenheiliger hängen an der Außenwand der Bretterbude, in der bis vor kurzem noch uniformierte Sadisten Wehrlose malträtierten.

Der Kosovo-Krieg der NATO ist zu Ende, elf Wochen Luftangriffe auf Jugoslawien hinterlassen eine ernüchternde Bilanz: Serbien und die südserbische Provinz Kosovo sind verwüstet, zerbombt und gebrandschatzt. Fehltreffer der NATO-Kampfjets töteten hunderte Zivilisten, 800.000 Kosovo-Albaner waren am Höhepunkt der Vertreibungswelle auf der Flucht, tausende wurden von serbischen Militär- und Polizeiverbänden getötet.

Es war der Krieg der westlichen Allianz, der den Terror beenden sollte, ihn aber nicht stoppen konnte. Die politischen und militärischen Planer in Brüssel hatten angenommen, ein paar Bomben auf Jugoslawien würden genügen, den Despoten in Belgrad aus dem Amt und seine Sicherheitskräfte aus dem Kosovo zu jagen. Es kam anders.

Die Bombenabwürfe erreichten das Gegenteil. Die Verfolgten waren auch während der NATO-Angriffe ohne Schutz. Der Luftkrieg beschleunigte die Massenvertreibung.

Die Vertriebenen berichten, wie sie von maskierten Männern mit dem Umbringen bedroht, ausgeraubt und deportiert wurden. Sie erzählen, dass die Männer mit den Wollmasken nur das Messer zücken mussten, um ihnen, Männern und Frauen, Kindern und Greisen, Todesangst einzujagen. Dazu bedarf es keiner Heldentaten. Es reicht die pure Mordlust. Es war kein Krieg im klassischen Sinn. Es war ein mörderischer und räuberischer Bandenfeldzug. Für die serbische Soldateska.

Für die NATO war „Operation Allied Force", wie der Jugoslawien-Einsatz offiziell heißt, der erste von ihr geführte Angriffs- und Medienkrieg, ein Krieg, in dem die Macht der Bilder eine entscheidende Rolle spielte. Es war aus der Sicht der NATO ein „virtueller Krieg". Der Gegner erschien nur als elektronisches Bild. 1.500 NATO-Flugzeuge und die serbische Flugabwehr kämpften, ohne die Gegenseite je von Angesicht zu Angesicht gesehen zu haben. Es war der erste Krieg, den die Alliierten ohne Bodentruppen führten. Die Strafaktion aus der Luft mit Laser gesteuerten Bomben und Marschflugkörpern traf Brücken, Sendemasten, Kommunikationsverbindungen, die Belgrader Fernsehzentrale, Busse, Eisenbahnen, Zivilisten, aber nicht alle gut versteckten und getarnten Panzer des Feindes. Die US-Militärs speicherten über den Datenzugriff auf das jugoslawische Flugabwehrsystem dem Gegner Flugzeuge als Ziele ein, die es gar nicht gab. Im Gegenschlag zielten NATO-Bomben auf serbische Panzerattrappen aus Sperrholz.

Nach elf Wochen Krieg setzten Politiker und Militärs auf die Kunst der Diplomatie. Sie sollte die Friedenslösung bringen.

An diesem schönen Frühlingsnachmittag des 12. Juni 1999, einem Samstag, wartet Shaban Bela allein vor dem ehemals serbischen Grenzgebäude. Kein Zöllner fragt ihn, kein Grenzer droht ihm, kein Soldat verjagt ihn. Shaban Bela will nach Hause. Zu Fuß, ohne Gepäck, ohne Geld, nur den Personalausweis kann er vorzeigen. Dass er Albaner ist, erkennt man an seiner Kopfbedeckung: Er trägt die typische weiße Filzkappe *Plis*.

Zwanzig Kilometer trennen Shaban Bela noch von seinem Haus. Es soll ausgeraubt und abgebrannt sein, wird ihm berichtet.

„Das Wichtigste ist, dass Kosovo frei ist und mein Sohn noch lebt", sagt der Dreiundsiebzigjährige. „Mein Sohn ist seit vier Monaten bei der UÇK", bei der *Ushtria Çlirimatare e Kosoves*, der Kosovo-Befreiungsarmee, einem Bündnis verschiedener Untergrundorganisationen, das seit Herbst 1997 mit Anschlägen auf serbische Kasernen und Polizeistationen, aber auch durch Attentate auf vermeintliche oder tatsächliche albanische Kollaborateure, Schlagzeilen machte.

Aus dem Fundus der während der bürgerkriegsähnlichen Unruhen 1997 in Albanien geplünderten und gestohlenen Waffenlager und Munitionsdepots beschaffte sich die UÇK geschätzte 100.000 leichte Waffen. Strategische Fehler und militärische Niederlagen kaschierte die UÇK-Führung mit medialen Propagandaerfolgen. Ihre finanzielle Basis war der internationale Drogen- und Frauenhandel, was die Regierung Clinton nicht weiter störte oder daran hinderte, die Kosovo-Guerilleros zu einer schlagkräftigen Truppe aufzubauen und sie im NATO-Jugoslawienkrieg als Bodentruppen gegen die serbischen Streitkräfte im Kosovo zu verwenden.

Shaban Bela beginnt die Fernstraße E 65 Richtung Norden entlangzuwandern, vorbei an einer Kompanie der Eliteeinheit *Gurkhas*, die in der Ortschaft Đeneral Janković inmitten verkohlter Häuser kampieren und ihr Markenzeichen, die 30 Zentimeter langen Kukri-Messer, schleifen.

Die *Gurkhas* waren das Vorauskommando der britischen KFOR-Truppen, die am frühen Morgen mit Chinook-Hubschraubern die Grenze überflogen hatten. Um 5 Uhr 25 folgen die ersten der 7.000 britischen Soldaten, die im Lauf des Tages Richtung Priština vorrücken, als Teil der insgesamt 50.000 Soldaten der Kosovo-Friedenstruppe KFOR. „Operation Joint Guardian" heißt diese Militärmission. Kosovo wird in fünf Schutzzonen aufgeteilt.

Blace ist an diesem 12. Juni Aufmarschgebiet der Friedenstruppen. Während die britischen Truppen durch verminte Tunnel Richtung Priština marschieren, besetzen 200 russische Fallschirmjäger der internationalen Bosnien-Friedenstruppe, für den Westen völlig überraschend, handstreichartig den Flughafen der Kosovaren-Hauptstadt. Und bleiben dort stationiert. Ein Kompromiss der „Neuen Weltunordnung". Für die Albaner werden die russischen KFOR-Soldaten zum neuen Feindbild.

Blace ist für die Kosovo-Albaner nicht nur Aufmarschgebiet, Blace ist ein Symbol und Synonym für Leid, Demütigung und Erniedrigung.

In den Ostertagen Anfang April wird das Grenzgebiet zum Niemandsland für Zehntausende aus Priština Vertriebene. Am Bahnhof von Kosovo Polje, auf dem Amselfeld, zusammengetrieben und in Züge gepfercht, kommen sie erschöpft in der Grenzortschaft Đeneral Janković an. Männer, Frauen, Kinder.

Sie schleppen sich die letzten Kilometer bis zur Grenze, unter dem Arm ein paar Habseligkeiten geklemmt. Vereinzelt fallen Schüsse.

Von einem Hügel aus beobachten und filmen wir die bedrückenden Szenen. Aber wir haben mit der Berichterstattung ein Problem. Wir können das Elend der Vertriebenen filmen, nicht aber das Wüten der Vertreiber. Die serbische Zensur erlaubt bei diesem Massenexodus keine westliche Kamera im Kosovo.

Zehntausende Vertriebene harren in Blace unter freiem Himmel in kalten Nächten im Regen aus. Nur wenige können sich mit Plastikplanen schützen, einige beginnen mit am Ufer des Lepenec-Flusses abgeholzten Ästen und Zweigen Notunterkünfte zu zimmern, die sie mit Kartons und Teppichen auslegen. An Lagerfeuern versuchen bis auf die Haut durchnässte Menschen sich zu wärmen.

Diese Zwischenstation der Verdammten verdient den Namen Lager nicht. Es ist eine von Regen, Dreck, Schlamm, Urin und Kot aufgeweichte Wiese in einer Talsenke, die von bewaffneten mazedonischen Grenzwächtern in Schach gehalten wird.

„Das ist also unser freies Kosovo", keucht der zwanzigjährige Bujar, ein Student, und müht sich ab, einen glitschigen Hang Richtung Grenzgebäude emporzukriechen. Einer der mazedonischen Polizisten mit Helm, kugelsicherer Weste und Schlagstock treibt ihn die Böschung hinunter. Die Regierung in Skopje befürchtet, die albanischen Flüchtlingsströme könnten Mazedonien destabilisieren.

Am Flussufer heben drei Männer Gräber aus. Deprimierend. Es naht Ostern, und die internationale Politik macht Urlaub.

In diesen Ostertagen 1999 sind in Blace nur wenige Helfer am Werk. Einige wenige Gerechte, Mitarbeiter von *Ärzte ohne Grenzen*, der lokalen albanisch-muslimischen *El-Hillal*-Organisation und Betreuer von *Cap Anamur*, die sich bemühen, die Not zu lindern.

Tage später wird ein Teil der ungeliebten Menschenfracht von Blace auf Anordnung der Regierung in Skopje mit Bussen in das Landesinnere Mazedoniens gekarrt, auf mehrere große Zeltlager verteilt, wo die Unglücklichen unter erbärmlichen Bedingungen wochenlang auf ein rasches und siegreiches Kriegsende hoffen.

Auch Shpend hatte darauf gehofft. Der hagere Mann, ein Albaner aus Skopje mit weit verzweigten Familienbanden im Kosovo, von Beruf Musiker, aber arbeitslos, war in den ersten Tagen und Wochen nach dem Einmarsch der KFOR-Truppen unser „Reiseführer" im Land seiner Ahnen.

„Fucking hell!"

Ein Fluch ist Shpends erster Kommentar, als wir in Kaçanik, 20 Kilometer hinter der Grenze, auf einer Anhöhe linker Hand der Moschee im Zentrum, ein leeres Haus betreten. Von der Hausfrau war nur noch der vermoderte Kopf geblieben. Und ein paar blutige Kleiderfetzen in einer Zimmerecke. Am Herd stanken Kochtöpfe mit verfaulten Speiseresten. Vom verbrannten Dachstuhl hing eine kaputte Stromleitung, der Stall des Gehöfts war eingeäschert.

Das war der Beginn unserer Kosovo-Rundreise. Eine Reise durch eine Landschaft, übersät mit zerborstenen Ziegeln und gebleichten Skeletten, mit Grauen erregenden, frei liegenden Wirbelsäulen, Schädeln und Rippen.

„Fucking hell!"

Das *Grand Hotel* in Priština, laut Eigenwerbung eine Fünf-Sterne-Nobelherberge, aus Erfahrung des Gastes weniger als einen Stern wert, war am späten Abend des NATO-Einmarsches mit Soldaten und mit hungrigen Journalisten überfüllt, die sich mit den letzten serbischen Kellnern um den letzten Bissen Brot balgten.

Die serbische Hotelleitung war unauffindbar, auch der serbische Kollege der im Hotel untergebrachten serbischen Pressestelle. Die Aufzüge funktionierten nicht, das verdreckte Foyer war spärlich beleuchtet, die Toilette glich einem Schweinestall.

An der schmierigen Hotel-Theke begannen in den folgenden Tagen Albaner aufzutauchen, die sich seit Wochen nicht auf die Straße gewagt hatten. Sie kamen aus ihren Verstecken und hatten viel zu erzählen. Über Verfolgung, Leid und Mord. Unter dem Schutz der britischen *Irish Guard Battle Group*, die in der Hauptstadt strategisch wichtige Positionen besetzt hatte, fühlten sie sich sicher.

„Ihr könnt Euch nicht vorstellen, was ich mitgemacht habe", erzählt Agon. „Sie haben mich unter Todesdrohungen zum Bahnhof geprügelt und nach Blace deportiert. Alte Serbinnen hoben ihre Röcke, lachten und verhöhnten mich, als sie mich gebückt zum Waggon kriechen sahen. Jetzt, wo ich zurück bin, sind sogar die serbischen Händler, die mir nichts verkaufen wollten, wieder freundlich."

Wir fanden auf Vermittlung einer serbischen Kollegin ein Quartier in einer von einer serbischen Familie offenbar in aller Eile verlassenen Wohnung, in der wir außer Belgrader Zeitungen am Küchentisch eine Pistole unter dem Bett entdeckten. Und ein Aquarium mit Goldfischen, die zu füttern uns die serbische Kollegin innig bat. Irgendwie verrückt. Vermutlich standen der geflüchteten serbischen Familie die Goldfische näher als die albanischen Nachbarn.

Die meisten Serben von Priština hatten ihre Koffer gepackt und fuhren in Autos, auf Traktoren und in Bussen Richtung serbisches Kernland.

„Die Serben, die jetzt wegziehen, wissen, warum sie wegziehen. Ich kenne einige und weiß, was jeder einzelne von ihnen getan hat", sagt Agon. Und wird nachdenklich. Und sagt etwas, das mich nachdenklich stimmt.

„Natürlich, auch ich habe, als wir die UÇK gründeten, einige serbische Polizisten erschossen."

Wo, wollten wir wissen. Wo lagen die Todeszonen des Kosovo?

Wir fuhren durch die Dörfer nördlich von Priština, durch die Ruinen von Bauernhöfen, über Wiesen, auf denen rücklings tote Kühe mit aufgeblähten Bäuchen lagen, und wir trafen Sami Uka, einen Wirtschaftswissenschaftler im Dorf Dyz.

Vor seinem Haus lag die zerschlissene Sitzbankgarnitur, in besseren Tagen wohl das Schmuckstück des Wohnzimmers. Die Uka-Familie war vor wenigen Stunden auf ihr geplündertes Anwesen zurückgekehrt. Sami Uka führte Tagebuch:

„*Sonntag, 18. April 1999: Wir alle sind neugierig und wollen herausfinden, was hier passieren wird, was sie mit uns vorhaben. Nach dem Frühstück ging ich vor mein Haus und sah Menschen in Panik. Sie waren auf Traktoren, schleppten Taschen, Kinder weinten. Die Lage gerät außer Kontrolle. Wir mussten fliehen. Wir rannten Richtung Kolić, Traktoren und Autos kamen nicht weiter, serbische Armee und Polizei verfolgen uns. Sie beschießen uns die ganze Zeit. Während wir davonlaufen, werden viele Dorfbewohner getötet. Wir können nicht stehen bleiben, um die Toten zu begraben und den Verwundeten zu helfen. Es war ein langer Zug von Flüchtlingen, die Straße war eng. Die Serben schießen mit allen möglichen Waffen. Das geschah im Dorf Kolić.*"

An diesem Tag war die Familie Hajdini auf ihrem Hof geblieben. Hanna Hajdini wischt sich die Tränen aus den Augen, wenn sie an diesen Tag des Schreckens zurückdenkt.

„Ich bin unendlich traurig, weil ich am 18. April meinen Mann verloren habe. Sie töteten ihn und sie warfen den Leichnam in den Brunnen vor unserem Haus. Diejenigen, die das getan haben, sollen ihr ganzes Leben auf dieser Welt keine Ruhe mehr finden. Es wäre besser gewesen, sie hätten uns alle umgebracht."

KFOR-Soldaten kamen auf den Hof von Hanna Hajdini, zogen ihren toten Mann aus dem Brunnen und begruben ihn am Dorfrand unter grünen Sträuchern neben einem Abfallhaufen, auf dem eine ausrangierte Waschmaschine rostet.

Keine Gedenktafel markiert die Grabstelle.

„Wir verbrachten diese Nacht in den Bergen. Es war kalt. In dieser Nacht floh auch der Hodscha des Dorfes Belo Polje", zitiert Sami Uka aus seinem eigenen Horrorbericht.

Der Hodscha von Belo Polje hieß Beqir Llumica.

„Sie haben mein Haus niedergebrannt, weil ich Hodscha bin und versucht habe, in der Moschee die Menschen die Liebe zu lehren. Aber bei aller Zerstörung mache ich mir keine großen Sorgen. Ich werde alles wieder aufbauen. Viel wichtiger ist, dass wir jetzt in Freiheit leben, etwas, das wir lange vermisst haben. Doch mit Allahs Hilfe und mit Hilfe der NATO haben wir die serbischen Teufel vertrieben. Ich hoffe, sie kommen nie mehr zurück."

„Gestern bin ich nach Hause zurückgekommen. Es war sehr aufregend. Was musste ich sehen? Alles war ausgeraubt und zerstört. Alles gestohlen. Der Traktor, der Fernseher, die Stereoanlage. Aber ich war glücklich, dass wir wieder frei sind."

Sami Uka hatte überlebt.

Wir waren unterwegs nach Velika Kruša, in ein Dorf nordwestlich von Prizren, und sahen am Wiesenrand unter Grasbüscheln die Leiche eines Mannes mit abgetrenntem Kopf.

Wir trafen den Bauern Shemsedin Behra, der den Spuren streunender Hunde folgte, die dem Gestank verwesender Körper nachspürten.

Wir kamen in einen Rohbau aus roten Ziegeln, wo am Boden des Vorraums bräunlich verfärbtes Blut klebte und in einem Nebenraum verbrannte Knochen in einem Häuflein Asche lagen. Am Fensterbrett verlotterte ein durchlöcherter Schädel, wie ein verwahrloster Blumentopf, den man zu gießen vergaß. Dem Oberkiefer fehlten die Backenzähne, der Unterkiefer war zahnlos. Der Schädel schien seltsam zu grinsen.

„Fucking hell!"

Dieser Anblick war für Sphend zu viel.

Er bat den Kameramann und mich, ins Freie zu gehen und auf ihn zu warten. Aus der Ferne beobachteten wir, wie der arbeitslose Musiker, unser Reiseführer auf den *killing fields* des Kosovo, sich auf die Knie warf, das Gesicht hinter seinen zusammengeschlagenen Händen verbarg und leise schluchzend, aber für uns hörbar, eine muslimische Totenklage anstimmte und seinen Gott, an den er vielleicht gar nicht glaubte, bat, der Seele des unbekannten Ermordeten gnädig zu sein. Der Unbekannte war der Schädel auf dem Fensterbrett eines Rohbaus im Dorf Slivovo in der Nähe der Stadt Uroševac, die für die Albaner Ferizaj heißt.

Wir fanden in zwei anderen Räumen des Rohbaus Fotos, die lachende Gesichter mit Cowboyhüten zeigten. Männer posierten auf diesen Fotos siegestrunken mit ihren Gewehren. Ein Totenkopf und gekreuzte Schwerter waren ihr Kennzeichen. Sie nannten sich *Frenki's Boys*, nach Franko Simatović, dem berüchtigten Kommandanten einer auch als *Rote Barette* gefürchteten serbischen Spezialeinheit, in der neben Berufspolizisten verurteilte Schwerverbrecher morden.

„Eure Söhne und Töchter sind nicht umsonst gestorben. Kein Wind ist stark genug, um uns von unserer Erde zu vertreiben."

Die Lehrerin von Bela Crkva, einem Dorf in der Nähe von Orahovac im Südwesten des Kosovo, rezitiert aus einem patriotischen Gedicht. Die Worte sollen Familien trösten, die vor 64 Särgen trauern. Sie nehmen Abschied von ihren Verwandten und Angehörigen, von Vätern und Müttern, von Brüdern und Schwestern, von Söhnen und Töchtern und von sieben Kindern, keines älter als zehn. Sie alle waren im März von serbischen Paramilitärs ermordet und in einem Massengrab verscharrt worden. Auf Traktorenanhängern sind die mit roten albanischen Fahnen bedeckten Särge aufgebahrt. Am Rand eines abschüssigen Feldwegs halten die Hinterbliebenen vor den Särgen Fotos der Ermordeten hoch. Schwarzweiß-Porträts hinter Glas mit billigem Rahmen, Hochzeitsfotos, fotografierte Gedächtnisstützen, Erinnerungen, die noch für eine Weile bleiben, wenn sonst nichts mehr bleibt.

Der Trauerzug zieht zum Dorfrand, Dorfkinder tragen Strohblumenkränze, bei glühender Hitze schaufeln raue, abgearbeitete Männerhände die 64 Gräber zu, Männer der UÇK halten Ehrenwache.

Wir sahen zu viel des noch Erträglichen.

„Brennen sollen ihre Häuser, wie mein Haus gebrannt hat!" schrie die alte Albanerin in einem rauchenden Stadtviertel von Prizren und zeigte auf die lodernden Flammen, die aus dem Haus ihres serbischen Nachbarn schlugen. Er war nur noch für Stunden ihr Nachbar.

„Warum das Haus brennt? Wahrscheinlich war die Stromleitung kaputt!" höhnt Shpend, unser Reiseführer, der zum schadenfrohen verbalen Rächer wird, als er fassungslos vor dem ausgeräucherten zweistöckigen Haus seines Onkels steht.

Für die Desperados der UÇK waren die Tage der Abrechnung gekommen.

„Don't speak Serbian!" bittet mich Žile, mein langjähriger serbischer Cutter in Priština. Er zittert schweißgebadet und stammelt vor sich hin. Er fürchtet, beim Sprechen von einem feindlich gesinnten Albaner als Serbe erkannt zu werden. So ängstlich kenne ich ihn nicht.

Sein ganzer Stolz war sein auf dem neuesten Stand der Digitaltechnik eingerichtetes Videostudio, in dem wir gemeinsam nach Dreharbeiten in Priština unsere Kosovo-Beiträge sendefertig bearbeiteten.

Vier Tage nach dem KFOR-Einmarsch treffe ich einen verstörten Žile um das zerbombte Hauptpostamt von Priština irren. Er will sich nicht verstecken, auch wenn im Schatten der KFOR-Truppen albanische Schlägerbanden auftauchen, die Jagd auf Serben machen und jeden Missliebigen, der ihnen in die Hände fällt, niederprügeln und auch ermorden.

„Mein Bruder ist seit zwei Tagen vermisst, ich fürchte, er ist tot", weint Žile und hat nur noch die Hoffnung, die KFOR-Soldaten könnten ihm bei der Vermisstensuche helfen. Sie können ihm nicht helfen. Die von den Friedenstruppen versprochene Befreiung bringt nicht allen im Kosovo die Freiheit.

„Ich wage mich nicht mehr allein aus dem Haus", sagt Radojka Rašković, eine der wenigen Serbinnen, die sich in einem Häuserblock in Priština versteckt. Als ob wir sie nicht verstünden, streift sie mit dem Zeigefinger über ihren Kehlkopf. Will sie in die Serbenklave Gračanica einkaufen fahren, kann sie das nur im Schutz der KFOR-Soldaten tun.

„Es gibt albanische Extremistengruppen, die uns Serben aus dem Kosovo vertreiben wollen", klagt der Mönch Sava im Klosterhof von Gračanica, wo er eine Gruppe verängstigter Serben betreut. Doch der Mönch Sava ist selbstkritisch genug, die offizielle Belgrader Version zurückzuweisen, wonach die Kosovo-Albaner aus Angst vor den NATO-Angriffen ihre Heimat verlassen hätten.

„Ich schäme mich", beteuert Wladika Amfilohije, der Metropolit von Prizren und Raška, der seinen bedrängten Glaubensbrüdern im Kloster Peć im Wesen des Kosovo Trost spendet. Ich schäme mich", wiederholt der höchste orthodoxe Würdenträger im Kosovo. Er schämt sich für die Vertreibungen, für die er Milošević verantwortlich macht.

„Aber was passiert mit diesen Menschen?" fragt Wladika Amfilohije und zeigt auf hunderte serbische Familien, die hinter die Klostermauern geflüchtet sind, aus Angst vor der Rache der Albaner.

„Es gibt keinen serbisch-orthodoxen Priester mehr in Peć", sagt Wladika Amfilohije, „und bald wird es auch keine Serben mehr in Peć geben."

Er sollte mit seiner Voraussage Recht behalten. Serbisch-orthodoxe Kirchen wurden gesprengt, Serben ermordet. Wir fuhren in das Dorf Slovinje und standen vor den Trümmern der gesprengten serbisch-orthodoxen Kirche.

Hashim Thaçi, der politische Führer der UÇK während des Kosovo-Krieges, von der CIA zum international vorzeigbaren Staatsmann aufgebaut, weist in mehreren Interviews, die er uns gibt, alle Ängste der Serben zurück, während zur selben Zeit seine Leibwächter unter den Kosovo-Serben Furcht und Schrecken verbreiten:

„Die Serben sind willkommen, hier zu leben. Auch diejenigen, die aus dem Kosovo weggezogen sind. Das gilt aber nicht für Leute, die einen Völkermord begangen haben, für Leute, die Kinder und Frauen erschossen haben, und für diejenigen, die in der Uniform von Milošević waren."

„Es heißt, dass Sie Gegner liquidieren lassen. Was sagen Sie zu diesen Vorwürfen?"

„Das ist Belgrader Propaganda. Wer erschießt heute ein Kind? Ich kann garantieren, dass alle, die für Kosovo gekämpft haben, so etwas nicht tun."

In 15 von 28 Gemeinden gibt es Ende Juni 1999 keine Serben mehr.

„Wir sind neutral, wir sind unparteiisch. Wenn die Albaner Häuser der Serben anzünden, werden wir ebenso eingreifen und diese Gewalttakte verhindern", versichert Major Stephan Cartwright von den *Royal Highlands Fuseliers*.

Ein ehrgeiziger, aber aussichtsloser Auftrag.

Ein toter Vogel lag in einem Hohlweg, wo im Jänner 1999 45 tote Kosovo-Albaner lagen. Wir waren im Dorf Račak, für die Albaner Reçak, eine 1.200-Seelen-Gemeinde, eine Dreiviertelstunde Autofahrt von der Hauptstadt Priština entfernt. Hier trafen wir Rame Shabani, einen Überlebenden des so genannten Massakers von Račak. So genannt deshalb, weil bis heute die offizielle Version des Tathergangs bezweifelt wird. Rame Shabani führt uns den steilen Bebushi-Hügel hinauf und zeigt auf die Stelle, wo die Toten lagen, ein blutiger Vorfall an einem Ort, der nach einem Jahr bewaffneter Kämpfe zwischen serbischen Sicherheitskräften und UÇK-Einheiten das Eingreifen der NATO auslöste.

„Ich schwöre bei der Ehre meiner fünf Kinder, dass ich die Wahrheit sage. Und wenn Sie mir nicht glauben, fragen Sie meine achtjährige Tochter. Sie war dabei."

Der knapp Vierzigjährige ist außer sich, dass ich seinen Beteuerungen nicht glauben will. Erste Zweifel an der Darstellung des Tathergangs wurden schon wenige Tage nach den Leichenfunden laut. Die Körper der Toten waren mehrmals umgedreht worden, Schmauchspuren waren nicht zu erkennen. Massaker oder Gefecht, Opfer einer Massenhinrichtung oder gefallene UÇK-Kämpfer, darüber streiten Albaner und Serben bis heute. Und nicht nur darüber. Beide Seiten, albanische und serbische Nationalisten, nehmen für sich in Anspruch, ein exklusives Recht auf den Besitz des Kosovo zu haben.

Die Todesschwadronen und Killerexperten der regulären serbischen Streitkräfte hatten sich nach dem Einmarsch der NATO-Truppen sofort in das serbische Mutterland zurückgezogen. Die verbliebenen Kosovo-Serben, zehn Prozent der Bevölkerung, zahlen den Preis für den Amselfeld-Blut-und-Boden-Mythos.

Kosovo, 28. Juni 1989: Mit Đorđe, meinem serbischen Kameramann, einem *citoyen* aus jener bürgerlichen Belgrader Mittelschicht, die von den siegreichen Kommunisten nach dem Zweiten Weltkrieg enteignet wurde, ziehen wir mit hunderttausenden Serben hinaus auf das Amselfeld, 30 Kilometer westlich von Priština.

„Udba-naša sudba", pflegt Đorđe zu scherzen, „der Geheimdienst *Udba* ist unser Schicksal", wenn sich die Herren in ihren billigen Sportjacken uns wieder einmal an die Fersen heften, wie fast immer, wenn wir in der Belgrader Palmotićeva-Straße Nummer 8 Jugoslawiens prominentesten Dissidenten, Milovan Đilas, besuchen.

Auch diesmal, beim Aufstieg zur Anhöhe der Gazimestan-Gedenkstätte, dem historischen Schauplatz der Schlacht auf dem Amselfeld am 28. Juni 1389, für die Serben ein Ort des Gedenkens an den Untergang ihres mittelalterlichen Reiches im Osmanensturm, sind die Geheimdienstler allgegenwärtig. Nicht unseretwegen. Es geht um Wichtigeres. Slobodan Milošević, Serbiens neuer starker Mann, hat sich zur Jubiläumsfeier angesagt, die vom Belgrader Fernsehen landesweit übertragen wird.

Monatelang hatte sich *TV-Belgrad* auf dieses Großereignis vorbereitet. Das serbische Fernsehen drehte einen Historienfilm mit heroischem Schlachtszenengetümmel. Die Produktionsmittel waren nicht zu knapp.

Der Hauptdarsteller kämpfte vor der Kamera infolge mangelnder Reitkünste auf der Pritsche eines kleinen Lieferwagens in Ritterpose mit einem Plastikschwert, Furcht einflößend und wild gestikulierend, gegen osmanisch kostümierte Statistenheere.

Der Hauptdarsteller mimte Fürst Lazar, jenen Lazar Hrebljanović, der am 28. Juni 1389 als Heerführer einer südslawisch-serbischen Streitmacht auf dem Amselfeld der Armee des osmanischen Sultans Murat unterlag. In der Schlacht kamen beide Heerführer ums Leben.

Die Niederlage war das Ende des serbischen Reiches und der Beginn der 500-jährigen Osmanenherrschaft auf dem Balkan. 200.000 Gefangene wurden in die Sklaverei verschleppt. Der Vidovdan 1389, der St.Veitstag, blieb ein Trauma im serbischen Mythos.

Seit 1988 wurde der Sarg mit den Gebeinen Lazars, den die Serben als Heiligen und Märtyrer verehren, durch serbische Klöster getragen. Am Vorabend der Nationalfeier filmten wir im Kloster Gračanica von Rührung überwältigte ältere Serben in bäuerlicher Tracht, die den gläsernen Schrein mit den Reliquien des Heiligen in einem offenen Sarg küssten und im Dämmerlicht der Klosterkerzen zum Gedenken an die Amselfeld-Schlacht Nachtwache hielten.

Doch 600 Jahre nach der Schlacht fordern die Kosovo-Albaner, mit 90 Prozent Bevölkerungsanteil die Mehrheit, die Selbstbestimmung für die Region. Seit den Unruhen von 1981 waren 40.000 Serben aus dem Kosovo weggezogen. Sie warfen den Albanern planmäßige Verfolgung vor.

Mit serbischen Fahnen und Milošević-Devotionalien, mit Gesängen und Gebeten, in Nationaltrachten gekleidet, mit Bussen aus dem ganzen Land angereist, gedenken die Serben ihrer größten Niederlage. Kaum überschaubar ist die Menschenkette, die sich von Priština zum Amselfeld, ein 70 Kilometer langes und 15 Kilometer breites Senkungsfeld im Dinarischen Gebirge, zieht. Für die Serben heißt das Amselfeld Kosovo Polje, für die Albaner Fushë-Kosovë. Albaner sind in der sich in der Sommerhitze hinwälzenden Menschenmenge keine zu sehen.

Über die Provinz wurde der Ausnahmezustand verhängt, seit bei von der Armee niedergeschlagenen Unruhen im März mehr als zwei Dutzend Albaner ums Leben gekommen waren. In der Vorbereitungsphase zur Gedenkfeier hatten extremistische Albanergruppen Attentate angekündigt. Das Festgelände ist aus Sicherheitsgründen für den Autoverkehr gesperrt, an Kontrollpunkten überwachen Polizisten und Soldaten die politischen Wallfahrer. Polizei- und Armeehubschrauber kreisen über das Amselfeld. Weibliche Festgäste schützen sich mit Sonnenschirmen.

Vor dem Gazimestan-Denkmal wartet aufgeregt Genossin Rea, eine Mitarbeiterin des Informationsministeriums der Republik Serbien. Sie hat für uns Journalisten ein wichtiges Papier vorbereitet. Eine Broschüre mit der Rede des serbischen Präsidenten zum Jahrestag.

Mit einem Hubschrauber schwebt Milošević über das Amselfeld ein, von Hunderttausenden erwartet. Unter Beifall schreitet ein zielstrebiger Milošević zum vor einer grau-blauen Wand errichteten Podium und sagt vom Rednerpult herab zu seiner hunderttausendfachen Zuhörerschaft unter anderem:

„… die Schlacht am Amselfeld ist ein Symbol für Tapferkeit. Das drückt sich in Gedichten, Legenden, und in Erzählungen aus. Die Helden des Kosovo inspirieren seit sechs Jahrhunderten unsere Kreativität, sie nähren unseren Stolz, sie lehren uns nicht zu vergessen, dass es eine Armee gegeben hat, die tapfer und stolz war. Eine der wenigen, die trotz der Niederlage nicht verloren hat.

Sechs Jahrhunderte später stehen heute wieder Kämpfe bevor. Es sind keine bewaffneten Kämpfe, die wir auszutragen haben, obwohl auch solche nicht auszuschließen sind.

Aber unabhängig davon, welche Kämpfe uns bevorstehen, sie können nicht ohne Entschlossenheit, Tapferkeit und Aufopferung gewonnen wer-

den, also nicht ohne die guten Eigenschaften, die man auch damals auf dem Kosovo demonstrierte ..."

Kameramann Đorđe meint, die Rede des Präsidenten, dessen Politik er nicht teilt, sei versöhnlich gewesen.

In einer Holzbaracke in der Nähe des Stadions von Priština treffen wir Stunden nach der Amselfeld-Feier einen Albaner, der Milošević vehement kritisiert. Er fordert Demokratisierung und erweiterte Autonomie für die südserbische Unruheprovinz. Ein Treffen ausländischer Journalisten mit Ibrahim Rugova ist zu diesem Zeitpunkt für die serbische Geheimpolizei noch immer ein konspirativer Akt. Die Herren in ihren billigen Sportjacken sind uns wieder auf den Fersen. Ein vertrauter Anblick. Rugova, Vorsitzender des Schriftstellerverbandes, ist der im Westen bekannteste Dissident der Kosovo-Albaner. Im grauen Sakko, mit grauem Schal und roter Weste, gibt er uns seine Einschätzung der Amselfeld-Feier:

„Wir Albaner haben uns am Jahrestag ruhig verhalten. Wir wollten keine Probleme haben. Wir haben von der serbischen Repression und all den Maßregelungen genug. Die Serben kamen in Massen zu den Feiern auf das Amselfeld. Wir schürten keine Unruhen. Wir wollen keine Konflikte mit dem serbischen Volk."

Slobodan Maksimović, ein Bauer im Dorf Prekale im tiefen Westen des Kosovo, hat den Milošević-Auftritt auf dem Amselfeld anders verstanden:

„Wenn Serbien groß und stark ist, ist auch Jugoslawien groß und stark. Milošević schaut nicht nur auf Serbien. Er arbeitet für das Wohl aller jugoslawischen Völker."

Auf einer kalkgetünchten Wand seiner kargen Wohnstube hängt ein Billigdruck des heiligen Sava und ein großes Milošević-Plakat. Daneben hängen zwei Gewehre.

„Milošević ist der einzige Mensch, dem ich vertraue."

Slobodan, der Bauer, dreht sich auf der aus hartem Holz geschnitzten Sitzbank um und blickt verklärt zu seinem Idol, einem lächelnden Slobodan auf dem Plakat, dem Präsidenten, auf.

„Milošević ist für Einheit und Brüderlichkeit. Aber wer Jugoslawien zerstückeln will, dem passt er nicht."

„Warum tragen Sie eine Pistole am Leibriemen?"

„Weil ich meine Familie verteidigen muss. Die albanischen Konterrevolutionäre wollen ein ethnisch reines Kosovo und den Anschluss an Alba-

Ein heimgekehrter Kosovo-Flüchtling vor seinem zerstörten Haus, Juni 1999

Die UÇK und ihre Sympathisanten in Siegerlaune. Kosovo, Juni 1999

„NATO ja – Russen nein": Protest der Kosovo-Albaner gegen die Stationierung russischer KFOR-Truppen im Kosovo

Die KFOR-Truppe überwacht den brüchigen Frieden im Kosovo, Sommer 1999

Kosovo-Flüchtlinge in Mazedonien, Frühjahr 1999

Kosovo-Albaner in einem Flüchtlingslager in Mazedonien, April 1999

Kosovo-Flüchtlinge in Blace, Ostern 1999

Die Flüchtlinge von Blace suchen im Müll nach Essbarem. Mazedonien, Ostern 1999

Die Verlierer des Kosovo-Krieges 1999: Roma in einem Barackenlager bei Priština

Auf der Suche nach verscharrten Angehörigen. Kosovo, Juni 1999

Beisetzung der Toten von Bela Crkva. Kosovo, Juli 1999

Todeszone Kosovo: Heimgekehrte Flüchtlinge finden die verbrannten Knochen ihrer Angehörigen. Juni 1999

Das Grab eines UÇK-Kämpfers im Kosovo, Juni 1999

Die UÇK begräbt einen ihrer Toten. Kosovo, Juni 1999

Das geteilte Kosovska Mitrovica, Herbst 1999

Eine Straße im zerstörten Peć/Peja, Juni 1999

nien. Unsere Frauen und Kinder trauen sich nicht mehr auf die Märkte und auf die Spielplätze, weil albanische Separatisten sie überfallen und vergewaltigen."

So wie Slobodan Maksimović, der Bauer im Dorf Prekale, dachten die meisten Kosovo-Serben.

Für die Serben ist Kosovo der politische Mittelpunkt ihres mittelalterlichen Reiches, die Wiege ihrer Kultur und Kirche. Kosovo, ein „serbisches Jerusalem". Unter den 2,15 Millionen Bewohnern Kosovos waren die 180.000 Serben die Minderheit. Für die Albaner ist die Region die Urheimat des antiken Volkes der Illyrer, als deren Nachkommen sie sich sehen. Für die internationale Gemeinschaft war das Kosovo-Problem jahrelang eine Nebenfrage. Die USA und die EU ignorierten die Tatsache, dass Jugoslawien nach der Bundesverfassung von 1974 nicht nur aus sechs Republiken, sondern aus acht konstitutionellen Einheiten bestand. Die beiden autonomen Provinzen der Republik Serbien, Kosovo und Vojvodina, waren den sechs Republiken de facto gleichgestellt. 1989 nahm Milošević Kosovo die Autonomierechte.

10 Jahre später stehen NATO-Truppen im Land, das Milošević in seiner Amselfeld-Rede zu verteidigen versprach. Die KFOR-Soldaten sollen Sicherheit bringen, sie können aber nur die ethnische Teilung, die sie verhindern wollten, überwachen.

„Das ist unser Held, unser Befreier", meint Agon, unser UÇK-Verbindungsmann aus Priština, als wir General Wesley Clark, den NATO-Oberbefehlshaber des Jugoslawienkrieges, bei einem Besuch in der Stadt Orahovac, einer Stadt im Westen des Kosovo, begleiten. Die Albaner nennen die Stadt Rahovec. Und sie betrachten die NATO-Truppen als Vorhut auf ihrem Weg zur Unabhängigkeit.

„Die da sollen endlich verschwinden", droht Agon. Er meint die russischen KFOR-Soldaten, die 10 Kilometer vor Orahovac stationiert sind.

„Russen nach Dagestan, Tschernobyl und Sibirien", ist auf Plakaten und Tafeln zu lesen, die eine Gruppe albanischer Demonstranten hochhält. Mit Lastwagen und Traktoren blockieren sie die Zufahrt nach Orahovac.

„Wir verlangen von der KFOR, dass sie die serbischen Kriminellen, die mit russischen Söldnern gemeinsam Verbrechen begangen haben, verhaftet", erklärt Syleyman Bala die Ziele der Protestaktion.

Oleg, ein russischer Fallschirmjäger aus Tula, versteht die Feinseligkeit nicht, die ihm entgegenschlägt.

„Wir sind keine Feinde der Albaner, und wir bevorzugen auch die Serben nicht!"

Nach 13 Wochen geben die Albaner die Blockade auf, das Misstrauen bleibt. Auf allen Seiten. In Orahovac lebten einmal 38.000 Albaner mit oder neben 12.000 Serben und Roma.

Soldaten des deutschen KFOR-Kontingents filzen uns und unsere Kameraausrüstung mit preußischer Gründlichkeit, bevor wir mit den Dreharbeiten beginnen können. Ich werde den Verdacht nicht los, sie filzen aus Frust und Verdruss die Falschen. Die Deutschen in Orahovac sollen Übergriffe der Albaner auf serbische Nachbarn verhindern.

„Ich kann nicht beurteilen, wer schuldig ist und wer nicht", kommentiert der deutsche Bundeswehrmajor eine NATO-Weisung, wonach Serben und Roma, die auf keiner Liste mutmaßlicher Kriegsverbrecher aufscheinen, die Stadt verlassen können. Die UÇK führt eine eigene Proskriptionsliste. Serben und Roma, die ihre Namen darauf finden, leben in Todesangst.

Noch schlimmer war es in Kosovska Mitrovica. Die Stadt liegt im Norden des Kosovo. Eine Brücke am Fluss Ibar trennt die nördlich des Flusses lebenden Serben von den Albanern im Süden. In Kosovska Mitrovica regiert der Hass.

„Die KFOR? Das ist nur Kosmetik", meint Oliver Ivanović, der Sprecher des *Serbischen Nationalrats*. „Wir können nicht mehr zusammenleben."

Mit einem Stacheldrahtverhau versuchen französische KFOR-Soldaten die verfeindeten Bevölkerungsgruppen zu trennen.

Die Albaner wollen die Wiedervereinigung der Stadt. Sie wollen wieder in ihre Häuser in den nördlichen Vierteln zurück. Für die Kosovo-Serben ist die Stadt der letzte sichere Zufluchtsort. Seit der Stationierung der KFOR-Truppen sind zehntausende Nichtalbaner aus dem Kosovo geflohen.

O liri, o vdekje – Freiheit oder Tod.

Diesen Spruch hatte Dardan, der Besitzer einer Pizzeria in der Rashit-Deda-Straße in Kosovska Mitrovica, auf das Eingangstor seiner neu eröffneten Pizzeria gepinselt. Das Lokal liegt an der Demarkationslinie auf albanischer Seite. Das Lokal heißt *Hitleri 99*.

„Wie kommen Sie auf diesen verrückten Namen für eine Pizzeria?"
„Weil Hitler die Slawen genauso gehasst hat wie ich!"

Dardan, der Pizzakoch, hat den Kosovo-Einsatz der KFOR gründlich missverstanden. Französische KFOR-Soldaten beenden den Nazispuk von Kosovska Mitrovica. Sie sperren Dardans Pizzaladen.

Einen glücklichen Bela Shaban, den ersten Kosovo-Heimkehrer, traf ich ein Jahr später in seinem Heimatort Kaçanik auf einem seiner Felder bei Erntearbeiten. In der Nähe seines Grundstücks exhumierte ein österreichisches Expertenteam Skelette.

Žile, der serbische Cutter aus Priština, war inzwischen nach Belgrad umgezogen, wo er als TV-Producer Arbeit fand. Seinen Bruder hat er nie wieder gesehen.

Shpend, unser arbeitsloser Musiker aus Skopje, suchte einen Job bei einer der internationalen Organisationen in Mazedonien. Auch ein Buch über den Kosovo-Krieg wollte er schreiben. Den Titel wusste er schon:

„*FUCKING HELL!*"

VERRÜCKTE WELT

Welcome to Sarajewo

Welcome to Sarajewo

1.

Im Hof des Koševo-Krankenhauses zieren heute Blumentöpfe den Platz, wo während des Krieges 1992 bis 1995 in Mülltonnen Ratten an amputierten Unterschenkeln fraßen.

Das Spital liegt auf einem Hügelabhang, wenige hundert Meter vom Gelände des Olympiastadions entfernt, das im Krieg zum Friedhof wurde. Während der Belagerung war das Krankenhaus ein leichtes Ziel für die serbischen Artilleristen, die von den Bergen um Sarajewo vorzugsweise um die Mittagszeit das Symbol des Widerstands unter Feuer nahmen.

„Ich zähle die Granateneinschläge nicht mehr", sagt Doktor Faruk Kulenović, der Leiter der Trauma-Abteilung.

„Ein Gruß von unseren Freunden", scherzt der Doktor mit schwarzem Humor und zeigt den Schreibtisch, auf dem er die Splitter von Granaten sammelt. Mit drei Kollegen, die mit ihm ausharren, leitet er den improvisierten Krankenhausbetrieb. Zwei Ärzte sind geflüchtet, drei haben auf die andere Seite der Front gewechselt.

„Sie wollen wirklich in das Leichenschauhaus?"

Wollen nicht, aber es ist die einzige Möglichkeit, die Angaben der täglich veröffentlichten Totenlisten zu überprüfen.

„Welcome to Sarajewo!"

Für den Hauswart, der uns die Leichenhalle neben der Notaufnahme aufsperrt, ist die Leichenschau ein Routinejob.

„70 Prozent der Opfer sind Zivilisten", bemerkt er scheinbar teilnahmslos.

Nur noch ein nostalgischer Rückblick, was 1896 der österreichische Balkanreisende Heinrich Renner in seinem Buch *Durch Bosnien und die Hercegovina* schrieb: *„Geht man die Straße nach Koševo entlang, so taucht auf einmal zwischen dem Laubwerk der niedrigen Sträucher und Bäume eine ganze kleine Villenstadt auf, die in nichts den düsteren Eindruck her-*

vorruft, den man gewöhnlich mit dem Begriffe Spital in einer Großstadt verbindet."

Heute stehen auf einem dunklen Gang der Klinik Schwangere. Verzweifelte Frauen warten auf Doktor Srećo Simić. Er ist der Chef der gynäkologischen Abteilung. Die Frauen warten darauf, dass der Doktor einen Eingriff vornimmt.

„Die zehn Liter Wasser, die ich dafür benötige, müssen Sie selbst mitbringen", sagt der Doktor.

Eines der grausamsten Kapitel des Bosnienkrieges ist für ihn tägliche Praxis. Vergewaltigte muslimische Frauen, die zur Abtreibung kommen.

„Mein Leben ist kaputt", sagt die 18-jährige Edina, „aber ich will kein Kind von einem serbischen Mörder."

Opfer des Krieges sind auch sie, auch wenn sie keine Schlagzeilen liefern.

In einem zweistöckigen Gebäude auf einer Anhöhe im Bjelave-Viertel, in Reichweite der serbischen Heckenschützen, in einem ehemaligen Kindergarten, dämmern dutzende Patienten geistesabwesend auf Laken in Notbetten vor sich hin. *Ludaci*, Verrückte, nennt man sie in Sarajewo. Depressive, Epileptiker, Schizophrene.

Männer, denen man kein Gewehr mehr in die Hand drücken kann, nicht einmal eine Schaufel, mit der sie Schützengräben ausheben könnten; Frauen, die keine Wasserkübel mehr schleppen oder um einen Bissen Brot Schlange stehen können.

Gordana wurde aus dem serbisch besetzten Stadtteil Grbavica eingeliefert: „Ich habe einen Sohn. Er ist mit meiner Mutter nach Serbien gezogen. Es schmerzt mich sehr, von beiden getrennt zu sein. Vom Fenster aus kann ich mein Haus sehen. Ich kann aber nicht mehr nach Hause."

Gordana ist eine der seelisch Kranken, die von Dr. Amira Teftedarija in der eingekesselten Stadt behandelt werden. Mehr schlecht als recht.

„Dringend würden wir Bettwäsche benötigen. Handtücher und Schlafanzüge. Die Patienten können ja nicht immer in denselben Kleidern herumlaufen. Auch in der Arbeitstherapie können wir nichts tun. Wir haben kein Material, keine Bücher, keine Zeitungen, kein Papier, keine Farbstifte. Von 29 Ärzten sind drei geblieben. Ein anderes Problem ist, dass Leute, die an Kriegshandlungen beteiligt waren, schwer traumatisiert sind. Nach einer

WHO-Studie waren 500.000 amerikanische Vietnamsoldaten in einer ähnlichen Lage. Können Sie sich unsere Situation vorstellen?"

Vor dem Krieg war Sarajewos psychiatrisches Krankenhaus auf einem zwanzig Hektar großen Gelände im Stadtteil Jagomir. Dort hatte Dr. Teftedarija einen inzwischen weltweit bekannten Kollegen.

„Ja, ja! Unser lieber Kollege Karadžić!" kommentiert Dr. Teftedarija sarkastisch.

Dr. Radovan Karadžić lernte ich kennen, als er noch nicht weltweit bekannt war, sondern ein vorbestrafter Psychiater und unbekannter Dichter mit politischen Ambitionen.

Im Hotel *Holiday Inn*, dem Hauptquartier seiner *Serbisch-Demokratischen Partei*, gab er mir im November 1990, am Tag nach den ersten freien Wahlen in Bosnien-Herzegowina, ein Interview. Seine *SDS (Srpska Demokratska Stranka)* wurde zweitstärkste Partei. Das Ergebnis entsprach dem Bevölkerungsanteil der Serben in Bosnien-Herzegowina. Mit wirrer grauer Mähne, typischer Haartolle und dem markanten Grübchen am Kinn erläutert der neue Politstar sein Programm:

„Ich bin gegen eine nationale Koalition auf Kosten des serbischen Volkes. Ich bin für eine Regierung aus Technokraten und Managern, die das Land aus der politischen und wirtschaftlichen Krise führen."

Also sprach Dr. Karadžić, während seine wichtigsten Mitarbeiter in den grünen Sitzgarnituren in der Lobby feiern. Der bosnische Serbenführer residiert im fünften Stock auf Zimmer 503, im ersten Stockwerk arbeitet sein Büro.

Das *Holiday Inn*, ein rechteckiger gelbbrauner Klotz, für die Olympischen Winterspiele 1984 gebaut, wird zum Hotel, in dem der Krieg zu den Journalisten kommt. Dafür sorgt sein bekanntester Gast, dessen politische Kommentare immer schriller werden:

„Wenn wir Serben alle auf einem Territorium leben, können sich die anderen, so oft sie wollen, für souverän erklären." Dr. K. sagt auch: „Wenn wir in einem Staat leben müssen, der von Serbien getrennt ist, wird es Krieg geben." Oder: „Die derzeitigen Grenzen sind unwichtige administrative Linien, die gegen die Interessen der Serben gerichtet sind. Wir müssen diese Grenzen korrigieren."

Diese Grenzkorrektur forderte in Bosnien-Herzegowina 240.000 Tote. 1.395 Tage lang, vom 2. Mai 1992 bis zum 26. Februar 1996, wird

Sarajewo von serbischen Scharf- und Artillerieschützen belagert. 10.615 Menschen kommen in der Stadt ums Leben, unter ihnen 1.601 Kinder.

Auch das *Holiday Inn* wird während des Krieges immer wieder beschossen, aber wunderbarerweise nie völlig zerstört. Gerüchteweise gab es geheime Absprachen und geheime Geldflüsse zwischen der Hoteldirektion und den Belagerern. Der Hoteldirektor übergab angeblich im Niemandsland seinen serbischen Geschäftspartnern mit D-Mark gefüllte Koffer, bis er eines Tages selbst samt dem Koffer auf Nimmerwiedersehen verschwand.

Artilleriegeschosse und Panzergranaten hatten tiefe runde Löcher in sein Hotel gerissen. Die oberen Etagen des zehnstöckigen Bauwerks waren verwüstet, das *Holiday Inn* wurde zur Kriegskulisse. Die Südseite war inzwischen unbewohnbar, die Nordseite gewährte Schutz, die beiden anderen Seitentrakte boten Kriegskomfort mit Risiko. Der Zimmerpreis betrug 60 Dollar, Frühstück, Mittag- und Abendessen inklusive. Zum Mittagessen kamen wir nie.

An guten Tagen gab es für wenige Stunden Strom, immer dann, wenn es das Management schaffte, Diesel für das hoteleigene Stromaggregat zu hamstern. Ein Liter kostete auf dem Schwarzmarkt 40 D-Mark, so viel wie die billigste Flasche Wein im *Holiday Inn*. Aus den kostbaren Restbeständen der Olympia-Vorräte, die auszusaufen die ermatteten Olympioniken nicht mehr geschafft hatten. Sie fanden in der Jahre später ungemütlich campierenden Journalistenschar dankbare Nachfolger und Konsumenten.

Von den mit Pflaumenbäumen, Tannenwäldchen und Granatwerfern gespickten Hügeln aus gesehen lag die ehemalige Olympia-Absteige wie auf einem Präsentierteller. Vom einige hundert Meter entfernten umkämpften alten Jüdischen Friedhof aus sah ich mir später in einer aufgelassenen serbischen Stellung, hinter einem umgeworfenen Grabstein, den Hochsitz des unbekannten Heckenschützen, der mich ins Visier zu nehmen pflegte, sooft ich versuchte, die Schüssel für das Satellitentelefon am Fensterbalken aufzustellen, an. Nicht, dass mich der unbekannte *snajper* treffen wollte. Für ihn war es nur Spaß, für mich Einschüchterung und Terror. Peng, peng, peng.

Als ich eines Februarmorgens mit der Taschenlampe in der Hand an einem fehlendem Stück Stufe beim Treppensteigen scheitere und mich über einen Schuttberg über den Notsteg zu meinem Zimmer Nummer 712 vorzutappen versuche, sehe ich vom Zimmer nur noch Restbestände. Ein Querschläger hatte die Fensterfront und einen Teil des Mobiliars zertrümmert. Aus dem Zimmer konnte ich auf die „Snajper Alley" schauen, die Heckenschützen-Allee zwischen Hauptpostamt und Fernsehgebäude. Man sah Menschen in den Tod laufen, man sah Rettungswagen zu Getroffenen rasen, man sah angeschossene Retter. Man sah in einer Stunde so viel Schrecken, wie anderswo in einem langen Leben nicht. In diesem Fall bekam der Hotelhinweis „Zimmer mit Fernblick" eine neue Bedeutung. Es war eine verrückte Welt. Im *Holiday Inn* von Sarajewo zu Kriegszeiten waren die begehrtesten und teuersten Zimmer diejenigen ohne Fernblick. Die Kreuzung vor dem geschlossenen Hoteleingang war eines der bevorzugten Ziele der Scharfschützen. Ein Pfeifen, ein Krachen. Und Stille. Dann wieder das monotone Tack, tack, tack.

Am späten Nachmittag und frühen Abend, wenn sie genügend Zielwasser konsumiert hatten, ballerten die Heckenschützen wahllos darauf los. Blöderweise war das auch der Zeitpunkt, zu dem wir in das zerschossene bosnische Fernsehgebäude fuhren, um unsere Beiträge zu überspielen.

„Wir dürfen nur zurückschießen, nachdem sie das Feuer eröffnet haben!" Francis Chanson war der Kommandant der französischen UNO-Truppe, die den Heckenschützen das Handwerk legen sollte. Ein gefährlicher und frustrierender Job. Das Duell zwischen dem UNO-Blauhelm und dem *snajper*, dem Heckenschützen, war ein Kampf zwischen ungleichen Gegnern. Die UNO-Truppe ist mit Spezialferngläsern und Wärmekameras ausgestattet, sie vermag die Heckenschützen sogar in dunklen Räumen und hinter Wänden aufzuspüren, doch sie darf nicht als Erste schießen.

Der *snajper* lauert in einer Wohnung mit Blick auf die Straße, geschützt von Sandsäcken und Drahtgittern. Im hinteren, dunkleren Teil eines Zimmers visiert er mit dem Zielfernrohr seines Gewehres, bäuchlings auf einem Tisch kauernd, sein beliebiges Ziel und Opfer an. Eines seiner Ziele ist das *Holiday Inn*.

Das *Holiday Inn* während des Bosnienkrieges war ein Treffpunkt von Irren, Mutigen und Idealisten. Der Irrste in der Medientruppe war der belgische Radioreporter mit Strohhut und Havannazigarre, der auf die Rückfront seines schalldämpferlosen Autos geschrieben hatte: *Nicht schießen. Sie vergeuden Ihre Munition. Ich bin unsterblich.* Bei so viel Fatalismus war dieser Kollege konsequenterweise stets mit einem ungepanzerten Fahrzeug in der kriegsumtobten Stadt unterwegs, eine Mutprobe, die ihm beim Versuch, in die Karadžić-Metropole Pale zu fahren, zum Verhängnis wurde. Von Heckenschützen unter Feuer genommen, wurde er schwer verletzt.

Wir Vorsichtigen hatten auf Dächer und Fenster unserer gepanzerten Autos die zwei großen weißen Buchstaben *TV* geklebt, in der Hoffnung, damit für die Soldateska als Fernsehteam erkenntlich und unangreifbar zu sein. Eine Fehleinschätzung, wie sich bald herausstellen sollte.

Ein Idealist war der österreichische Botschafter, den wir Franz nennen durften. Seine Residenz war eine winters eiskalte *Holiday-Inn*-Suite. Völlig undiplomatisch ließ sich Herr Franz von seiner einzigen Mitarbeiterin, einer mutigen Bosniakin, im ungepanzerten Auto zwischen Panzersperren und Minenfeldern durch die zerschossene Stadt fahren.

„In Metković warten 40 Eisenbahnwaggons mit Holzlieferungen für Sarajewo. Um das Holz in die Stadt zu bringen, brauche ich die Durchfahrerlaubnis der Serben", bemühte sich der Botschafter um protokollarischen Durchblick inmitten der Kriegswirren. Ich hoffe noch im Nachhinein, sein Engagement hatte Erfolg.

Die Zufahrt beim Hintereingang zur Tiefgarage des *Holiday Inn* war allabendlich wie die späte Heimkehr zu vermeintlich guten Bekannten, die beim Abendessen oder Frühstück allerdings nur wenig an kollegialer Information preiszugeben bereit waren, wie etwa den spärlichen Hinweis, dass sie für den kommenden Tag nichts Spezielles geplant hätten. Auf einem Begräbnis, im Pressezentrum der UNPROFOR, im Hauptquartier der UNO-Schutztruppen oder auf dem Schauplatz eines Granateneinschlags traf man sich dann wieder. In aller Kollegialität.

Bosnien galt vor dem Krieg als „Jugoslawien im Kleinen". Als Beispiele für das friedliche Zusammenleben der Jugoslawen in einem Vielvölkerstaat. Eine in den 1980er Jahren in Sarajewo publizierte Zeitschrift hieß *Zajedno* – „Gemeinsam". Der Name war Programm. Die drei Religionsgemeinschaften warben für gegenseitiges Verständnis. Doch den herrschenden Eliten der kommunistischen Führung waren die muslimischen Aktivisten ein Dorn im Auge.

Der spektakulärste Fall war der Prozess gegen 13 angeklagte bosnische Muslime im August 1983.

Ihnen wurden „feindselige und konterrevolutionäre Handlungen *aus muslimisch-nationalistischen Gründen*" vorgeworfen. Hauptangeklagter war Alija Izetbegović, ein Jurist und Angestellter der bosnischen Eisenbahn. 1990 der erste frei gewählte Präsident Bosnien-Herzegowinas. 1970 hatte er seine *Islamische Deklaration* veröffentlicht. Für die Anklage ein Beweis für die Schaffung eines ethnisch reinen muslimischen bosnischen Staates. Izetbegović wies in seiner Verteidigung darauf hin, dass in seinem Text das Wort Bosnien gar nicht vorkomme. Das Gericht war von diesem Argument nicht beeindruckt und verurteilte Izetbegović zu vierzehn Jahren Haft, die auf elf verkürzt wurden.

Izetbegović und seine drei Mitangeklagten waren Aktivisten der *Jungen Muslime,* eine Gruppe, die Ende des Zweiten Weltkrieges Angriffe der Kommunisten auf den Islam zurückwies. Die Verurteilten wurden beschuldigt, die Ziele einer *terroristischen Organisation* wiederbelebt zu haben.

Izetbegović wurde außerdem bezichtigt, die Einführung einer Demokratie westlichen Stils zu planen.

Die Urteile schüchterten die religiös orientierten bosnischen Muslime ein und stärkten die Position höherer muslimischer KP-Funktionäre, die sich mit dem Status einer *muslimischen Identität* begnügten, solange diese säkular blieb.

Ein Aufsehen erregender Wirtschaftsskandal machte dieses Muster muslimischer Politik in Bosnien-Herzegowina zunichte.

In Velika Kladuša, einem Ort in Nordwestbosnien, gab es einen Betrieb mit Namen *Agrokomerc*. In den 1960er Jahren begann die Firma als Geflügelfarm und expandierte unter seinem charismatischen Direktor Fikret Abdić, einem Muslim, zu einem Unternehmen, das 1987 mit 13.000 Beschäftigten einer der dreißig größten Betriebe Jugoslawiens war.

„Was Tito in Jugoslawien war, bin ich in Velika Kladuša", erläuterte Genosse Abdić dem Interviewer seinen Führungsstil. Sein Erfolgsgeheimnis war, dass *Agrokomerc* Solawechsel mit hohen Zinssätzen ohne Absicherung durch Nebenbürgschaften ausgegeben hatte. Möglich war diese Art Kreditgeschäft, solange die Wechsel mit einem offiziellen Stempel der lokalen Bank geriert waren.

Diese Art von Bankgeschäften war im Nach-Tito-Jugoslawien nicht untypisch. Auffallend war im Fall *Agrokomerc* die Höhe der ungedeckten Wechsel. Es ging um 900 Millionen Dollar. Der größte Finanzskandal erschütterte zahlreiche Geldinstitute, nicht nur in Bosnien, und löste ein politisches Erdbeben aus.

Ranghohe Mitglieder der bosnischen Regierung hatten beste Kontakte zu *Agrokomerc*, unter ihnen der Vizepräsident des jugoslawischen Staatspräsidiums, Hamdija Pozderac. Sein Bruder Hakija stand als Berater auf der *Agrokomerc*-Gehaltsliste. Abdić war Mitglied des bosnischen Zentralkomitees. Er wurde aus dem kommunistischen Führungsgremium ausgeschlossen. Pozderac beteuerte seine Unschuld – und trat zurück.

Doch Fikret Abdić blieb in Bosnien populär. Für den „Mann auf der Straße" blieb der Managerstar ein tüchtiger Unternehmer, der einer bettelarmen Gegend Arbeit und Wohlstand gebracht hatte.

Später, im Bosnienkrieg, bleibt in der Region Fikret Abdić einer der wenigen Wohlhabenden. Er hatte um die Städte Bihać und Velika Kladuša die *Autonome Provinz Westbosnien* ausgerufen, eine eigene Regierung eingesetzt, eine eigene Armee gegründet und gute Kontakte zu den serbischen und kroatischen Kriegsparteien unterhalten. Und wieder glänzende Geschäfte gemacht. Ein *warlord*, den das Kriegsglück erst 1995 verließ. Er verlor seinen Privatkrieg gegen die Regierung in Sarajewo, setzte sich nach Kriegsende nach Kroatien ab, verschwand einige Jahre in der Versenkung und wurde schließlich in Kroatien im Juni 2002 wegen Kriegsverbrechen zu 20 Jahren Haft verurteilt.

In Bosnien, Ende der 1980er Jahre, waren viele der Überzeugung, dass die *Agrokomerc*-Affäre eine Inszenierung Belgrads gewesen war, um einige der prominentesten muslimischen Politiker zu stürzen. Pozderac war einer der Kandidaten für das Amt des Präsidenten Jugoslawiens. Er war auch Vorsitzender des Komitees, das Verfassungsänderungen ausarbeiten sollte, die nach Belgrader Auffassung „antiserbisch" waren. Scharfe Angriffe in der Belgrader Presse zwangen ihn zum Rücktritt. Die Folgen des Skandals hatten verheerende Auswirkungen auf die wirtschaftliche Entwicklung Bosniens.

Als wir nach Auffliegen des *Agrokomerc*-Skandals im Büro des Bürgermeisters von Velika Kladuša filmen, hängt auf der kahlen Wand hinter seinem Schreibtisch noch immer das Foto eines jugendlich lächelnden Tito, während sich die Stirn des KP-Funktionärs in tiefe Falten legt.

„Für die Gemeinde Velika Kladuša bedeutet der Skandal eine große Katastrophe. Wenn ich Katastrophe sage, dann denke ich daran, dass wir ungefähr 3.000 bis 4.000 Arbeitslose haben werden. Auf all die politischen und gesellschaftlichen Probleme, die diese Affäre in unserer Gemeinde ausgelöst hat, will ich gar nicht näher eingehen." Bürgermeister Petar Lukić war nur ein kleines Rad im großen Räderwerk des Fikret Abdić.

Der Fall *Agrokomerc* war ein bezeichnendes Beispiel für die wirtschaftliche und politische Misere Jugoslawiens in den späten 1980er Jahren.

Ein morsches Wirtschaftssystem, das nur mit geborgtem Geld eine Überlebenschance gehabt hätte, brach zusammen. Das titoistische Wirtschaftsmodell war im Verfallszustand. Der ideologisch propagierte „Selbstverwaltungssozialismus" war zum „Selbstbedienungssozialismus" verkommen. Die Reallöhne sanken, die Streiks nahmen zu. Die Zentralregierung in Belgrad verordnete Sparmaßnahmen, war aber nicht willens und fähig für entscheidende Strukturreformen. Mit der trostlos-düsteren Perspektive, dass sie in allen sechs Teilrepubliken zunehmend unbeliebter und handlungsunfähiger wurde.

Die Hinterlassenschaft der von Tito geerbten Wirtschaftspolitik war eine Bevölkerung in Armut und Bitternis. Diese desorientierte und demoralisierte Gesellschaft war der ideale Nährboden für Demagogen und Nationalisten. Die Dämonen der Weltkriegsvergangenheit und die Ressentiments der Gegenwart schlummerten unheilvoll. Sie mussten nur geweckt werden.

Der *Agrokomerc*-Skandal war auch ein typisches Beispiel für das Funktionieren der Netzwerke in der Hierarchie der höheren kommunistischen Funktionärsschicht. Familien, die im Krieg der Partisanen Führungspositionen erobert hatten, bauten diese in Titos Staat aus, regierten wie lokale Dynastien in einem Geflecht von Korruption, Protektion und Repression. Das prominenteste Beispiel in Bosnien war die Familie Pozderac.

Ende der 1980er Jahre kam diese Generation ins Rentenalter. Um die Macht kämpfte eine neue Generation, die im kommunistischen Nachkriegsapparat Karriere gemacht hatte, und die es verstand, den politischen Stillstand und wirtschaftlichen Niedergang zu nützen, um ihre eigene Gefolgschaft zu rekrutieren. In Bevölkerungskreisen, die frustriert, verarmt und desillusioniert waren. Ihre Unzufriedenheit war politischer Sprengstoff.

Im Sommer 1988 registrierten durch Jugoslawien pendelnde politische Beobachter und Reporter ein neues Phänomen: in der Vojvodina, einer Provinz im Norden Serbiens, und in der kleinen Teilrepublik Montenegro begannen Massendemonstrationen gegen die lokalen kommunistischen Parteiführer. Sie wurden von den Organisatoren „Meetings der Wahrheit" genannt. Neben Tito-Porträts wurden auf diesen Demonstrationen auch, wie Ikonen, Bilder eines bisher in der Öffentlichkeit unbekannten Politikers mitgetragen und geschwenkt: Slobodan Milošević, der neue Führer der serbischen Kommunisten, förderte und organisierte den Druck der Straße und nutzte den Frust der Enttäuschten für seine eigenen politischen Ziele.

Wie in der Vojvodina und in Montenegro übte Milošević auch Druck auf die kommunistische Führung der Provinz Kosovo aus, um auch dort die Opposition in seine Abhängigkeit zu drängen. Die Kosovo-Albaner widersetzten sich diesem Zwang. Den Widerstand in Priština zu brechen, verstand die Milošević-Rhetorik als Auftrag und Verteidigung nationaler serbischer Interessen gegen angebliche oder tatsächliche Sezessionspläne der Kosovo-Albaner.

Auf Antrag von Milošević verabschiedete das serbische Parlament im März 1989 eine Verfassungsänderung, mit der die politische Autonomie der Vojvodina und des Kosovo außer Kraft gesetzt wurden. Die Kosovo-Albaner reagierten mit einem Generalstreik und Massendemonstrationen, die von der serbischen Polizei niedergeschlagen wurden.

Der politische Oberspielleiter in Belgrad hatte sein Meisterstück inszeniert: in der Hauptrolle ein ehrgeiziger skrupelloser Machtmensch, der auf dem Weg nach oben die Methoden der kommunistischen Apparatschiks beherrschte, und ein Heer von Unzufriedenen, das sich nach einem starken, entschlossenen Führer sehnte.

Die Vojvodina und das Kosovo waren wieder unter serbischer Kontrolle, die frustrierten Ideologen des serbischen Nationalismus hatten ihren *vožd*, ihren Führer, gefunden

„Smrt fažismu – Sloboda(n) na rodu" – „Tod dem Faschismus – Freiheit für das Volk". Die alte Partisanenlosung wurde auf Milošević gemünzt.

Zwei Ziele schienen erreicht: Die geballte Macht in den Händen von Milošević und die Vereinigung der Serben mit einem politischen Programm, das Jugoslawien beherrschen oder zerstören konnte. Slowenien, Kroatien und Bosnien-Herzegowina lehnten dieses großserbische Programm – „Wo Serben leben, ist Serbien" – ab und strebten nach Unabhängigkeit.

Die Büchse der Pandora war geöffnet.

„Man weiß nicht, was die Zukunft bringen wird": Weihnachten im dritten Kriegswinter in Sarajewo. Wir sind zu Gast bei Familie Danon. Das Ehepaar wohnt in einem Reihenhaus auf einem Hügel ein paar hundert Meter vom *Holiday Inn* entfernt, im Schussfeld der Heckenschützen. Klebestreifen sollen die Fensterscheiben des Wohnzimmers schützen. Ab drei Uhr Nachtmittag gibt es Gas für zwei Stunden. In Mänteln sitzen die beiden alten Leute am Tisch in der Mitte des Zimmers und zeigen uns vergilbte Fotoalben.

„Wir sind das letzte Stück Alt-Österreich in Sarajewo", sagt Frau Danon und zeigt den Spazierstock ihres Großvaters Julius Brod. Das war jener k. u. k. Lokomotivführer, der im Juni 1914 den Thronfolger Franz Ferdinand von Mostar nach Sarajewo fuhr.

„Der Rest ist eine bekannte Geschichte", schmunzelt Frau Danon an diesem trostlosen Weihnachtstag und seufzt wehmütig-verklärt: „Unter Alt-Österreich gab es in Sarajewo Recht und Ordnung. Das verstehen unsere heutigen Politiker nicht mehr."

Aus einer Kommodenlade kramt Ljerka Danon einen Stapel Briefe hervor, erklärt Alben mit Fotos, auf denen k. u. k. Eisenbahner zu sehen sind. Sie zeigt uns das Paar weiße Lederhandschuhe, das ihr Großvater trug, als er den Thronfolger mit der Bosna-Bahn von Mostar in die bosnische Hauptstadt geleitete.

„Jetzt haben wir ab vier Uhr nachmittags zwei Stunden Gas", erzählt Elias Danon. Der Achtzigjährige hat seine eigene Geschichte. Seinen Kopf ziert ein blaues Barett. Der Kettenraucher hat viel zu erzählen. Er ist der Nachkomme einer sephardischen Familie, die seit einem halben Jahrtausend in der bosnischen Hauptstadt ansässig ist.

„Mit ein paar Jahren Unterbrechung", sagt Elias Danon selbstironisch. In diesen Jahren war der Juniorchef einer Stoffhandelsfirma auf der Flucht vor der *Ustaša* und Mussolinis Faschisten. Er konnte sich in die Schweiz retten. Sein Bruder, der bei den Partisanen war, hatte ihn nach Kriegsende zur Heimkehr überredet.

„Jetzt sind wir alle gleich, dank der Granaten", sagt ein stoischer Elias Danon, während seine Frau Ljerka von ihrer Arbeit in einer Gärtnerei in Mostar berichtet, wo sie vor ihrer Pensionierung für den Blumenexport verantwortlich war.

Jetzt ist Mostar zerstört, der Kontakt zur Außenwelt abgeschnitten,

Gespräche ins Ausland sind nur mit einem Satellitentelefon möglich, die Minute kostet 40 Dollar. Unerschwinglich für die beiden alten Leute.

Für Zivilisten gibt es keinen Ausweg aus der Stadt. Die Straßen aus und nach Sarajewo sind gesperrt. Die einzige Fluchtroute ist der unter der Flughafenpiste notdürftig gegrabene Tunnel. Den Eingang kontrollieren bosnische Regierungssoldaten. Sie sollen eine Massenflucht verhindern.

Den Flughafen hatte die Jugoslawische Volksarmee zu Kriegsbeginn im April 1992 unter ihre Kontrolle gebracht. Hier wurde der bosnische Präsident Alija Izetbegović am 2. Mai nach seiner Rückkehr von Verhandlungen in Lissabon von der Volksarmee als Geisel genommen und erst freigelassen, nachdem eine im Hauptquartier des Zweiten Armeebezirkes in Sarajewo festsitzende jugoslawische Armeeeinheit abziehen durfte.

Seit Juni 1992 verwaltete die UNO-Schutztruppe UNPROFOR das Flughafenareal. Damit wurde die Luftbrücke möglich, die den Einwohnern Sarajewos überleben half. Dieser humanitäre Flugverkehr muss aber für Wochen oder monatelang eingestellt werden, wenn die Serben auf die anfliegenden Flugzeuge schießen, das Zielradar ihrer Kanonen auf sie richten oder Sicherheitsgarantien verweigern.

Von ihrem Wohnzimmer aus sehen die Danons die eingekesselte Stadt, aus der es für sie kein Entkommen gibt. Ihnen muss die Erinnerung genügen und das Wenige, das sie an Hilfe erreicht. Elias sitzt vor einem Blechofen, in dem eine spärliche Gasflamme bläulich flackert. Der Ofen ist Wärmespender und Kochnische in einem.

„Alle versprechen, dass der Friede kommt. Aber er kommt und kommt nicht", klagt Frau Danon. Aber sie gibt nicht auf. So oft sie kann, geht sie den gefährlichen Weg zum Jüdischen Gemeindezentrum, ein graues tristes Gebäude, wo sie in der 1892 gegründeten jüdischen Hilfsgemeinschaft *Benevolencia* mitarbeitet. Ein paar hundert Juden harren in der Stadt noch aus. Von 13.000, die 1941 in Sarajewo lebten, wurden 8.000 in den Nazi-Konzentrationslagern ermordet.

„Warum soll ich jetzt die Stadt verlassen? Das musste ich schon einmal. Ein zweites Mal mache ich das nicht mehr mit!"

Greta Ferušić ist eine Auschwitz-Überlebende. Die letzte in Sarajewo.

„Vor diesem Krieg hatten wir nie gefragt, wer ist Serbe, Kroate oder Muslim. Keiner konnte sich hier vorstellen, dass passiert, was jetzt passiert."

Jetzt war der 1630 errichtete jüdische Friedhof Sarajewos ein Schlachtfeld. Auf dem Vraca-Hügel im Süden der Stadt gelegen, erkannten die serbischen Strategen seinen militärischen Nutzen. Sie bauten im Friedhof ihre Artilleriestellungen aus.

„Ich habe keine Hoffnung mehr. Es geht immer nur um Interessen", meint Hedwig Schamanek. Die ehemalige Deutschprofessorin ist die Tochter des einstigen Feldarztes Paul Kaunitz, der das ermordete Thronfolgerpaar im Juni 1914 einbalsamiert hatte. Und sie war die Lehrerin unserer Dolmetscherin Nermana.

2.

Es gab nicht viele Wege, die in das belagerte Sarajewo führten. Es gab den Flug mit den so genannten *Maybe-Airlines*, von der UNO organisierte Versorgungsflüge, die auch Diplomaten und Journalisten nutzten, wenn eine Transportmöglichkeit gegeben war. Es gab den Landweg aus dem Schwarzhändlerparadies Kiseljak, einer Stadt 40 Kilometer westlich von Sarajewo, die von kroatischen Milizen kontrolliert wurde. Sie belieferten ihre vorgeblichen Feinde, die bosnischen Serben, mit Treibstoff und Lebensmitteln. Die Bosniaken, vorgebliche Verbündete der Kroaten, wussten von diesem Schleichhandel, akzeptierten ihn aber, weil die Serben in bestimmten Fällen wegsahen, wenn Schmuggelgut in den bosnischen Teil Sarajewos geschleust wurde.

In Kiseljak tummelten sich UNO-Beamte, Kriegsgewinnler und Journalisten. Die UNO-Vertreter residierten im besten Hotel der Stadt auf einem Hügel mit Blick auf eine neue Kirche. Wir medialen Söldner mussten uns nach überteuerten Privatquartieren umsehen.

Die Fahrt von Kiseljak nach Sarajewo führte nach dem letzten kroatischen *Checkpoint* auf einer schmalen Waldstraße durch vermintes Gelände bis zum ersten serbischen Kontrollpunkt.

„Die Schutzwesten und Helme bleiben hier", entschied kurzerhand der serbische Grenzposten.

Es war die kriegsübliche Art von Wegelagerei.

„Wir müssen verhindern, dass ihr den Türken Hilfe bringt." Mit Türken meinte er die bosnischen Muslime. Ein Schimpfwort. Als Bestätigung für die ausgehändigten Helme und Schusswesten, die für unsere Sicherheit gedacht waren, bekamen wir eine Quittung, die wir bei der Ausreise wieder einlösen sollten.

Das war die bürokratisierte Form des Raubüberfalls.

Natürlich bekamen wir Schusswesten und Helme nie zurück. Sie waren bei der Ausreise im Grenzschuppen der *Republika srpska*, den wir bei der Einreise passieren mussten, unauffindbar.

Und dann gab es noch einen Weg nach Sarajewo. Er begann in einem Ort, der Tarčin hieß, am Fuß des Berges Igman. Eine Moslem-Enklave westlich von Sarajewo, die unbekannt geblieben wäre, hätte der Krieg nicht auch Tarčin heimgesucht.

In der Streusiedlung gab es im Kulturhaus einer ehemaligen Motorenfabrik ein Lager mit muslimischen Flüchtlingen, in das uns die Bosniaken bereitwillig führten, und es gab im Ort, was wir erst später erfuhren, ein Gefängnis mit serbischen Zivilisten, das sie uns verheimlichten.

„Hinein ins Herz der Finsternis!" pflegte Kameramann Fritz den Joseph-Conrad-Roman zu zitieren, sooft wir diese Reise im dalmatinischen Küstenstädtchen Split in Angriff nahmen. Die Reise führte über Mostar, wo der Alptraum begann.

Das muslimische Mostar war in jenen kriegsbedingten Tagen kein Ort, wo man als Kriegsgegner länger verweilen mochte, bei aller Herrlichkeit der überwältigenden Landschaft im Tal der Neretva, deren türkisfarbenes Wasser auch bei Kanonendonner, naturgewaltig und unzerstörbar, durch den zerklüfteten Karst zischte.

Ein grandioses Schauspiel, auch noch mit den teils gesprengten und verminten Brücken.

Auch in der Region um Mostar, um Čapljina und Čitluk, bekannte Weinorte, berühmt für die Sorten *Žilavka* und *Blatina*, hatte der Krieg grausame Spuren hinterlassen. Die Häuser wollten nicht in die liebliche Gegend passen. Auf den ersten Blick fehlte ihnen irgendetwas. Bei näherem Hinsehen war klar, was ihnen fehlte. Es fehlten die Dächer. Die Schornsteine ragten wie groteske Stalagmiten in den bosnischen Himmel. Die Dörfer an der Neretva waren nur noch schwarz gefärbte Ruinen.

Es war Krieg im Krieg. Die zu Kriegsbeginn verbündeten Muslime und Kroaten fielen übereinander her. Tudjman, der Präsident Kroatiens, wollte sein Stück aus dem bosnischen Kuchen. Auf Kosten der Muslime.

Počitelj, ein altes muslimisches Städtchen, hatte die kroatische Armee gebrandschatzt, aus West-Mostar hatten Tuđjmans Herzegowina-Krieger die Muslime vertrieben.

„Was hat gemacht *Četnik*, macht jetzt *Ustaša*. Muslim muss weg", klagte in gebrochenem Deutsch ein heimgekehrter Gastarbeiter. Er hatte sich die Heimkehr nach Mostar anders vorgestellt, nicht in ein Kellerloch ohne Strom und Wasser.

Ost-Mostar war ein Abgrund an Niedertracht, aber auch ein Lichtblick heroischer Humanität. In einem feuchten Keller unter einer Häuserruine nahe der Frontlinie war ein Feldlazarett. Hier operierten zwei Ärzte mit primitivsten medizinischen Geräten schwer Verletzte, die neben Toten lagen.

Mostar war der ideale Einstieg für den Aufstieg auf den 1.502 Meter hohen Berg Igman.

Nach Tarčin begann es. Das Kribbeln im Bauch, eine gewisse Unruhe, nicht eigentlich Angst, aber das Wissen um eine große Gefahr und die Ahnung, diese Fahrt könnte die letzte werden. Bis zur Ortschaft Pazarić schien die Strecke gefahrlos. Dann begann die Reise ins „Herz der Finsternis". Eine handgemalte Tafel mit einem weißen Pfeil wies den Weg zum Berg. Das war auch der unmissverständliche Hinweis, dass der Zeitpunkt gekommen war, die blaue Panzerweste anzuziehen und den blauen Stahlhelm aufzusetzen. In dieser Aufmachung sahen wir aus wie UNO-Soldaten, nur noch hilfloser.

Auf den Serpentinen der ersten Kilometer fühlte man sich im Wald noch sicher, trotz der Schüsse, die zu hören waren. In Schleifen, Schlaufen und Kurven ging es nach oben. Wir krochen einen von Autowracks gesäumten schmalen Pfad hinauf, löchrig und schlammig, im Winter eisglatt. Tannenbäume und Sträucher gaukelten einen schemenhaft-trügerischen Schutzwall vor. Bis zur Lichtung, die den Blick auf das Tal frei gab. Auf die roten Dächer des serbisch kontrollierten Ortes Hadžići, auf die Demarkationslinie südlich des Igman.

Hadžići war einer der neun Vororte und Stadtteile Sarajewos, die von den bosnischen Serben bis März 1995 als Teil ihrer Hauptstadt „Serbisch Sarajewo" beansprucht wurde. Über Hadžići lief die wichtigste Versorgungsroute der UNO in die bosnische Hauptstadt. Sie war die schnellste Verbindung zu den UNO-Lagerhäusern an der kroatischen Adriaküste. Und sie wurde immer wieder von serbischen Truppen blockiert.

Das wussten wir, wenn wir auf Hadžići hinunterblickten. Was wir nicht wussten, aber ahnten, war die Wahrscheinlichkeit, dass aus dem Tal auch jemand zu uns herauf sah. Ein Scharfschütze mit seinem Zielfernrohr zum Beispiel, der jeden und alles ins Fadenkreuz nahm, was sich auf dem Berg bewegte. Nach welchen Auswahlkriterien, war für uns nicht nachvollziehbar. Jedenfalls machte er keinen Unterschied zwischen Helfern, Journalisten und Diplomaten.

„Pazi! Vorsicht!" murmelte Nenad, ein bosniakischer Regierungssoldat, der auf den Igmanbergen scheinbar stoisch als Autostopper unterwegs war, und den wir mitnahmen, in der irrigen Annahme, seine Begleitung wäre ein Schutz für uns. „Vorsicht!" mahnte er, ängstlicher als wir, und zeigte auf einen Abhang, wo das Auto einer US-Verhandlungsdelegation vor Monaten über den Wegrand gefahren war, abstürzte, auf eine Mine prallte und verbrannte. Es war das Stück des Weges, auf dem die serbischen Scharfschützen nach allen Seiten freies Schussfeld hatten.

Es war nicht weit nach Sarajewo, aber es war gefährlich.

Unter uns war in der Abenddämmerung das kriegsgebeutelte Hrasnica zu sehen. Dort, von wo uns zerschossene Fenster wie überdimensionale leere Augenhöhlen anstarrten, mussten wir hin. Es galt, nur noch eine Rechtskurve am Fuß des Igman heil zu überstehen. Sie lag direkt in der Schusslinie der Serben.

Irgendwie kamen wir auch diesmal wieder nach Hrasnica.

Dann war Endstation. Wir waren in eine Schießerei zwischen Bosniaken und Serben geraten. Wir saßen in der Falle. Zwischen den serbischen Stellungen im Norden und Süden Sarajewos, dem Igman und dem Flughafen, den französische Blauhelme kontrollierten.

„Hier könnt ihr heute nicht mehr weiter", empfahl uns Huso, einer der wenigen Bosniaken, der sich an diesem Abend in Hrasnica noch auf die Straße wagte. Er bot uns sein Heim als Nachtquartier an. Es wurde keine ruhige Nacht.

Hrasnica lag außerhalb des Belagerungsringes. Tausende muslimische Flüchtlinge hatten sich in den Ort gerettet, wo es keinen Strom und kaum Wasser gab. Nur den Funken Hoffnung.

„300 Meter trennen mich von meinen Kindern", jammerte Mirsad, ein von Flucht und Hunger gezeichneter Mittfünfziger. Die 300 Meter waren das Flugfeld.

Verzweifelt versuchten in der Nacht Wagemutige über das Flughafengelände in die Stadt zurückzukehren oder aus Sarajewo zu fliehen. Werden sie von den französischen UNO-Soldaten aufgegriffen, werden sie zurückgeschickt. Das war eine UNO-Entscheidung. Geraten sie in das Nachtvisier der serbischen Truppen, werden sie erschossen. Das war serbische Kriegskunst. Im Morgengrauen beginnen Blauhelme mit dem Einsammeln der Leichen. Das war die Sicherheitsgarantie des UNO-Sicherheitsrates.

Wir fuhren am Morgen im Zickzackkurs aus Hrasnica Richtung Flughafen. Am Kontrollpunkt schikaniert uns ein uniformierter UNO-Franzose mit einer langsam-peniblen Überprüfung der Akkreditierungsausweise. Nervös und ungeduldig. Als die ersten Schüsse fallen, verzieht sich *Monsieur Hulot* in seinen Unterstand hinter einem Schutz bietenden Erdwall und lässt uns allein auf weiter Flur.

Voll Bangen wartete im *Holiday Inn* unsere Producerin Nermana.

„Seid Ihr granatiert worden?" war ihre erste Frage. Sie nannte den Beschuss Sarajewos „Granatieren".

„Nein, sind wir nicht. Aber wir hatten wieder einmal mehr Glück als Verstand."

Die Rückfahrt aus der belagerten Stadt war manchmal noch um eine Spur grotesker. Eines schönen Herbsttages mussten wir unser beschädigtes Fahrzeug – Puch G-W 795-RA – entlang der Frontlinie zu einem Mechaniker nach Hrasnica rollen. Dem mutigen Mann gelang es, aus Autowrackstrümmern, die auf der Straße am Rand des Flugfeldes liegen gelassen wurden, ein für unser kaputtes Vehikel geeignetes Versatzstück zu basteln, damit wir die Fahrt auf den Igman Richtung Mostar fortsetzen konnten.

Ein abwechslungsreiches Schauspiel für die UNO-Wächterbrigade.

3.

Sarajewo, 28. August 1995, 10 Uhr 21: eine 120 mm Mörsergranate schlägt auf dem Marktplatz Merkale ein. Ein fürchterlicher Knall, Rauch steigt auf, auf dem Boden liegen Körper ohne Beine und Köpfe. 38 Menschen sind sofort tot. Männer, Frauen, Kinder. 85 sind schwer verletzt. Die Nachrichtendienste der UNPROFOR kommen zum Schluss, dass die

Granate aus serbischen Stellungen abgefeuert wurde. Nach 40 Monaten Belagerung wollen NATO und UNO die Streitkräfte des Generals Mladić gewaltsam in die Knie zwingen.

Wenige Tage später beginnt „Operation Deliberate Force", der NATO-Luftkrieg gegen die serbischen Stellungen und Waffenarsenale.

Sarajewo im September 1995: Wecker brauche ich in diesen Tagen im Zimmer des *Holiday Inn* keinen. Das Donnern und Dröhnen der Kampfjets in den Morgenstunden sorgt für einen kurzen Schlaf.

Die NATO reagiert mit der Wiederaufnahme der Luftangriffe auf das abgelaufene Ultimatum an die Serben, ihre schweren Waffen aus der 20-Kilometer-Sperrzone um die bosnische Hauptstadt abzuziehen.

„Geh aus der Schusslinie der serbischen Heckenschützen", warnt mich ein Kollege, mit dem ich auf dem *Humsko brdo*, einem Hügel über der Talsenke von Sarajewo, die Einschläge auf das Waffendepot in der serbischen Kaserne von Lukavica beobachte. Wie ein dumpfes Grollen hört sich die Detonation an, schwarze Rauchsäulen wirbeln in die Höhe, werden größer und animieren die bosnischen Soldaten zu Freudenrufen:

„Die *Četniks* sind kaputt. Die Faschisten sind erledigt!"

Der NATO-Jäger hatte seine Raketen auf ein Ziel auf der serbischen Seite der Front abgefeuert und getroffen. Die bosnisch-muslimischen Soldaten umarmen sich. Seit Monaten kennen sie nur Dreck, Entbehrung und Tod. Der Gegner ist, wie der Boxer im Ring, schwer angeschlagen, aber noch nicht k. o.

Bosnien war schon vor Kriegsbeginn ein belagertes Land. Die Serben hatten von Anfang an sechs wichtige Rundfunkstationen unter ihrer Kontrolle. Nach der Eroberung des Vlasić-Berges kontrollierten sie Zentralbosnien und die westliche Herzegowina. Die Brücken über die Flüsse Sava und Drina waren vermint oder serbisch besetzt. Die größeren Städte wurden eingekesselt und von den Versorgungswegen abgeschnitten. Das wichtigste Kriegsziel der Serben war es, den Großteil Bosnien-Herzegowinas zu erobern, die Infrastruktur Sarajewos zu zerstören und die Idee vom Vielvölkerstaat Bosnien-Herzegowina zu vernichten. Die serbischen und die kroatischen Extremisten hatten sehr rasch begriffen, dass nur die Idee eines multi-ethnischen bosnischen Staates der Grundstein für Bosniens Recht auf Einheit und Unabhängigkeit sein konnte. Die Methode, diese Idee auszurotten, waren Völkermord, ethnische Säuberungen, Massenvernichtung

Das Hotel *Holiday Inn* in Sarajewo. Das Hotel, in dem der Krieg zu den Journalisten kam

Das zerstörte Österreich-Haus in Sarajewo, November 1995

Die Tramway von Sarajewo im Krieg

Im zerstörten Mostar: Beginn der Alptraumreisen nach Sarajewo, 1992–1995

Reportage aus dem zerstörten Mostar – Bericht aus einer geteilten Stadt, November 1993

„Achtung Heckenschütze! Tag und Nacht". Bosnien 1992–1995

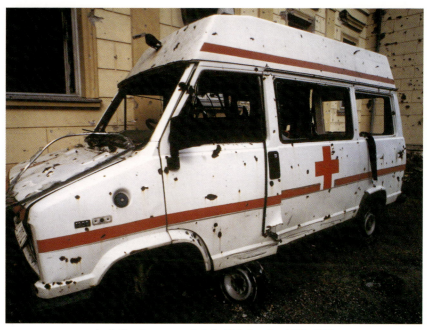

Auch Krankenwagen sind ein Ziel. Bosnien 1992–1995

Die Schrecken des Krieges: In einer Totenkammer in Travnik, Dezember 1992

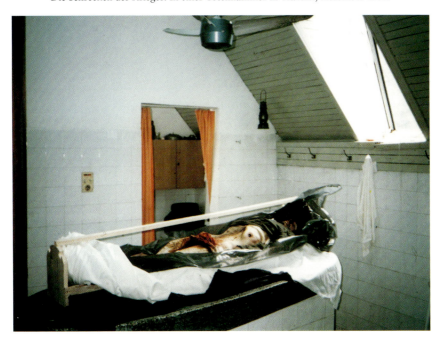

Flüchtlingselend auf allen Seiten, 1992–1995

Flüchtlingselend im Bosnien-Krieg

Glücklich über einen Bissen Brot

und Lager. Doch die Serben schafften es nicht, Sarajewo, Tuzla, Travnik, Goražde und Bihać einzunehmen. Ihren Generälen gelang es nicht, die bosnische Armee in Zentralbosnien von den Einheiten im Norden, in der Region um Tuzla, abzuschneiden. Die zweite Niederlage für die Serben war die internationale Entscheidung, den bosnischen Luftraum zur Sperrzone zu erklären. Die dritte und folgenschwerste war das Abkommen von Washington im März 1994, das den Krieg zwischen der bosnischen Regierungsarmee und den bosnischen Kroaten beendete. Das Abkommen ermöglichte dem Generalstab in Sarajewo die Freisetzung von 40 Brigaden, die fortan gegen die serbischen Truppen und serbischen Freischärler kämpften.

In Lukavica heulen die Alarmsirenen. Serbische Rundfunksender melden Schäden von Weltkriegsausmaßen. Der Propaganda ist die Moral egal. Alle drei Kriegsparteien übertreiben oder verniedlichen das Ausmaß der Gräuel und Grausamkeiten.

Jede Seite weiß, dass die Bilder der Opfer stärker sind als die Bilder der Täter. Der Stärkere hat kein Interesse, die eigenen Opfer zu zeigen. Sie könnten im eigenen und gegnerischen Lager Zweifel an der Überlegenheit wecken. Der Schwächere zeigt bereitwillig seine Opfer. Sie schüren den eigenen Hass und die Anteilnahme der Unbeteiligten.

Jetzt waren die Serben die Opfer.

Ihre Fronten in West- und Südbosnien brechen zusammen. Kroatische Truppen stoßen auf die Städte Drvar und Jajce vor. Aus Banja Luka wird ein serbischer Flüchtlingsstrom gemeldet.

Die F 15-Eagle der NATO, die von ihren Basen im italienischen Aviano starten, kontrollieren den Himmel über Bosnien.

„Gut möglich, dass jetzt die Belagerung zu Ende ist", sagt Nermana, „wenn die Serben ihre Waffen abgeben. Wenn sie das nicht tun, werden sie uns weiter umbringen."

Nermana bleibt skeptisch. Ihr Haus in Pale hat nach Kriegsbeginn eine serbische Familie beschlagnahmt. Ob sie es mit ihrer Familie jemals wiedersehen wird, wagt sie nicht zu träumen. Ihr Mann, blass, erschöpft und müde nach Monaten im Schützengraben, träumt, was vermutlich auch seine Feinde träumen: dass dieser verdammte Krieg bald zu Ende sein möge. Er träumt von der Rückkehr an seinen Arbeitsplatz bei der Bosnischen Eisenbahn im Vorort Vogošća. Vielleicht ist es doch kein Traum, und in Vogošća fahren eines Tages wieder die Züge.

Nachdem im Mai 1995 bosnische Serben 400 UNO-Blauhelme als Geiseln genommen hatten, wurde auf Initiative der Briten und Franzosen die *Rapid Reaction Force (RFR)* gegründet. 800 Mann der 12.000 Mann starken Truppe sind am Berg Igman stationiert.

„Bevor es ernst wird, üben wir den Angriff auf Hadžići", sagt Leutnant Steptoe, ein junger Absolvent der Militärakademie in Sandhurst. Im Dickicht der Igman-Wälder warten die Besatzungen der britischen *Warriors* und französischen *AMX-10 RCs*-Radpanzer auf ihre Einsatzbefehle.

„Und wenn die Serben zurückschießen?"

„Dann zerpulvern wir sie."

UNO und NATO bomben die Zufahrtswege in die belagerte Stadt frei. Am 15. September ist der Kessel um Sarajewo gesprengt. Erstmals seit fünf Monaten landet eine UNO-Maschine auf dem Flughafen der seit dreieinhalb Jahren belagerten Stadt.

Nicht nur in Flughafennähe, in Butmir, beginnen für Schwarzmarkthändler schlechte Zeiten. Bisher war die strangulierte Stadt durch den von den Einwohnern gegrabenen Tunnel notdürftig zu Wucherpreisen versorgt worden.

Butmir ist eine Endstation auf der „Blauen Straße", eine von UNO- und NATO-Bürokraten erfundene Bezeichnung für das Wegnetz, das Richtung Igman und Sarajewo führt.

Diese „Blaue Straße" wurde immer wieder gesperrt. Von den Serben, aber auch von einem Kommandanten der UNPROFOR, dem britischen General Michael Rose. Als er im Jänner nach einem Dienstjahr das Kommando abgibt, weint ihm in Sarajewo keiner eine Träne nach. Rose war nur ein Beispiel für die beschränkte Handlungsfähigkeit der UNO-Kommandanten. Als Befehlshaber waren sie der UNO und der NATO verpflichtet, in ihren politischen Entscheidungen der Außenpolitik ihrer Regierungen.

Die Versorgung Sarajewos mit Gas, Wasser, Strom und Lebensmitteln war eine Frage politischer Entscheidungen. Die Zeche zahlten die Bewohner.

Erstmals seit dreieinhalb Jahren rollen jetzt die Lastkraftwagen über die staubige Straße, ohne dass die Fahrer von serbischen Wegelagerern aufgehalten werden und einen Teil ihrer Ware herausrücken müssen.

Und mit jeder Lieferung, die jetzt über die „Blaue Straße" rollt, fallen in Sarajewo die Preise rapide. Erdäpfel sind um die Hälfte billiger, Fleisch wird um ein Fünftel des früheren Preises angeboten. Die Auswahl wird üppiger. Auf den Markttischen der Händler türmen sich Früchte und Gemüse, selbst Exotisches kommt auf den Markt. Bananen, Weintrauben, Zitronen. Leisten können sich diesen „Luxus" die wenigsten. Die Monatsgehälter liegen bei 10 D-Mark. Die deutsche Mark ist in Sarajewos Kriegstagen die begehrteste Währung. Auch an der Hotelbar im *Holiday Inn*.

Nach einem Tag der Hoffnung, zurück im Hotelzimmer, höre ich bei offenem Fenster das vertraute Pfeifen und Klatschen, das mir inzwischen irgendwie seltsam unwirklich in den Ohren klingt. Ein unbekannter Heckenschütze setzt sein Tagewerk fort.

Sinnlos, aber tödlich. In Sarajewo nichts Neues.

4.

Wieder verdunkeln Rauchsäulen den Himmel über Sarajewo. Im Serbenviertel Grbavica, am rechten Ufer des Miljacka-Flusses, brennen Häuser und Wohnungen. Gemäß dem Friedensabkommen von Dayton vom November 1995 kontrolliert künftig die Polizei der muslimisch-kroatischen Föderation die ehemals wichtigste Bastion der bosnischen Serben in der Innenstadt. Die letzte Grenze in der bosnischen Hauptstadt ist gefallen.

Montag, 18. März 1996, Grbavicas letzter Tag unter serbischer Kontrolle: aus einem Lautsprecher erklingt die Serben-Hymne, die serbische Fahne wird eingeholt. In zwei in Flammen aufgehenden Häusern detonieren Munitionsvorräte. Wie in den anderen bereits an die Föderation übergebenen Vororten sieht die serbische Polizei Plünderungen und Brandschatzungen tatenlos zu. Die Strategie der Einschüchterung geht auf. Nur wenige serbische Einwohner Grbavicas trotzen dem Chaos und bleiben.

Mit dem Abzug demonstriert die Serbenführung in Pale, dass sie auch in der eigenen Bevölkerung die zynisch „ethnische Säuberung" genannte Vertreibung praktiziert. Auf voll gepackten Traktoren, in übervoll beladenen Autos, zu Fuß mit Schubkarren und Kinderwagen, resignierend oder fluchend, ziehen die Serben aus Grbavica weg. Ein organisierter Exodus, dem nur wenige nicht folgen. Von den einst 25.000 Serben in Grbavica bleiben geschätzte 2.000. Sie haben Angst und verstecken sich vor Räuber- und Mörderbanden.

Bereits in den bitterkalten Wintertagen im Dezember 1995, in den Tagen vor dem orthodoxen Weihnachtsfest, zogen Familienoberhäupter auf die serbischen Friedhöfe in und um Sarajewo, suchten Gräber mit weißen Kreuzen auf, sanken auf die Knie und küssten die weißen Kreuze mit eingravierten Namen in kyrillisch geschriebener Schrift. Sie entzündeten schlanke, dünne, gelbe Kerzen, öffneten ihre mitgebrachten Slibowitzflaschen und schütteten den Schnaps auf die Gräber. Ein orthodoxes Ritual, das Trankopfer für ihre Toten.

Kräftige Männer mit Spaten und Schaufeln erschienen und begannen in die gefrorene Erde der Gräber zu schlagen und die Särge auszugraben. Darin lagen ihre gefallenen Kämpfer. Verrottete Särge wurden geöffnet, und Väter sahen auf das verweste Antlitz ihrer Söhne. Die Väter waren gekommen, um ihre toten Söhne mitzunehmen und noch einmal zu begraben. Wo, wussten sie noch nicht.

Sie rollten dunkle Wolldecken aus und legten sie sanft über die gebleichten Knochen ihrer Kinder. Sie zimmerten hölzerne Tragbahren mit Plastikplanen, auf die sie die Überreste kippten, die ihre Kinder waren, und trugen sie auf Schultern zu aus rohen Hölzern gezimmerten Särgen, die vor dem Friedhofstor auf Ladeflächen von Traktoren und Lastwagen gestapelt waren.

Sie luden die Gerippe und Knochen ihrer Söhne in diese neuen Särge und fuhren mit ihnen in ihre Häuser und Wohnungen nach Grbavica und Ilidža, nach Ilijaš, Hadžići und Vogošća, in die serbischen Viertel Sarajewos. Und sie wussten, dass sie hier nicht bleiben konnten.

„Macht euch keine Sorgen, wir haben alles für euren Abtransport vorbereitet!" versuchte einer der Karadžić-Stellvertreter, „Parlamentspräsident" Momčilo Krajišnik, im Gemeindeamt von Vogošća die Enttäuschten und Betrogenen zu beruhigen. Sie wussten, dass ihr „Parlamentspräsident" ihnen nicht helfen wird. Nicht wissen konnten sie, dass er Jahre später vor dem UNO-Kriegsverbrechertribunal in Den Haag stehen wird und mit ihm ein Dutzend der von ihnen als Helden verehrten Generäle. Angeklagt als Kriegsverbrecher.

Vier Jahre nach Kriegsbeginn sind Sarajewos Serben, die Karadžić und seiner Politik folgten, auf der Flucht. So viel sie schleppen können, nehmen sie mit. Alles, was nicht den Bränden zum Opfer gefallen ist, wird abmontiert. Teppiche, Fensterrahmen, Parkettböden, Kühlschränke, Waschbecken, Fliesen.

Die Straßen säumen ausgebrannte Autowracks, über den Straßen hängen Sichtblenden und Stoffbahnen, die den Scharfschützen Schutz boten. Straßen und Gärten, verlassene Häuser und Wohnungen sind vermint.

„Das haben sich meine Mieter fein ausgedacht", spottet Dževad, ein muslimischer Flüchtling, der nach mehr als vier Jahren in sein geplündertes Heim zurückkehrt und im Wohnzimmerschrank einen Sprengsatz entdeckt. Seine Freude, im wieder vereinten Sarajewo wieder zuhause zu sein, hält sich in Grenzen.

In eine braune Decke gehüllt, sitzt zitternd und ängstlich auf einem Sessel inmitten einer verminten verwahrlosten Rasenfläche, verloren zwischen zwei Häuserblocks, ein alter bosnischer Kroate. Hilflos schaut er auf seine brennende Wohnung im ersten Stock.

„Serbische Rowdies haben mich ausgeraubt, verprügelt und vertrieben", klagt der 87-Jährige. „Sie sagten, das sei die Rache dafür, was wir Kroaten den Serben im Zweiten Weltkrieg angetan hätten."

Es sind Tage der Anarchie in Grbavica. Die letzten 48 Stunden im belagerten Sarajewo. Die Regeln ziviler Ordnung gelten nicht.

Ein Trupp italienischer *bersaglieri*, eine Eliteeinheit der italienischen Streitkräfte mit UNO-Mandat, bekommt den Auftrag, in Grbavica für die Wiederherstellung von Recht und Sicherheit zu sorgen, wenn nötig, mit Waffengewalt.

Vor ihrer Verlegung nach Bosnien machten Fallschirmjäger dieser in Sarajewo stationierten *bersaglieri*-Einheit in Italien Jagd auf jene Mafiabosse, die Richter und Staatsanwälte ermordet hatten. Diese Erfahrung im Kampf gegen das organisierte Verbrechen an der Heimatfront wird auch in Bosnien beim Einsatz gegen Plünderer und Brandstifter gebraucht.

Wir folgen mit der Kamera den italienischen Elitesoldaten.

Eine Patrouille, bewaffnet mit Heckler-und-Koch-Maschinenpistolen, gibt uns Geleitschutz und geht hinter vier gepanzerten Fahrzeugen in der Nähe der Feuersbrunst eines hell lodernden Gebäudes in Deckung.

Plötzlich ein irrer Knall, der meine Knie erzittern lässt.

„Stupido, vai!" brüllt einer der italienischen Soldaten.

Ein Munitionsdepot der serbischen Milizen war in die Luft geflogen.

„Merda! Si, si! Ritornare!"

Das musste er nicht zweimal sagen. Wir zogen es freiwillig vor, nicht in das Feuer irgendwelcher Verrückten zu geraten. In den letzten Tagen des Bosnienkrieges, in den ersten Stunden eines trügerischen Waffenstillstands.

Die *bersaglieri* waren Teil der 60.000 Mann starken, unter NATO-Kommando stehenden multinationalen IFOR-Truppen, der *Implementation Forces*, die unter dem Befehl des US-Admirals Leighton Smith Sarajewo mit dem brennenden Vogošća und seinen Brandstiftern befrieden sollten. Sie waren mit dieser Aufgabe überfordert, sie wollten auch keine „Ausweitung ihres Mandats". Sie sahen auf Sarajewo wie weiland Nero auf das brennende Rom.

In den steilen Straßen auf den Bergen über Sarajewo zogen die Serben in langen Kolonnen aus der Stadt. Ein trauriger Treck ohne große Hoffnung und mit wenig Aussicht auf Wiederkehr. Was sie nicht mitnehmen konnten, hatten sie verbrannt.

Den kalten Himmel schwärzten Rauchschwaden, orange gefärbte Flammen erhellten ihn. Der Friede war nach Sarajewo gekommen.

VERRÜCKTE WELT

Zwischen den Fronten

Zwischen den Fronten

1.

Er trug die Uniform der Paramilitärs. Ein modisch-schwarzes T-Shirt, eine dunkelbraune Jacke, eine braun-grün gesprenkelte Hose und Tennisschuhe. Die Hose war blutgetränkt, die Schuhe waren schmutzig. Der Zeigefinger der rechten Hand war gekrümmt, als wollte er den Abzug einer Pistole ziehen und schießen. Doch er konnte nicht mehr schießen. Er lag in einem Blechbehälter im Kühlfach Nummer 12 auf der Prosektur in Osijek. Ein serbischer Rebell aus einem der aufständischen Dörfer Ostslawoniens. Er war der erste Tote in den Balkankriegen der 1990er Jahre, den ich zu Gesicht bekam. Es sollte nicht der letzte sein.

„Über das Radio werden die Hinterbliebenen aufgerufen, in das Spital zu kommen. Doch die Serben weigern sich, ihre Toten abzuholen." Doktor Mladen Marčikić ist im Sommer 1991 Dienst habender Pathologe im Krankenhaus von Osijek, der viertgrößten Stadt Kroatiens, am Ufer der Drau im Osten Slawoniens.

Vor dem Haupteingang des Spitals füllen Krankenschwestern Sand in blaue Säcke. Die Sandsäcke sollen das Gebäude vor Luftangriffen schützen. Am Stadtrand sind Panzer der Jugoslawischen Volksarmee positioniert. Osijek liegt unter heftigem Beschuss, ist aber nach wie vor unter kroatischer Kontrolle. Serbische Zivilisten flüchten aus der Stadt, Kroaten aus den serbisch besetzten Gebieten Ostkroatiens flüchten in die Stadt.

„Es ist ein schmutziger hinterhältiger Krieg, der uns von den *Četniks* aufgezwungen wurde", sagt der Doktor.

„Seit Mai habe ich 81 Polizisten und Nationalgardisten obduziert. Die letzten, die jetzt eingeliefert wurden, lagen vier Tage auf der Straße. Die jugoslawische Armee hat ihren Abtransport verhindert."

Es begann in Plitvice.

Wo in den 60er Jahren in einer Karl-May-Verfilmung Winnetou zum *Schatz im Silbersee* ritt, hatten am Ostersonntag 1991 serbische paramilitärische Einheiten den Nationalpark mit den weltberühmten Wasserfällen und das Hotel *Jezero* besetzt. Das Hotel wurde geplündert, das Personal verjagt. Erholungssuchende Gäste ließen sich keine mehr blicken. Kroatische Polizeieinheiten hatten den Befehl, das Gebiet wieder zurückzuerobern. Ein Himmelfahrtskommando: Sie gerieten in einen Hinterhalt. Es gab den ersten Toten auf kroatischer Seite, den Polizisten Josip Jović. Die jugoslawische Volksarmee JNA okkupiert das Gebiet unter dem Vorwand, die Konfliktparteien zu trennen.

Dieses Ostergefecht 1991 war der Anfang der serbischen Besetzung kroatischer Gebiete. Auf einem Viertel der Territoriums der Republik Kroatien hatten die Serben bis Mai 1995 ihre international nicht anerkannte *Republika Srpska Krajina (RSK)* ausgerufen.

Am 25. Juni 1991 hatte die ehemalige jugoslawische Teilrepublik Kroatien ihre Unabhängigkeit erklärt. Bei einem Referendum hatten sich 94 Prozent der Kroaten für die Unabhängigkeit ausgesprochen. Die meisten Serben, die in Kroatien lebten, waren nicht zur Abstimmung gegangen. Sie hatten im Sommer und Herbst 1990 in ihren Siedlungsgebieten eigene Referenden über die Errichtung autonomer Gebiete abgehalten. Bevor Kroatien unabhängig wurde, hatten sich die serbischen Siedlungsgebiete unabhängig von Kroatien erklärt.

„Wir wollen in keinem unabhängigen Kroatien leben. Wir sind keine Minderheit in Jugoslawien. Wir leben schon seit Jahrhunderten hier im Gebiet um Knin." Lazar Macura ist im Herbst 1990 Vizebürgermeister der serbischen Rebellenenklave im dalmatinischen Hinterland. Ein Englischlehrer, der Politiker wurde. Kroatien und die Kroaten scheint er zu verabscheuen. Das Städtchen Knin am Fuße einer imposanten Festung wird zur Keimzelle des jugoslawischen Bruderkriegs.

„Kroatien hatte nie Könige wie Serbien", erläutert uns Lazar Macura sein Geschichtsverständnis. In Knin, wo einst Kroatiens Könige residierten.

„Mit Tuđman regiert in Zagreb wieder die *Ustaša*." Die Miene des Vizebürgermeisters verdüstert sich. „Wir Serben waren immer Krieger. Unser Unglück ist, dass wir den Krieg gewinnen und den Frieden verlieren." Lazar Macura führt eine eigene Statistik über die in Kroatien lebenden Serben.

„Nein, wir sind nicht 11 Prozent, wie die Faschisten in Zagreb behaupten, wir sind 20 Prozent der Bevölkerung Kroatiens."

Nach der letzten Volkszählung im zerfallenen Jugoslawien waren 1991 zwölf Prozent der Bevölkerung Kroatiens und 31 Prozent der Einwohner von Bosnien-Herzegowina Serben.

In Knin zu Zeiten der Amtsführung Lazar Macuras weht im Herbst 1990 noch immer die blau-weiße Jugoslawienflagge mit dem roten Stern, nicht die hier verhasste *šahovica*, das rot-weiße Schachbrettmuster, das in Kroatien inzwischen wieder das neue, alte Staatswappen ist.

Knin macht einen tristen Eindruck. Auf dem Bahnhof vergammeln Zugsgarnituren, der Marktplatz ist leer, ein Zeitungskiosk vor dem Rathaus verkauft serbische Erinnerungsliteratur und Milošević-Poster.

Der Weg in diese Rebellenfestung ist mit Barrikaden gepflastert. Aufständische Serben haben die Region mit Straßensperren vom restlichen Kroatien abgeschnitten. Felsbrocken und Baumstämme blockieren die Straßen. Kroatische Politiker sprechen spöttisch von der „Baumstamm-Revolution".

Ob man aus nördlicher oder südlicher Richtung anreist, die Durchfahrt in Orten wie Otrić, Srb, Drniš oder Vrpolje ist immer für eine Überraschung gut. Kroaten und Serben verschanzen sich hinter Sperren. Auf serbischer Seite wird westlichen Journalisten gegenüber die Stimmung zunehmend grimmiger, feindlicher und abweisend. Zwischen den Wehrdörfern verläuft eine unsichtbare Front. In der Nacht wird in den Dörfern aus offenen Autofenstern geschossen. In Knin lässt sich kein kroatischer Polizist mehr blicken.

Diese nicht ungefährliche, von 23 Uhr bis 5 Uhr früh von selbst ernannten Ordnungshütern gesperrte Strecke ist uns trotz schikanöser Kontrollen inzwischen auf seltsame Art und Weise vertraut, bis wir eines Oktobermorgens 500 Meter vor der ein Tal überspannenden Brücke vor Knin in einer Kurve liegende Bäume und Gesteinstrümmer filmen. Wie Schatten tauchen mehrere Furcht erregende bärtige Gesellen auf. Zu unserem Pech sind sie bewaffnet und machen ein Gesicht, dem Lächeln fremd ist.

„Mitkommen!"

Sie konfiszieren die Kamera und führen uns ab. Wohin, wissen wir nicht. Kameramann, Assistent und Reporter. Ein aus der Sicht der serbischen Wegelagerer offenbar gefährliches *Trio infernal* des Journalismus auf dem Weg ins Nirgendwo. Unser Auto dirigieren sie auf eine Anhöhe mit einem Felsvorsprung und Blick auf die Dinara-Berge. Was sie von uns wollen, sagen sie nicht. Mit ihren Karabinern halten sie uns in Schach. Stundenlang.

„Die Nacht wird lang. Bevor es finster wird, sollten wir uns mit Proviant versorgen", sage ich zu einem unserer Kidnapper.

„Einverstanden!"

Er fährt mit uns zu einem Lebensmittelladen in den nächsten Weiler, wo wir reichlich Konservendosen, Brot, Bier und Schnaps einkaufen. Die Kauflust unseres Aufpassers scheint unersättlich.

Am späten Nachmittag täuschen wir ein Picknick vor und inszenieren auf der Kühlerhaube einen provisorischen Gabentisch. Unsere Wächter langen begeistert zu. Besonders bei den Getränken. Sie werden müde.

„Und jetzt Vollgas und weg", sage ich zum Assistenten. Wir rasen aus dem Sperrgebiet der Krajina-Serben zurück Richtung Zagreb. Wir sind auf der Flucht, ein riskantes Manöver. Die übertölpelten Entführer schießen uns nach, treffen aber nicht.

Es war wie im Karl-May-Film mit Pierre Brice und Lex Barker. Nur spannender.

REPUBLIKA SRPSKA KRAJINA –
MINISTARSTVO INFORMISANJA
(REPUBLIK SERBISCHE KRAJINA –
MINISTERIUM FÜR INFORMATION)
Knin, Kralja Petra i Oslobodioca 30
Nr.: 04-14/293/95
Knin, 15. 02. 1995
PRIVREMENA AKKREDITACIA
Friedrich Orter – ORF-Reporter, broj UN LK: 05173
....
Milan Strabac, stv. Minister

Die ersten bürokratischen Hürden waren geschafft. Die Erlaubnis für die Wiedereinreise in die Krajina und die Drehgenehmigung für Knin. Der Grenzübergang in Otočac war mit einem hölzernen Schranken und einem verschlafenen Grenzer gesichert. Der überraschte Grenzwächter ist freundlich und überkorrekt.

„Ich muss die Papiere überprüfen."

Er telefoniert. Mit der UNPROFOR in Zagreb, mit dem Informationsministerium in Knin. Er telefoniert noch immer. Mit dem Kommandanten des nächsten Kontrollpostens, mit dem nächsten Gebietskommandanten. Mit dem übernächsten Gebietskommandanten. Warten, warten, warten. Endlich die Aufforderung: „Weiterfahren!"

Vor Knin, wo wir im Herbst 1990 von serbischen Freischärlern verhaftet wurden, stoppt uns diesmal eine Radarkontrolle. Wir sind seit einer Stunde das einzige Fahrzeug auf dem Weg in die Krajina-Hauptstadt. Das Städtchen sieht verwahrlost aus. Das Warenangebot in einem Geschäft in Bahnhofsnähe ist nicht überwältigend. Schließlich ist Krieg im benachbarten Bosnien. Der auf internationalen Druck zustande gekommene und seit 1992 von der UNO überwachte Waffenstillstand mit Zagreb ist ein nur von den Krajina-Serben geschätzter Kompromiss.

Es ist ein hartes Leben. Ein Kilogramm Kaffee kostet fast den Monatslohn. Gezahlt wird mit der Deutschen Mark und dem neuen jugoslawischen Dinar. Er gilt seit Jänner 1994 auch in der Krajina. Diese vage Zollunion ist das einzig greifbare Ergebnis des Traums von Großserbien.

„Wir sind für einen neuen Krieg gewappnet!"

Mladen Kalapać ist der Verbindungsmann der Krajina-Serben zur UNO in Kroatien.

„Sollten wir angegriffen werden, schlagen wir zurück."

An der Frontlinie zur Krajina heben kroatische Soldaten bereits Schützengräben aus.

Nationalistische serbische Politiker und Militärs wollten aus der Erbmasse Tito-Jugoslawiens ein Großserbien errichten. Im Krieg zwischen den serbischen Aufständischen und der neu aufgestellten kroatischen Nationalgarde unterstützten die Jugoslawische Volksarmee und paramilitärische Verbände aus Serbien die Rebellen in Knin. Von Juli bis Dezember 1991 brachten sie ein Viertel des kroatischen Territoriums unter ihre Kontrolle.

Die *Srpska Republika Krajina* war ein Gebilde aus drei unzusammenhängenden Gebieten. Am nordöstlichen Ende des Hufeisens, dem Kroatien geografisch ähnelt, lagen die besetzten Gebiete in Ostslawonien, Baranja und Westsyrmien. Sie wurden Anfang 1998 friedlich wieder eingegliedert. Dieses Gebiet am westlichen Donauufer mit der Barockstadt Vukovar war als einziges der drei Teilstücke mit dem serbischen Mutterland verbunden. Der isolierteste Teil war das besetzte Westslawonien in der Save-Ebene mit den Städten Pakrac und Daruvar. Westslawonien wurde im Mai 1995 von den Kroaten zurückerobert. Das größte Teilstück war die Krajina mit Knin, die Lika mit den Plitvicer Seen, der Kordun südlich von Karlovac bis zur Banja bei Sisak. Dieses Gebiet holten sich die Kroaten im August 1995 mit der Offensive *oluja*, auf Deutsch „Gewittersturm", zurück.

Internationale Friedensvermittler und EU-Beobachter hatten die Besetzung von Teilen des völkerrechtlich anerkannten Staates Kroatien wiederholt als völkerrechtswidrig verurteilt, geändert hatten ihre Beteuerungen für Kroatien nichts, auch wenn die Waffenstillstandsmakler auf ihren Kriegstourismustouren noch so oft fassungslos auf Massakeropfer starrten.

„Österreich, Mock, Kanzler Kohl, ja, aber die anderen machen nichts. Sie schicken uns immer nur neue Unterhändler. Aber geschossen wird immer noch."

Frau Španeć in der Stadt Bjelovar kehrt die Bombensplitter in ihrer Küche zusammen.

„Das ganze Leben hat man für das Haus gearbeitet. Und jetzt hat man auf seine alten Tage nichts. Traurig, aber wahr."

Die Fronten hatten sich festgefahren. Bis Ende März 1994 unter UNO-Vermittlung ein Waffenstillstand zwischen Kroatien und der *Republika Srpska* vereinbart wurde.

Der Kroatienkrieg gerät in den Medien in Vergessenheit, seit im April 1992 das Morden in Bosnien-Herzegowina beginnt. Noch immer warten 300.000 kroatische Flüchtlinge auf die Heimkehr in ihre Dörfer und Städte. Die Hoffnung schwindet von Monat zu Monat.

August 1995: Regen klatscht auf 100 frische Gräber in einer Waldlichtung am Stadtrand von Knin. Auf den Gräbern sehen wir roh gezimmerte Holzkreuze. Mit und ohne Nummer. Nummer 246 – Ljubomir

Ljevaja, Nummer 158 – Sava Bešević. Und so fort. Und Kreuze mit den Buchstaben N. N.

In einer Regenpfütze auf einem Karren liegt ein braunes Bündel mit den Umrissen eines menschlichen Körpers. Mit einem Band zusammengeschnürt. Wasser tropft vom braunen Packen.

„Wer wird hier begraben?" fragen wir.

„Ein alte Frau", antwortet der Totengräber.

„Eine Serbin?"

„Weiß ich nicht", sagt der Totengräber.

„Sie wurde ermordet", sagt der Mann mit dem Karren.

Hunderte Serben werden umgebracht, zehntausende sind auf der Flucht. Die Folgen des siegreichen Blitzkrieges der kroatischen Armee in der Krajina: die Tage der Abrechnung und Vergeltung.

„Was Sie gesehen haben, ist kein Massengrab", behauptet Ivan Čermak. Er ist einer der siegreichen Generäle, die Knin erobert haben und jetzt verwalten.

„Von den Toten in den Gräbern, die Sie gefilmt haben, sind 90 Prozent Soldaten, nur 10 Prozent Zivilisten."

General Čermak sitzt im selben Zimmer im Rathaus von Knin, wo wir vor fünf Jahren den Serbenführer Lazar Macura interviewt haben.

Zu Beginn des Krieges noch ein Landsknechthaufen, ist Tudjmans Armee im August 1995 eine 120.000 Mann starke, von pensionierten US-Generälen instruierte schlagkräftige Truppe, die allein bei der Eroberung Knins hunderte Artilleriegeschütze einsetzt. In nur vier Tagen ist das Herzstück der Aufständischen erobert.

Die Rückgewinnung der Krajina hatte Kroatiens autoritärer Präsident stets als eines seiner vorrangigen Ziele betrachtet. Die Präsenz von UNO-Friedenstruppen in Kroatien war für Tudjman ein lästiger Störfaktor. Die UNO-Blauhelme sollten in den besetzten Regionen Kroatiens die abtrünnigen Serben entwaffnen und eine friedliche Wiedereingliederung vorbereiten. Der Plan war gleichermaßen utopisch wie naiv. Die Führung der Krajina-Serben wollte den Anschluss an die *Republika Srpska* in Bosnien und durch Blockaden der Verkehrswege an die dalmatinische Küste die Zerschlagung der vom Tourismus abhängigen kroatischen Wirtschaft. Beide Seiten vertraten unvereinbare Positionen. Zagreb kämpfte für die staatliche Souveränität auf dem Gesamtgebiet

Kroatiens, Knin kämpfte für einen eigenen Staat auf einem Viertel des kroatischen Territoriums. Zagreb unternahm wenig bis nichts, nach Ausrufung der Unabhängigkeit 1991 das Vertrauen der Krajina-Serben in den kroatischen Staat zu gewinnen und zu fördern.

„Ich weiß nicht, wo mein Mann ist", klagt Dragana. Die junge Serbin liegt mit ihrem Neugeborenen im Krankenhaus von Knin. Ihr Mann war Soldat der serbischen Krajina-Armee. Seit Tagen hat sie nichts von ihm gehört.

In seinem ehemaligen Ausbildungslager in Golubić verblassen, vom Regen aufgeweicht, zurückgelassene blaue Uniformen im Dreck. Ein Geschütz in der Nähe der orthodoxen Kirche ist noch mit Munition geladen. Zum Feuern kam der Schütze nicht mehr. Verstreute jugoslawische Dinarscheine flattern auf dem Truppenübungsplatz, der Wind treibt zweckentfremdete Karadžić-Poster über den kargen Boden, der jahrhundertelang Siedlungsgebiet der Krajina-Serben war.

„Milošević hat uns verraten", zürnt Radovan, ein Bauer aus einem Dorf in der Nähe von Knin.

„Wären sie uns aus Belgrad zu Hilfe gekommen, wären wir nicht auf der Flucht."

Er will nach Serbien, auch wenn dort niemand auf ihn wartet. Einer von Zehntausenden, die in langen Reihen aus der Krajina fliehen. Durstig, hungrig, verzweifelt.

„Die Krajina existiert nicht mehr", meldet der Sprecher des kroatischen Verteidigungsministeriums. Die Kroaten feiern. Von einer humanitären Katastrophe spricht ein jugoslawischer Rot-Kreuz-Mitarbeiter. Auf der Festung in Knin weht die kroatische Trikolore.

Vier Jahre lang Flüchtlingsströme. In der Krajina, in Kroatien, in Bosnien, in Serbien. Was sagen uns die verweinten, vergrämten, auch zornigen Gesichter dieser geschlagenen Menschen?

Die Fahrt durch die von den Kroaten zurückeroberte Krajina wird für den Kameramann und mich zur Zeitreise.

Wir fahren durch verlassene Gegenden, die ihre Menschen geprägt hatten, auf einer hunderte Kilometer langen Strecke. Kein Mensch ist zu sehen. Schweine, Hühner und Gänse irren durch rußgeschwärzte Trümmer zerstörter Gebäude, stochern in Müllhaufen auf geplünderten und abgebrannten Bauernhöfen.

Kommentar aus dem Bosnien-Krieg,
1992–1995

Der private Krieg: Ein kroatischer
„Dorfwächter" in Vočin in Westslawonien,
Dezember 1991

Die Lust am Töten – Machokult im Bosnien-Krieg

„Bilder schießen" – Kameramann und Soldat auf gefährlichem Posten

Söldner in den Balkan-Kriegen 1992–1995 – das Geschäft des Krieges

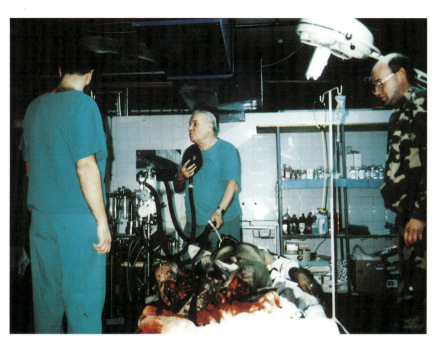

Kriegsgrauen: In einem Feldlazarett während des Bosnien-Krieges 1993

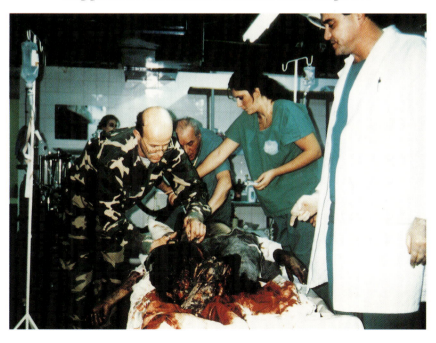

Warum? Das gesprengte Haus einer serbischen Familie im kroatischen Karlovac, Dezember 1991

Namenloses Flüchtlingselend. Bosnien, Dezember 1993

Serbische *Četniks* hinterlassen Spuren. Bosnien 1993

Die Kirche von Vočin in Westslawonien,
Dezember 1991

Nichts bleibt im Krieg heilig: Vočin,
Dezember 1991

Symbol des zerstörten Tito-Jugoslawien:
Das Statut der Kommunistischen Partei in einem Trümmerhaufen. Karlovac 1992

Selbstverteidigung: „Frau" wird Soldat.
Voćin, Dezember 1991

Spott für die UNO-Truppen im Balkankrieg
1992–1995: Die leidgeprüfte Bevölkerung
sah sie als hilflose Puppen

Machokult im Bosnienkrieg – an allen Fronten

Ein kroatischer Soldat mit Kriegsbeute. Westslawonien, 1992

Serbische Flüchtlinge nach der Rückeroberung der Krajina, 1995

Major Milutinović (links) und sein Informationsmaterial. Banja Luka, Oktober 1992

Informationsmaterial der bosnischen Serben-Armee. Banja Luka, Oktober 1992

Schweine und Hühner kümmern sich nicht um Kriegsopfer und Flüchtlinge.

Wir sehen Orte wieder, die wir zu Kriegsbeginn in Flammen aufgehen sahen.

Petrinja zum Beispiel, die ehemalige Frontstadt, 60 Kilometer südlich von Zagreb. Vor dem Krieg lebten hier 40.000 Menschen, 44 Prozent Serben, 44 Prozent Kroaten. Im Herbst 1991 waren die meisten kroatischen Bewohner von den Serben vertrieben worden, im Mai 1995 die meisten serbischen Einwohner von den Kroaten.

Marica Pavlović ist eine der ersten, die zurückkehrt. In Kampfmontur der kroatischen Armee. Vor dem Krieg arbeitete sie in einer für ihre Salamiproduktion berühmten Fleischfabrik in Petrinja. Einer ihrer Direktoren war später „Minister" in Knin.

„Ich weiß nicht, ob wir hier mit den Serben noch einmal zusammenleben können", sagt Frau Pavlović.

Den Fenstern in den Häusern auf dem Platz des Heiligen Spiridon, benannt nach einem orthodoxen Heiligen, fehlen die Scheiben. Vier Jahrzehnte lang hieß der Platz Marschall-Tito-Platz.

„Milošević, wir lieben dich", ist auf einer Häuserwand zu lesen. In kyrillischen Buchstaben.

„Ein Werk unserer serbischen Brüder", steht auf einer Hausruine. In lateinischen Buchstaben.

Rückblende: Petrinja, 2. September 1991: der Waffenstillstand war wenige Stunden alt, als die Jugoslawische Bundesarmee eine Journalistenschar zu einem Besuch in eine ihrer Kasernen lud. Die Kaserne lag auf einem Hügel, zwei Kilometer von Petrinja entfernt. Wir wurden in einen mit einem Marschall-Tito-Bild verschönten Vortragssaal gebracht. Offiziere beginnen mit ihrer Propagandashow. Sie berichtet uns Vertrautes: dass die Jugoslawische Volksarmee nur zur Verteidigung schieße, niemals der Angreifer sei, dass das Zusammenleben der Rekruten verschiedener Nationalitäten in der Armee optimal sei, dass es keine Kontakte zu Freischärlern gebe, dass die Armeeführung das jugoslawische Staatspräsidium um Erlaubnis gebeten habe, die kroatischen und serbischen paramilitärischen Verbände zu entwaffnen, aber vergebens auf eine Entscheidung der Politiker gewartet habe. Tito wäre mit den Ausführungen seiner Offiziersjünger vermutlich zufrieden gewesen, aber was immer sie uns erzählten, es war unübersehbar und vor allem unüberhörbar, dass die einst mächtigste Streitkraft auf dem Balkan um das eigene Überleben kämpfte. Mit dem Machtverlust der Belgrader Bundesbehörden verlor auch die Bundesarmee an Autorität. Das Militär wurde immer stärker von den Serben und den mit ihnen verbündeten Montenegrinern beherrscht. Die Kroaten warfen der Volksarmee, die keine Volksarmee mehr war, immer öfter vor, mit serbischen Freischärlern gemeinsam kroatische Nationalgardisten und die Zivilbevölkerung anzugreifen.

Um 11 Uhr 45 verlassen wir vorzeitig die Pressekonferenz, die Ausführungen der Offiziere Bojan Mirosavljević und Slobodan Tarbuk waren unergiebig, ihre Befehle wenig später für den Kameramann und mich folgenschwer.

Schon bei der Einfahrt nach Petrinja war uns aufgefallen, dass es in der Stadt in den Stunden zuvor zu Schießereien gekommen war.

In Petrinja machten die so genannten „Zebras", kroatische rechtsradikale Draufgänger mit ausrasierten Haarstreifen am Kopf, Jagd auf Serben und Kommunisten. Siniša Dvorski hieß ihr Medienstar, der sein blutiges Handwerk als Söldner in Westafrika gelernt hatte. Mit seinen hundert Mann führte er eine Art Privatkrieg. Serbische Freischärler griffen die Dörfer um Petrinja an. Flüchtlinge aus dem Dorf Hrastovica berichteten Schauergeschichten, wie die vom ermordeten Bauern Mato Jakopić, dessen Leiche unbegraben im Freien gelegen und von Schweinen in Stücke gefressen worden sei.

Über diese Stimmung in Petrinja am 2. September 1991 wollte ich im Radio-Mittags-Journal in einem Gespräch mit dem Moderator der Sendung berichten. Im Gebäudekomplex des Transportunternehmens *Slaviatrans* fanden wir ein noch funktionierendes Telefon. Es wurde ein sehr kurzes Telefonat.

Aus einer gegenüberliegenden Kaserne begann die Armee aus vollen Rohren zu schießen. Wir wussten nicht warum, wir wussten nur eines: wir mussten weg, wir mussten raus aus Petrinja. Es war unmöglich.

Wir fanden Unterschlupf in einem Schuppen in 30 Meter Entfernung vom *Slaviatrans*-Gebäude, während MIGs der jugoslawischen Luftwaffe über unsere Köpfe donnerten und die Stadt mit Maschinengewehren beschossen.

„Hoffentlich treffen sie nicht das Ammoniaklager", warnte der *Slaviatrans*-Direktor, der mit einigen seiner Mitarbeiter mit uns in den Schuppen geflüchtet war. Sicherheitshalber ließ er an alle Gasmasken verteilen. Wir hörten, zusammengedrängt im Schuppen, das Rumpeln der Panzer, das Pfeifen der Granaten, Schreie und Flüche.

Nach vielleicht zwei Stunden schweißtreibenden Wartens sagte einer aus der Runde unserer neuen Schicksalsgemeinschaft:

„Es scheint eine kurze Gefechtspause zu geben. Wir müssen fliehen!"

Wir rannten eine Bahnlinie entlang und kamen unter Beschuss. Wir rannten ins Nirgendwo, bis zufällig ein kleiner Pkw wie aus dem Nichts auftauchte. Es war der Pfarrer aus dem Dorf Hrastovica, der uns auf Feldwegen durch die Maisfelder um Petrinja nach Zagreb fuhr. Er kam uns vor wie ein Geschenk des Himmels.

Kroatische und serbische Militärs beschuldigten sogleich einander gegenseitig, den Waffenstillstand gebrochen zu haben. In Zagreb gab Generalmajor Milan Aksentijević vom Kommando der fünften Militärregion eine besonders originelle Erklärung: Die Schießerei sei von mir bestellt worden, um brandheiß neue Bildermunition für die *Zeit im Bild* zu haben. Ich hätte den Vorfall inszeniert, um Bundeskanzler Franz Vranitzky und Außenminister Alois Mock in ihrer Politik gegen Belgrad zu beeinflussen und für Kroatien und Slowenien zu vereinnahmen. Der Vorwurf war absurd, wurde aber von der ORF-Chefredaktion sehr wohl als ernste Drohung verstanden. Der Generalmajor hatte mich in seinem Befehlsbereich für vogelfrei erklärt. Meine Chefs legten mir nahe, für einige Wochen nicht mehr aus den Kriegsgebieten Kroatiens zu berichten. So versäumte ich die Eroberung Petrinjas durch serbische Truppen am 16. September 1991. Petrinja war kroatenfrei.

Knapp vier Jahre später, an einem Augusttag, vor einem mit Unkraut überwucherten Haufen von Steinen. Der Steinhaufen war einmal die Barockkirche des Heiligen Lorenz in Petrinja. Ein alter Kroate, vor wenigen Stunden erst in die teilweise noch immer verminte Stadt ohne Wasser und Strom zurückgekehrt, blickt fassungslos auf die Trümmer.

„Wir werden die Kirche wieder aufbauen", murmelt er in sich hinein. Als glaube er seinen eigenen Worten nicht.

2.

Wer aus Krisengebieten und Kriegszonen berichtet, muss die Nähe suchen, frei nach dem Arbeitsmotto des legendären Fotografen Robert Capa: *„Wenn deine Bilder nicht gut genug sind, bist du nicht nah genug dran."* Zu nahe dran darf man allerdings nicht sein, will man nicht Robert Capas Schicksal teilen. Er starb 1954 bei einer Minenexplosion in Indochina. Angeblich mit der Kamera in der Hand.

In Slowenien, Kroatien und Bosnien-Herzegowina war zu Kriegsbeginn der Zutritt zu allen Frontabschnitten möglich. Journalisten konnten sich in den Gefechtszonen frei bewegen, wenn sie mutig oder leichtsinnig genug waren, sich dorthin zu wagen. Das war auch ein Grund, dass in den ersten Kriegsmonaten die Zahl der getöteten Journalisten sehr hoch war. Dass sie im Dritten Golfkrieg noch höher war, liegt daran, dass noch nie so viele Reporter in einem Kriegsgebiet gleichzeitig unterwegs waren.

Sehr bald hatten auch in Bosnien die Pressestellen der Kriegsparteien die Kontrollmechanismen der Drehgenehmigung entdeckt. Die wirksamste Schikane war, dass Reporter ohne Passierschein eine Frontlinie nicht überqueren konnten, aber um von der Gegenseite einen Passierschein zu bekommen, die Frontlinie überqueren mussten. Jede Seite fand Gründe, die Medien fernzuhalten. Die serbischen Presseoffiziere mit ihrer historisch erklärbaren Aversion gegenüber deutschen und österreichischen Journalisten, die kroatischen, um die Verstrickung ihrer Truppen in kroatisch-serbische Aufteilungspläne Bosnien-Herzegowinas zu vertuschen, und die muslimischen aus Verachtung für westeuropäische Politiker, denen sie Verrat und Feigheit vorwarfen.

Natürlich gab es Gelegenheit, mit den Soldaten an den Frontlinien Kompromisse zu schließen. Eine spendierte Stange Zigaretten, eine gemeinsam gekippte Flasche Slibowitz und Unmengen schwarzen Kaffees brachen so manches offizielle Verbot. Geduld, Freundlichkeit und Beharrlichkeit führten zum Ziel.

Es gab eine Ausnahme, bei der weder Beharrlichkeit noch Freundlichkeit von Nutzen waren. Geduld auch nicht. Bei Sonja Karadžić, der Tochter des Präsidenten der bosnischen Serbenrepublik.

Sie war die Presse-Chefin in Pale.

Pale war vor dem Krieg, 20 Kilometer südöstlich in den Bergen über

Sarajewo, ein Dorf mit 6.000 Einwohnern. Hier hatte sich Radovan Karadžić ein Haus gebaut. Zufällig lag es nur eine Stunde von Han Pijesak entfernt, wo General Ratko Mladić, der Oberkommandierende der bosnischen Serbenarmee, im Krieg sein Generalstabsquartier hatte.

83-771-784-357 oder 783953: die Telefonnummern des Pressezentrums in Pale, die zwei nutzlosesten Nummern, die ich je wählte.

Frau Sonja war an Gesprächsvermittlung nicht besonders interessiert. Sie kassierte zwar unverschämte Summen für Presseausweise, die von ihr erteilte Arbeitserlaubnis machte aber wenig Sinn.

Ein Schlüsselerlebnis war der Versuch, an einem Jännertag im vierten bosnischen Kriegswinter aus der Kaserne in Lukavica auf vereister Straße, entlang serbischer Stellungen, zum Pressebüro auf den 1.900 Meter hohen Jahorina-Berg südlich von Sarajewo zu fahren, um dort als Bittsteller für eine Dreherlaubnis vorzusprechen.

„Ich möchte gerne einen Beitrag über die furchtbaren Zustände im Krankenhaus von Rogatica drehen", schlug ich dem zuständigen Pressereferenten vor, einem jungen Mann, dessen Brust ein großes Holzkreuz schmückte.

„Ich werden Ihren Vorschlag sofort weiterleiten!"
38-771-784-357.

„Sie können dort nicht filmen. ORF hat Drehverbot. Sie müssen die *Republika srpska* sofort verlassen. Wir können für Ihre Sicherheit nicht mehr garantieren."

Exklusiven Zugang zu den Frontschauplätzen auf serbischer Seite hatten die Reporter von *Pale TV*. Im Mai 1995 bombardierten NATO-Flugzeuge serbische Stellungen. Als Vergeltung nahmen die Serben 375 UNO-Mitarbeiter als Geiseln und hielten sie an strategisch wichtigen Positionen fest. Die Bilder wurden weltweit ausgestrahlt. Dragan Božanić, der Chefredakteur von *Pale TV*, hatte sie an die internationalen Agenturen versteigert. Was verschwiegen und erst später bekannt wurde, war der Regieeinfall, die meisten Geiseln nur für die Fernsehaufnahmen anzuketten. Der Propagandaeffekt war dennoch groß.

Von Propaganda verstand auch er etwas. Jeder Journalist, der in Banja Luka während des Bosnienkrieges arbeiten wollte, musste zu ihm. Major Milovan Milutinović war der serbische Pressesprecher des regionalen Militärkommandos. Banja Luka lag im nordbosnischen Korridor zwischen Serbien und den 1992 serbisch beherrschten Gebieten Kroatiens. Ohne die von Major Milutinović ausgestellten Papiere war es unmöglich, in und außerhalb der Stadt zu arbeiten.

Banja Luka war eine Stadt in Angst. Für die noch nicht vertriebenen Muslime und Kroaten, für Ausländer, die es in die Stadt verschlagen hatte.

„Das habt ihr jetzt von eurem Genscher und eurem Mock", schimpft in der stockfinsteren Eingangshalle des Hotels *Bosna* der Portier, als er uns Kerzen aushändigt, in deren Schein wir uns am rot lackierten Geländer der Wendeltreppe festhalten, bis wir herausfinden, wo unsere kalten Zimmer liegen. Banja Luka im Oktober 1992.

Im Halbdunkel des Restaurants grölen besoffene Soldaten und Polizisten.

„Ich bin stolz, ein *Četnik* zu sein", lallt einer in blauer Uniform und fuchtelt mit einem Messer vor meinem Gesicht.

Im Büro von Major Milutinović ging es gesitteter zu, wenn auch nicht weniger furchtbar. Ihm war es ein besonderes Anliegen, uns westliche Journalisten über die Leiden des serbischen Volkes aufzuklären. Zu diesem Zwecke hatte der Major Broschüren und Videos vorbereitet, die jeder, der eine Drehgenehmigung wollte, ansehen musste. Es waren nur Filme und Fotos, aber sie verursachten Übelkeit. Wir sahen Enthauptete und Verstümmelte, am Grill geröstete Menschenleiber, mit und ohne Kopf, wir sahen abgeschlagene Köpfe, Arme und Beine.

„Sehen Sie sich diese Fotos an! Die Muslime und Kroaten bringen sogar unsere Babies um!" Woher die Fotos stammten, konnte uns Major Milutinović nicht sagen. Dafür zeigte er uns Filme aus dem Zweiten Weltkrieg. Hitler mit *Ustaša*-Führer Pavelić, gegengeschnitten mit Kroatiens Präsidenten Tuđman. Es war die Kriegsporno-*Rocky Horror Picture Show* von Banja Luka.

„Heute habe ich leider keinen Dolmetscher für Sie zur Verfügung. Aber morgen sicher, dann können Sie an die Front", entschuldigte sich der schlaksige Major zum wiederholten Mal, nie um eine Ausrede verlegen. Er wusste natürlich, dass wir nicht wegen seiner Filme nach Banja Luka kamen. Wir kamen wegen der Drehgenehmigung für eines der serbischen Lager in Westbosnien. Wir wollten nach Trnopolje.

„Wissen Sie, was der Name der Schule bedeutet?" fragte die Mitarbeiterin vom bosnisch-serbischen Roten Kreuz. *Bratstvo i jedinstvo* – Brüderlichkeit und Einheit – die alte Tito-Losung stand groß am Eingangstor zum Schulgebäude. Das Schulgebäude war Teil des Lagers, nicht das Schlimmste, das wir besichtigen durften. Aber auch Trnopolje war ein Ort ohne Gnade. Die Böden stanken nach Urin, hilflose Menschen kauerten apathisch, wie weggeworfene Müllbündel, in Ecken gedrängt und fürchteten sich vor den Aufpassern.

„Du sprichst zu viel!" drohte eine brutale Wächtervisage einer jungen Frau, die mir ihr Martyrium zu erzählen begann.

Sie begann zu zittern – und verstummte.

Die Schule war voll gestopft mit Menschenleibern, tausende erschöpfte, missbrauchte, verfolgte Gestalten, die scheinbar froh waren – und das war das Verrückte –, hier untergekommen zu sein. Hier fühlten sie sich inmitten der mit Kalaschnikows bewaffneten Wachposten vor den ärgsten in der Region Prijedor im Nordwestzipfel Bosniens marodierenden Mörderbanden auf seltsam unbegründete Weise sicher.

Die Pech hatten, mussten im Freien ausharren. Sie vegetierten in erbärmlich jämmerlichen Notzelten auf einer Wiese, die ein übel riechendes, Brechreiz verursachendes Rinnsal durchzog.

„Helft uns! Holt uns hier raus", bat ein junger Mann, der bis zum Kriegsbeginn Gastarbeiter in Linz war und die Rückkehr in die Heimat den größten Fehler seines Lebens nannte.

Wir konnten ihm nicht helfen.

„Come with me!" bat ein verängstigter Bursche. Er wollte uns ein Videoband mitgeben. Es kam nicht dazu. Ein Aufpasser hatte uns beim Gespräch ertappt. Mein unbekannter Gesprächspartner bekam es mit der Angst zu tun.

„Habt ihr jetzt unser Dachau gesehen?" fragte zynisch Major Milutinović nach unserer Rückkehr in Banja Luka.

„Darüber berichtet ihr ja ständig in euren Zeitungen!" Als Beweis zeigte er kopierte Faxe mit westlichen Zeitungsausschnitten.

Trnopolje war nicht Dachau. Es war auch so, wie wir es gesehen haben, schrecklich genug.

Major Milutinović wollte uns Gelegenheit geben, zu zeigen, wie eine serbisch verwaltete Stadt in Kriegszeiten funktioniert. Wir kamen an einem verregneten Oktobertag in eine fast menschenleere zerstörte

Stadt. Wir kamen nach Derventa im Norden Bosniens. Moscheen und Kirchen, Fabriken und Schulgebäude waren vernichtet und geplündert. Auf der Hauptstraße kamen uns drei Soldaten entgegen. In grünen Uniformen der bosnischen Serbenarmee fuhren sie auf Fahrrädern in den Krieg. Auf Häusern ohne Dächer mühten sich Handwerker mit Reparaturarbeiten ab.

„Wir Serben sind ein zähes Volk", versicherte Dušan Vuković, der stellvertretende Bürgermeister. Er trug eine Uniform. Und Bürgermeister Milorad Vaselić ergänzte: „Jeder, der zu den *Ustašen* gegangen ist, hat keine Chance auf Rückkehr!" Mit den *Ustašen* meinte er die vertriebenen Kroaten.

Ein Ortskundiger wurde uns als Begleiter zugeteilt, da Gorana, die aus Banja Luka mitgefahrene Dolmetscherin, plötzlich keine Neugierde mehr verspürte, das kriegszerstört-trostlose Derventa zu sehen. Unser Begleiter war ein Polizist oder Hilfspolizist, dessen Wortschatz sich in zwei Ausrufen zu erschöpfen schien, als er uns mit entsichertem Gewehr durch einen Hohlweg führte.

„*Ustaša*! *Ustaša*!"

Wir glaubten, er meint uns. Kameramann, Tonmann, Korrespondent. Wir wurden blässer und sahen uns auf dem zur Weg zur eigenen Hinrichtung.

„*Ustaša*! *Ustaša*!"

Unsere Todesangst war unbegründet.

Der Mann in der blauen Uniform zeigte auf einen Hügel in dreihundert Meter Entfernung, wo er einen Hinterhalt seiner Feinde vermutete. Nicht zu Unrecht. Als uns die ersten Kugeln um die Ohren pfiffen, begriff ich die Sorge unseres Polizisten. Er brachte uns sicher in die Trümmerstadt zurück, wo wir zufällig an einer verwüsteten Bibliothek vorbeikamen. In Müllhaufen, die einmal sortierte und geordnete Bücherreihen waren, stach mir ein Buchtitel ins Auge.

STVARANJE SOCIALISTIČKE JUGOSLAVIJE – DIE SCHAFFUNG DES SOZIALISTISCHEN JUGOSLAWIEN – ein Buch über die Vorzüge von „Brüderlichkeit und Einheit" im kommunistischen Jugoslawien.

Der Autor hieß Franjo Tuđman.

Ich war in Absurdistan angekommen.

Auf den *killing fields* um Srebrenica, Jänner 1996

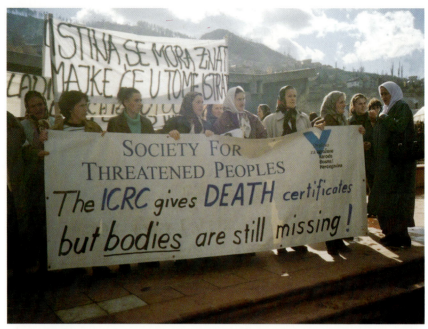

Protest der Frauen von Srebrenica:
Sie suchen die Leichen ihrer ermordeten Männer und Söhne, Sarajewo 1994

Nach den Killerkommandos kommen die Forensiker: bei Jajce, Jänner 1996

Denkmal für Goran Zekič in Srebrenica.
Er war Karadžićs Mann in Srebrenica, bis er von einem Muslim 1992 erschossen wurde

Ein Blick in die Hölle auf Erden:
Der Tunnel in Tuzla mit den Toten des Massakers von Srebrenica

Nummerierte Schachteln mit den Toten von Srebrenica. Tuzla 1998

In den Kühlboxen die Leichen von Srebrenica:
für den Direktor des Krankenhauses in Tuzla ein täglicher Anblick. Tuzla 1998

Die Toten von Srebrenica

Bergung der Massakrierten aus einem Massengrab bei Mostar, Sommer 1992

„Wenn du Rache suchst, heb zwei Gräber aus" (chinesisches Sprichwort)

Die bosnische Tragödie – vergessen oder verdrängt: bei Mostar, Juni 1992

VERRÜCKTE WELT

Epilog

Epilog

Der Mensch will Frieden – und führt Krieg.

Die einen fürchten und hassen ihn, andere mögen ihn. Der Krieg vernichtet Leben. Und definiert Leben neu. Kriege sind tödlich. Und aufregend. Krieg ist schrecklich. Und schön. Diese Widersprüche erlebt ein Reporter, der in Kriegsgebieten unterwegs ist, an einem einzigen Tag. Eine Mischung aus Angst und Furchtlosigkeit, aus Feigheit und Mut, aus Adrenalinstößen und Erinnerung an Grausamkeit, die nicht vergehen will.

Wir wurden bei unserer Arbeit Augenzeugen der schrecklichsten Verbrechen, derer Menschen fähig sind.

Im Bosnienkrieg waren wir Journalisten überzeugt, dass unsere Berichte aus dem belagerten Sarajewo, aus dem umkämpften Mostar, aus den Gefechtszonen Zentral- und Ostbosniens über den medialen Effekt die politisch Verantwortlichen in Washington, Brüssel, Berlin, Paris, London und Moskau zum Handeln zwingen werden.

Die deprimierende Erfahrung war, dass dreieinhalb Jahre lang überhaupt nichts zum Besseren geschah. Das Morden ging weiter. Und das Leben auch.

Der Krieg verändert den Menschen. Im Jahrzehnt der Balkankriege begann ich mich in Sarajewo, Zagreb, Mostar, Priština und Skopje heimischer zu fühlen als zuhause. Es war ein normales Leben im Kriegsalltag. Die Kolleginnen und Kollegen, die man traf, dachten und fühlten ähnlich. Das Zimmer im zerschossenen *Holiday Inn* war die Ersatzwohnung, Ruinenbewohner wurden zu guten Bekannten, lokale Mitarbeiter, die vor Granaten und Scharfschützen zitterten, wurden gute Freunde.

Die Logik des Krieges verzerrt die Normalität und pervertiert den Hausverstand. In einem Schlachthaus versagt mitunter die scharf blickende Analyse, das Abnormale wird Routine, wer zu lange bleibt, wird Teil einer anderen Wirklichkeit.

Wer ein frisch geöffnetes Massengrab gesehen und gerochen hat, muss damit rechnen, nächtens davon zu träumen, wie ein Kameramann, der mir erzählte, er habe geträumt, dass er beim Filmen inmitten eines Leichenbergs die Kamera verkehrt gehalten habe und sich für die verwackelten Bilder entschuldigen müsse.

Ein böser Traum. Ein Alptraum, wenn dem Kameramann Tote bei der Arbeit zusehen.

Berichterstattung aus Kriegs- und Krisengebieten ist eine verstörende Arbeit.

Es ist eine Arbeit über Menschen in ihren schlimmsten Augenblicken.

Ein guter Tag für den Reporter kann der letzte für seinen Interviewpartner sein. Die einzige Rechtfertigung für diese Arbeit ist die Wahrhaftigkeit der Berichterstattung als Ausdruck des Respekts.

Wir nannten ihn den Mann mit dem Hut. Wie Indiana Jones zog er durch die kriegszerstampfte und verheerte bosnische Ruinenlandschaft auf der Suche nach verborgenen Geheimnissen.

Doch William Haglund suchte keine verlorenen Schätze. William Haglund suchte Massengräber. Zum Beispiel im Juli 1996 in Cerska bei Srebrenica.

„Wir haben Beweise gefunden, dass diese Menschen" – er greift nach einem zerborstenen Schädel – „mit Kugeln erschossen wurden, deren Wirkung die Schädeldecken stark beschädigte."

Der amerikanische Gerichtsmediziner ist ein Meister seines Fachs. 60 Leichen hat er soeben mit seinem Team ausgegraben. „Wir haben nicht die geringste Spur einer militärischen Ausrüstung gefunden. Das waren keine Soldaten."

William Haglund zeigt uns, wie sie gestorben sind.

„Auf dieser Seite der Straße wurden sie aufgestellt. Von der anderen Seite hat das Erschießungskommando gefeuert. Die Leichen wurden in einen Graben gerollt und zugeschüttet."

In Tuzla fanden wir sie wieder. Die Leichen. In einem Tunnel, in braunen Kartons gestapelt, nummeriert wie Postpakete.

„Ich weiß nicht mehr wohin mit den Gebeinen und Knochen", sagt Salko Dedić, der Verwalter der vergessenen Opfer des Massakers von Srebrenica.

Nedžib Budović hatte das Massaker überlebt. Ratlos stand er vor dem grünen Eisentor zum Tunnel mit den Menschenresten von Srebrenica und sagte nur zwei Sätze, die ich nicht vergessen kann.

„Wir Lebenden brauchen Hilfe. Die Toten können warten!"

So ist es. In unserer verrückten Welt.

Danksagung

Ein Buch ist die Summe von Erfahrungen und Begegnungen.
Es bedarf eines geduldigen Verlegers, der sich für den Autor und dessen Thema interessiert. Mit Dr. Hannes Steiner hatte ich das Glück, einen solchen kennen zu lernen.
Ein Buch ist auch das Ergebnis von Diskussion und Dialog.
Zuspruch und Widerspruch meiner Kolleginnen und Kollegen in der *Zeit-im-Bild*-Redaktion waren und sind für mich eine stets wertvolle Anregung.
Mit Interesse und Nutzen las ich die Publikationen der in der Literaturauswahl angeführten Autorinnen und Autoren.
Fernseharbeit in Kriegs- und Krisengebieten ist Teamarbeit. Mein Dank gilt den Kameramännern und Kameraassistenten, die ich in schwierigen und gefährlichen Situationen als verlässliche, mutige und hilfreiche Partner kennen und schätzen lernte: Manfred Aistleitner, Norbert Aistleitner, Valentin Čertov, Walid Chaled, Miha Dolinšek, Amir Essmann, Werner Factor, Franz Goess, Ivan Klarić, Fritz Lex, Amir Malek, Udo Maurer, Đorđe Nikolić, Martin Piro, Abdul Razak, Fritz Weber, Akram al Yasiri.
Zu danken habe ich meinem Arbeitgeber ORF, der mir die Möglichkeit bietet, auf Reisen, und nicht nur am Redaktionsschreibtisch, das Weltgeschehen zu beobachten. In wirtschaftlich schwierigen Zeiten ein Vorzug, den ich zu schätzen weiß.
Für die Schlussfassung des Manuskripts bedanke ich mich bei meiner Tochter Mag. Dr. Katja Orter. Ihre klugen Einwände haben mich überzeugt.
Für die Bearbeitung und Überprüfung des Typoskripts danke ich Herrn Dr. Arnold Klaffenböck.
Dass ich die physischen und psychischen Strapazen so mancher „Reise ans Ende der Nacht" und in das „Herz der Finsternis" bisher – ohne mit dem Schicksal zu hadern und ohne erwähnenswerte körperliche und seelische Schrammen – überstanden habe, verdanke ich der Vorsicht, Umsicht und Nachsicht meiner Frau Roswitha. Aus nach wie vor unveränderlichen Gründen.

Literaturverzeichnis

Ali, Tariq: Bush in Babylon. Die Re-Kolonisierung des Irak, München 2003
Anderson, Jon Lee: The Fall of Baghdad, London 2005
Arrian: Anabasis of Alexander, Books I–IV, London 1989
Bell, Martin: In harm's way. Reflections of a war-zone thug, London 1995
Blumenthal, Sidney: The Clinton wars, London 2004
Carver, Robert: The Accursed Mountains. Journeys in Albania, London 1998
Cohen, Roger: Hearts grown brutal. Sagas of Sarajevo, New York 1998
Elsässer, Jürgen: Kriegslügen. Vom Kosovokonflikt zum Milosevicprozess, Berlin 2004
Emcke, Carolin: Von den Kriegen. Briefe an Freunde, Frankfurt am Main 2004
Erdelitsch, Walter/Orter, Friedrich: Krieg auf dem Balkan. Wie Fernsehreporter den Zusammenbruch Jugoslawiens erlebten, Wien 1992
Faleh, Abdul Jabar: Ayatollahs, Sufis and Ideologues. State, Religion and Social Movements in Iraq, London 2002
Flottau, Heiko: Vom Nil bis an den Hindukusch. Der Nahe Osten und die neue Weltordnung, München 2004
Foggensteiner, Alexander: Reporter im Krieg. Was sie denken, was sie fühlen, wie sie arbeiten, Wien 1993
Gaus, Bettina: Frontberichte, Frankfurt am Main/New York 2004
Glenny, Mischa: Balkans 1804–1999. Nationalism, War and the Great Powers, London 1999
Hafez, Kai/Schäbler, Birgit: Der Irak. Land zwischen Krieg und Frieden, Heidelberg 2003
Harrer, Gudrun: Kriegsgründe. Versuch über den Irakkrieg, Wien 2003
Herodot: Histories Apodexis, Historien, München 1963
Hitti, Philip K.: History of the Arabs, London 2002
Ignatieff, Michael: Virtual war. Kosovo and beyond, London 2000
Jireček, Constantin: Geschichte der Serben, Band 1/2, Gotha 1911/1918
Judah, Tim: The Serbs. History, Myth and the Destruction of Yugoslavia, London 1997
Kipling, Rudyard: Die Ballade von Ost und West. Selected poems. Ausgewählte Gedichte, Zürich 1992
Kaser, Karl: Hirten, Kämpfer, Stammeshelden. Wien/Köln/Weimar 1992
Kermani, Navid: Schöner neuer Orient. Berichte von Städten und Kriegen, München 2003
Knešević, Aleksandar/Tufegdžić, Voijslav: Kriminal koji je izmenio Srbiju, Beograd 1995

Knightley, Phillip: The first casualty. The war correspondent as hero and myth-maker from the Crimea to Kosovo, London 2000
Kronologija rata, Hrvatska 1989–1998, Zagreb 1998
Mackey, Sandra: The Reckoning. Iraq and The Legacy of Saddam Hussein, New York 2002
Ladurner, Ulrich: Tausend und ein Krieg, St. Pölten/Wien/Linz 2004
Maass, Peter: Love Thy Neighbour: A Story of War, New York 1996
Malcolm, Noel: Bosnia. A short history, London 1994
Malcolm, Noel: Kosovo. A short history, London 1998
Malzahn, Claus Christian: Die Signatur des Krieges. Berichte aus einer verunsicherten Welt, Berlin 2005
Mayhew, Bradley/Plunkett, Richard/Richmond, Simon: Central Asia, London 2000
Mappes-Niediek, Norbert: Balkan-Mafia, Berlin 2003
Meier, Victor: Wie Jugoslawien verspielt wurde, München 1995
Meyer-Abich, Adolf: Alexander von Humboldt, Hamburg 2004
Miletitch, Nicolas: Trafics et crimes dans les Balkans, Paris 1998
Milutinović, Milovan: Kako sam vodio medijski rat, Beograd 1998
Münkler, Herfried: Der neue Golfkrieg, Hamburg 2003
Münkler, Herfried: Die neuen Kriege, Berlin 2002
Mustafaj, Besnik: Albanien: Zwischen Verbrechen und Schein, Frankfurt am Main 1997
Paul, Gerhard: Bilder des Krieges. Krieg der Bilder, Paderborn/München/Wien/Zürich 2004
Pettifer, James: Albania & Kosovo, London 1996
Perthes, Volker: Geheime Gärten. Die neue arabische Welt, Berlin 2002
Petritsch, Wolfgang/Pichler, Robert: Kosovo – Kosova. Der lange Weg zum Frieden, Klagenfurt 2004
Rahmane, Moise: L'Exode oublié. Juifes des pays arabes, Paris 2003
Rashid, Ahmed: Taliban, Islam, Oil and the New great Game in Central Asia, London 2000
Rathfelder, Erich: Sarajevo und danach. Sechs Jahre Reporter im ehemaligen Jugoslawien, München 1998
Renner, Heinrich: Durch Bosnien-Hercegovina. Kreuz und quer, Berlin 1896
Reuter, Christoph/Fischer, Susanne: Café Bagdad. Der ungeheure Alltag im neuen Irak, München 2004
Rados, Antonia: Live aus Bagdad, München 2003
Rohan, Albert: Diplomat am Rande der Weltpolitik, Wien 2002
Rüb, Matthias: Balkan Transit, Wien 1998
Rüb, Matthias: Kosovo. Ursachen und Folgen eines Krieges in Europa, München 1999
Russell, William Howard: Meine sieben Kriege, Frankfurt am Main 2000

Scholl-Latour, Peter: Weltmacht im Treibsand. Bush gegen die Ayatollahs, Berlin 2004

Scholl-Latour, Peter: Koloss auf tönernen Füßen. Amerikas Spagat zwischen Nordkorea und Irak, Berlin 2005

Silber, Laura/Little, Allan: Bruderkrieg. Der Kampf um Titos Erbe, Graz/Wien/Köln 1995

Singer, P. W.: Corporate Warriors. The Rise of the Privatized Military Industry, New York 2003

Sofsky, Wolfgang: Operation Freiheit. Der Krieg im Irak, Frankfurt am Main 2003

Sofsky, Wolfgang: Zeiten des Schreckens. Amok, Terror, Krieg, Frankfurt am Main 2002

Sudetic, Chuck: Blood and Vengeance. One Family's Story of the War in Bosnia, New York 1998

Tilgner, Ulrich: Der inszenierte Krieg. Täuschung und Wahrheit beim Sturz Saddam Husseins, Berlin 2003

Vickers, Miranda: The Albanians. A modern history, New York 1995

Vickers, Miranda/Pettifer, James: From Anarchy to a Balkan Identity, London 1997

Wagner, Richard: Der leere Himmel, Berlin 2003

Wood, Michael: In the Footsteps of Alexander the Great. A Journey from Greece to Asia, London 1997

>>Ein Buch, für das man getrost
ein paar Thriller weglassen kann<<
  Frankfurter Allgemeine Zeitung

Thomas Müller
Bestie Mensch
Tarnung – Lüge – Strategie

192 Seiten
Gebunden mit Schutzumschlag

ISBN 3-902404-05-1

Es ist nicht entscheidend, was jemand sagt, sondern das, was er tut, denn jeder Mensch hat das Recht zu lügen, bestimmte Dinge beschönigend darzustellen und Fakten zu verdrehen. Aber es gibt einen Augenblick der Wahrheit: die Handlung – die Tat.
Begleiten Sie jenen Mann ein Stück, der seit Jahren von den wahren Experten der Lüge, der Tarnung und des Betruges lernt. Es ist kein Buch für eine „Gute-Nacht-Geschichte". Es ist kein schockierender Roman – es ist die Realität.

>>WER GLAUBT, JEDES GEHEIMNIS ZU KENNEN, KENNT KEIN GEHEIMNIS<<

Boberski / Gnaiger / Haidinger
Schaller / Weichinger

Mächtig
Männlich
Mysteriös
Geheimbünde in Österreich

320 Seiten
Gebunden mit Schutzumschlag

ISBN 3-902404-16-7

*Geheimgesellschaften: Es gibt sie wirklich.
Auch in Österreich. Und ihre verborgenen Aktivitäten sind präsenter, als man glauben möchte. Angeblich verschaffen sie Macht, Geld und Einfluss. Ihre geheimen Machenschaften sind vielen suspekt und – spätestens seit den Weltbestsellern von Dan Brown – Anlass für zahlreiche Spekulationen und Verschwörungstheorien. Die umfassende und profunde Recherche des Autorenteams ermöglicht erstmals einen Blick hinter sonst verschlossene Türen und bringt etwas Licht ins Dunkel.
Folgen Sie den Autoren in eine Welt voller mystischer Geheimnisse, geschichtsträchtiger Symbole und bewegender Rituale.*

>>Rudolph Angermüller, unschlagbarer Kenner von Daten aus Mozarts Leben<<

Salzburger Nachrichten

Rudolph Angermüller

Mozart muss sterben
Ein Prozess

256 Seiten
Gebunden mit Schutzumschlag

ISBN 3-902404-17-5

Am 5. Dezember 1791 stirbt Mozart ganz überraschend am Höhepunkt seines künstlerischen Schaffens. Er stand im 36. Lebensjahr und komponierte gerade ein Requiem, das sein eigenes werden sollte. Schnell wurden Stimmen laut, die behaupteten, Mozart wäre keines natürlichen Todes gestorben.
Und tatsächlich: Betrachtet man den Umkreis des Komponisten, so findet man genügend Personen, die ein Motiv gehabt haben könnten, Mozart um die Ecke zu bringen. Mit den Augen des Kriminalisten gesehen, erscheinen sie alle verdächtig: der Rivale Salieri, die Ehefrau Constanze, der Salzburger Fürsterzbischof Colloredo ...